北京宣传文化引导基金
BEIJING CULTURE GUIDING FUND
北京宣传文化引导基金资助项目

『北京文化新视点』丛书

飞檐斗拱与一池风月

北京的名胜古迹

许晓华 编著

首都经济贸易大学出版社
Capital University of Economics and Business Press
·北京·

图书在版编目（CIP）数据

飞檐斗拱与一池风月：北京的名胜古迹/许晓华编著.
--北京：首都经济贸易大学出版社，2021. 11
ISBN 978-7-5638-3221-7

Ⅰ. ①飞…　Ⅱ. ①许…　Ⅲ. ①名胜古迹—介绍—北京　Ⅳ. ①K928. 701

中国版本图书馆 CIP 数据核字（2021）第 074598 号

飞檐斗拱与一池风月：北京的名胜古迹
FEIYAN DOUGONG YU YICHI FENGYUE：
BEIJING DE MINGSHENG GUJI
许晓华　编著

责任编辑　胡　兰
封面设计　砚祥志远 · 激光照排　TEL：010-65976003
出版发行　首都经济贸易大学出版社
地　　址　北京市朝阳区红庙（邮编 100026）
电　　话　（010）65976483　65065761　65071505（传真）
网　　址　http://www. sjmcb. com
E- mail　publish@cueb. edu. cn
经　　销　全国新华书店
照　　排　北京砚祥志远激光照排技术有限公司
印　　刷　唐山玺诚印务有限公司
成品尺寸　170 毫米×240 毫米　1/16
字　　数　287 千字
印　　张　14. 25
版　　次　2021 年 11 月第 1 版　2021 年 11 月第 1 次印刷
书　　号　ISBN 978-7-5638-3221-7
定　　价　59. 00 元

“北京文化新视点”丛书编委会

（以姓氏笔画为序）

“北京文化新视点”丛书

总　序

现代世界的发展变迁进程表明，文化作为一个国家的根，一个民族的魂，记录着历史走向的足迹，牵系着时代跃动的脉搏，是现代经济社会发展的强大推动力。发达程度越高，文化的支撑作用就越明显。正如联合国教科文组织所指出的，“发展最终应以文化概念来定义，文化的繁荣是发展的最高目标”。因此，历史、传统、民俗等文化资源日益成为经济发展的基础资源，创意、设计、构思等文化创新日益成为价值创造的重要支点，品牌、形象、信誉等文化形态的无形资产日益成为市场竞争的关键所在。文化与经济相融合产生的竞争力，已成为一个国家最根本、最持久、最难替代的竞争优势。中国国家主席习近平也一再强调，“文化自信，是更基础、更广泛、更深厚的自信，是更基本、更深沉、更持久的力量”，“中华优秀传统文化是我们最深厚的文化软实力，也是中国特色社会主义植根的文化沃土”。

中华文化的博大精深举世公认，中华文明的璀璨辉煌历久弥新。尤其是北京，作为一座具有 3 000 年建城史、近 900 年建都史的著名古都，一座充满生机和活力的现代化国际大都市，文源深、文脉广、文气足、文运盛，具有特色鲜明而又内涵深厚的文化底蕴。可以说，北京文化是中国文化重要的顶梁柱，也是向世界展现中国文化的耀眼的金名片。飞檐斗拱与一池风月的相映生辉，诉说着北京的前世今生；天棚鱼缸石榴树与车水马龙立交桥的融会成趣，编织出北京的市井万象；百年老号的烟火气在诱惑你的味蕾，京腔京韵的儿化音让你的听觉充满乐趣……北京是传统的，也是现代的；是中国的，也是世界的；是中国人民向往的，也是每一个喜爱中国的外国友人垂青的。因为从这里，你可以逐渐地读懂中国！

北京很大，中国更大。要真正了解北京，读懂中国，你也许会行万里路，但依然不能少的是读万卷书。这套“北京文化新视点”丛书，正是按照北京作为政治中心、文化中心、国际交往中心和科技创新中心“四个中心”的城市功能定位，由首都经济贸易大学国际学院策划，并组织常年工作在北京的老师编写的一套面向留学生和外国人群体，介绍、传播北京文化乃至中国文化的读本。基于

“北京元素国际制作”和“北京故事国际表达”的初衷，丛书的编撰立足两点：一是注重小切口，以北京文化为主要内容，以点带面，通过北京这个最为世界人民熟悉的文化窗口，呈现北京深厚的文化底蕴和充满活力的现代气息、流光溢彩的国际化气质，进而使人去感受古老中国的优秀文化和当代中国的蓬勃活力；二是突出“新视点”，即以全新的视角、理念和阐述方式来传播北京文化，以更接地气、更具亲和力的方式，讲好北京故事、中国故事。

来华留学生是为自己的国家学习和了解中国文化的重要群体，是架起中国和所在国家友谊桥梁的光荣使者。首都经济贸易大学 1986 年开始招收第一批留学生，目前已经形成相对完整的来华留学生教育培养体系，生源来自世界近百个国家和地区。一大批知华、爱华、友华、亲华的国际学生，已经通过各种课程的研修和系统学习，成为中国文化的知音，北京文化的“粉丝”。

在当今世界面临百年未有之大变局之际，中国作为世界和平的建设者、全球发展的贡献者、国际秩序的维护者，一直在积极推动不同文化的交流和互鉴，也在维护一个开放、包容、和谐、进步的世界方面发挥着越来越重要的作用。要知晓作为世界第二大经济体的国家的首都是如何在人类文明发展中虽历经沧桑但依然风华永驻的，不妨翻开这套丛书去寻找答案，意蕴深厚的文化密码，就在其中。

“北京文化新视点”丛书编委会

2021 年 8 月

前言

作为一座有着三千多年历史的文化名城，北京的名胜古迹，数不胜数。

中国历史上的最后三个封建王朝，元朝、明朝和清朝，都把都城定在这里。因此，北京城始终笼罩着浓浓的皇家气氛，恢宏而大气，庄严而神圣。

故宫是皇家宫殿，天坛、地坛是皇家坛庙，颐和园是皇家园林，十三陵是皇家陵园，景山、北海是皇家御苑，恭王府是皇族王爷的府邸。正因如此，故宫不同于那些普通豪门显贵的宅邸，天坛不同于那些地方豪族的宗祠，景山、北海、颐和园不同于那些秀美小巧的江南私家园林，十三陵不同于那些普通私家墓园，恭王府也不同于某个世家子弟的宅第。

而长城北京段，无论是居庸关、八达岭，还是慕田峪、司马台，因为拱卫的是京畿重地，因而更为坚固，更为雄伟，更为奇峻。

北京的历史，同样离不开宗教文化的影响，无论是享誉中外的古老佛寺，还是别具特色的道观，都与皇家有着千丝万缕的联系。

北京的名胜古迹，无论是设计理念、建筑形制还是建造工艺，都代表着古代中国的最高规格和水平，凝聚着古代中国人的心血和智慧，蕴含着深厚的中华文化底蕴。因此，从某种意义上说，走读北京的名胜古迹，就是在走读中国文化中最具华彩的一章。

这里，有飞檐斗拱，有一池风月，有雕梁画栋，有湖光山色，有红墙黄瓦，有曲径长廊。这里，有庄严肃穆，有雄伟恢宏，有古朴厚重，有秀美清幽，有玲珑精致。这里，有可以想见的满目繁华，有看得见的岁月沧桑。

北京的名胜古迹，朱户轻启，只等你来！

目录

第一章 颐和园：湖光山色中的皇家园林

导语

来北京旅游的人，大概都不愿错过颐和园。

中国古代园林，有南北之分。南方园林以私家园林为主，往往秀美而小巧；北方园林则以皇家园林为主，往往雍容而大气。欣赏南方园林，最好去苏州、无锡、上海；而欣赏北方园林，就一定要来北京，一定要去颐和园。因为，颐和园是北方园林的代表，是中国皇家园林的典范。

在这里，你能见到中国园林中的所有元素，无论是山水小桥，还是亭台楼阁，无论是奇石花木，还是匾额楹联。在这里，你能见到中国园林艺术的所有精妙手法，如何因地制宜，如何巧夺天工，如何借景，如何叠山，如何理水。作为园林，这里有宜人的风景，有迷人的山水，有恢宏的建筑，有石舫，有长廊，有让人感觉轻松舒适的一切。同时，作为皇家园林，这里的一切都彰显着皇家的尊贵与庄严，彰显着皇家的雍容与气派。如果说每座园林都是一张画，那么颐和园应该是一张画在超大画布上的画，一张凝聚无数人心血和巧思的画，一张充分体现中国人审美趣味的画，一张值得好好欣赏的画。

颐和园的历史与布局

颐和园的历史

颐和园位于北京城的西北方向，是中国现存规模最大、保存最完整的皇家园林，也是中国四大名园之一①，被誉为皇家园林博物馆。

颐和园始建于金代。那时，这里只是一处帝王游猎的天然苑囿，没有现在这么大，也没有现在这么美。那时，这里也有山有水，当时的山叫“金山”，当时的水域称为“金海”。山上建有一座皇帝的行宫，称为“金山行宫”，供金代帝王游猎时临时过夜居住。到了元代，传说曾有位老人，在山上挖出一个刻有花纹的大石瓮，这里的山于是改称“瓮山”，水域改称“瓮山泊”。到了明代，喜欢游山玩水的明武宗在这里建起“好山园行宫”，“瓮山泊”改名“西湖”。据说，

① 另外三座园林为承德避暑山庄、苏州拙政园和苏州留园。

当年这一带“十里青山行画里，双飞白鸟似江南”，山水如画，给人感觉像江南的风景一样美。

1750年，清代的乾隆皇帝为了给母亲庆贺六十大寿，决定将这里整体翻修改造成一座大型的皇家园林，不仅拓展湖面，还在山前、山后修建了不少建筑。皇帝还特意让人把原来的湖挖成寿桃形，称为昆明湖；把瓮山改名为万寿山，“寿桃”和“万寿”都包含向母亲献寿的意思。乾隆二十九年（1764），这座园林的营建工程全部完成，前后历时15年。从此，这里改称清漪园。建成之后的清漪园占地面积290公顷，规模宏大，风景秀美。

不幸的是，1860年英法联军侵入北京，清漪园被烧毁。1885年，慈禧太后下令重修此园，并将清漪园改名为颐和园，取“颐养冲和”之意。不过好景不长，1900年八国联军侵入北京，颐和园再次被烧毁。1902年，慈禧太后下令再次重建，但因财力有限，只恢复了万寿山前的景观。1949年后，颐和园得到进一步修缮和保护，逐渐恢复往日的风采。1998年，颐和园被联合国教科文组织列入《世界文化遗产名录》。

园内布局与游览路线

颐和园景区，占地290万平方米，主要由昆明湖和万寿山两大部分组成，其中水域面积占全园的3/4。按照功能的不同，整个园林分为三个不同的功能区域：一是以庄重威严的仁寿殿为中心的政治活动区，这里是晚清时期慈禧太后与光绪皇帝从事内政、外交活动的场所。二是以玉澜堂、宜芸馆及乐寿堂为中心的生活居住区，是皇帝及后妃居住的地方。三是由万寿山、昆明湖、长廊、苏州街等组成的风景游览区。

游览颐和园，有几条不同的路线可供选择。第一条路线，从东宫门进园，先参观园中的政治区和生活区，然后再进入风景游览区。第二条路线，从北宫门进园，先参观万寿山西北侧的后湖、后山景区，游览苏州街和四大部洲之后，再参观万寿山前山景区。第三条路线，由新建宫门入园，先近览昆明湖，远眺万寿山，之后再逐一游览园中各处景点。

园林中的政治活动区

东宫门是清朝皇帝、皇后出入颐和园的正门，坐西朝东，屋檐处悬挂着清朝光绪皇帝御书的“颐和园”九龙金匾。从东宫门进入颐和园，首先进入的是以仁寿殿为中心的政治活动区域。

仁寿殿

仁寿殿（见图1-1）建于1750年，在乾隆时期称为“勤政殿”。“勤政”的意思是勤理政务，当年皇帝游园期间，就是在这里处理朝廷政务的。光绪十二年（1886）重建时，这里改称“仁寿殿”，殿名取自《论语》中“仁者寿”之意，意思是施行仁政的人能够长寿。这里是当年慈禧太后和光绪皇帝在园中临朝理政、接受恭贺和接见外国使节的地方，是颐和园中最主要的政治活动场所。

图1-1　仁寿殿

进入仁寿殿，先要经过一道仁寿门。仁寿门内，迎面是一块高大的太湖石，绕过太湖石才能见到仁寿殿的真容。在进门处安放太湖石，可以起到屏风的作用。在中国建筑中，屏风一般设置在院落或居室的进门处，主要用来遮挡视线，避免院内或室内的景物一览无余。由一座屏风所带来的含蓄感，是中国建筑艺术的一种独特审美追求。

在中国园林中，太湖石十分常见，无论是南方园林还是北方园林中，都少不了它们的身影，或是单独一块用来装点景致，或是几块一起堆成假山。太湖石，因为产自江苏无锡的太湖湖底而得名，有着“透、瘦、皱、漏”的特点。这些石头看上去跟别的石头很不一样，不只奇形怪状，而且满身是洞。这些奇形怪状的太湖石，有的看上去像某个人物，有的看上去像某种祥瑞的动物，安放在园林之中，寄托着人们很多美好的愿望。

仁寿门内的这块太湖石，从背后看去，没什么奇特之处，但从正面看去，你会发现它就像是一个老寿星。在中国传统文化中，寿星象征长寿，这正好与仁寿殿的含义相符。除了门口的太湖石外，仁寿殿院内四周还有四块太湖石，被称为

“四季石”，根据其形状，分别名为“春华”“夏荣”“秋实”“冬枯”，象征一年四季。四季石与寿星石被称为“峰虚五老”，象征中国名山——庐山的五老峰，寓意长寿。

除了太湖石以外，仁寿殿院中还有一只铜铸的怪兽，叫“四不像”。据说这种怪兽长着鹿角、龙头、狮尾、牛蹄，却又与这四种动物不同，因此叫“四不像”。虽然长相怪异，可是这种怪兽本领很大，能辟火，是一种仁兽。仁寿殿院中的这只“四不像”，是乾隆年间铸造的，原来有一对，是放在圆明园的。1860年英法联军火烧圆明园时，另一只被毁，这一只后来就被放到仁寿殿。中国文化讲究谐音，“仁兽”与“仁寿”发音相同，放在“仁寿殿”似乎再合适不过了。

参观仁寿殿，还有一处需要留意，就是在大殿前陈列的两对铜制的龙凤。仔细观察一下，你会发现，这里龙和凤的陈列方式与其他地方不一样。在中国古代，龙代表皇帝，凤代表皇后。皇帝的地位比皇后高，所以古代帝王的宫殿或园林中，龙和凤的陈列方式，都是龙在上，凤在下；龙在内，凤在外。可是仁寿殿前的龙和凤，却是两只凤在中间，两条龙陪在两边。这是为什么呢？原来，当年在仁寿殿里主政的人，是清朝的慈禧太后。这个当时中国权力最大的人，为了显示其权威与尊贵，特意改变龙和凤以往的陈列传统，让凤处于比龙更尊贵的位置上。怎么样，这个女人的想法不一般吧？

每年夏天，慈禧太后和光绪皇帝就在仁寿殿处理政事。站在门口往里看，你会发现这间皇家办公室很是特别。仁寿殿坐西向东，面阔七间，两侧有南北配殿。在大殿内的后壁上，悬挂着“寿协仁符”的大匾，殿内设九龙宝座、御案及各种装饰物。大殿正对面是一面大水银镜，上面有 226 个不同字体的“寿”字，取“多寿”之意。镜子左侧有一幅卷轴，上面是一个很大的“寿”字，背景是 100 只蝙蝠，取“百福捧寿”之意。100 只蝙蝠与 226 个寿字，寓意“多福（蝙蝠）多寿（寿字）”。用这样的陈设来寄托主人对幸福长寿的祈愿，实在是用心良苦啊！后来，慈禧太后活到 73 岁才去世，“人活七十古来稀”，这在当年也算长寿了，是不是与这里的陈设有关呢？

德和园

颐和园东宫门内，仁寿殿北面，还有一处特别之所——德和园。这里原是乾隆时期怡春堂的旧址，光绪时期改建后，成为慈禧太后观戏的场所。这里的主要建筑有大戏楼、颐乐殿和庆善堂。

大戏楼是 1895 年建成的，戏台宽 17 米，高 21 米。大戏楼分为三层，每层的名字都很吉利，分别称为福台、禄台和寿台。第一层是乐队演奏时的乐池，二层和三层则用于演出。戏台顶部有“天井”，地板中有“地井”，演神鬼戏时可以按照剧情的需要，演员由天井下降，或由地井钻出。更有意思的是，戏台下面还有水井，演出需要时，台上可喷出水。戏台二层设有绞车架，用来准备演出时的各种机关布景。这座戏楼，与故宫的畅音阁和承德避暑山庄的清音阁，一同被称为清代三大戏楼。三者之中，德和园戏楼最大，建筑更精美，气势更恢宏。现在，戏台后面的扮戏大厅里，展出着当时的戏装和道具、慈禧乘坐的轿子和汽车，以及一位外国画家为慈禧太后画的一幅油画像。

这座戏楼中，没有一般的观众席，慈禧是在戏楼对面的颐乐殿里看戏的。她看戏时，一般由后妃、公主或福晋等女人们陪着，光绪皇帝只能坐在门廊上陪看。东西廊中原来不设门窗，若是哪个王公大臣讨得太后欢心，慈禧太后也会赏他在廊上陪着看戏。据清宫文献记载，从 1895 年大戏楼建成，到 1908 年慈禧太后去世，她在这里看戏最多的一年，看了 40 天。她每次来园，第二天一定会看戏，甚至在去世前 35 天时，还在这里看戏。看来，这位当时中国权力最大的女人对戏曲的热爱实在非同一般啊！

园林中的生活居住区

走出仁寿殿，就可以去看看皇帝和皇后在颐和园中的生活区了。园中的生活居住区，主要由乐寿堂、玉澜堂、宜芸馆组成，是皇帝及后妃居住的地方。清朝末年，慈禧太后、光绪皇帝和皇后来游园时，光绪皇帝住在玉澜堂，皇后住在宜芸馆，慈禧太后则住在乐寿堂。这三个院落以曲折的游廊相连接，背山面水，舒适而和谐。

玉澜堂

玉澜堂曾是乾隆皇帝的办公之所，嘉庆皇帝也在这里办过公，还是光绪皇帝在园中居住的地方。

玉澜堂的东西两侧都有配殿，以游廊相接。西配殿称为“藕香榭”，可以通到乐寿堂；东配殿称为“霞芬室”，可以通往仁寿殿。这组建筑紧邻昆明湖，因出门能见到“湖水似玉，波澜起伏”的风景而得名。

玉澜堂的大门前，一左一右立着两块大石头，人称“母子石”。据说，这两块大石头是慈禧太后特意派人从香山运到这里的。为什么会在这里安放两块大石头呢？人们说，这与当年光绪皇帝的一次大胆的变法有关。

1895 年，中日甲午战争中清军大败，清政府被迫割地赔款，国内的一些有识之士十分激愤，呼吁变法。以康有为、梁启超为代表的改良派上书光绪皇帝，提出变法的主张。年轻的光绪皇帝也希望改变国家的落后现状，有所作为，因此对变法非常支持，此后开始制订和实施一系列国家改革计划。这次变法运动，在中国历史上被称为“戊戌变法”。不过，光绪皇帝虽然有热情，手中却没有实权。变法实施不久，就遭到以慈禧太后为代表的保守派的抵制和破坏，三个多月即宣告失败。人们说，当年慈禧太后是想用这两块大石头，来表达对光绪皇帝的不满。两块石头被放置在玉澜堂前，好像是在对光绪皇帝说，没有我，你是当不上皇帝的！可是，你却不顾母子之情①来反对我，太狠心了！

变法失败后，光绪皇帝虽然还是名义上的皇帝，却永远地失去了人身自由。之后，每次来颐和园，他都被囚禁在玉澜堂里，不能随便去其他地方。现在参观时仍能看到，玉澜堂院中东西配殿进门处，各有一道砖墙，就是当年砌成的，为的就是将配殿通往各处的通道牢牢堵死。就这样，颐和园里的玉澜堂，成了光绪皇帝的“监狱”，直到他最后含恨而死。玉澜堂前风景如画，可是失去自由的年轻皇帝，却再也没有心思观赏这里的美景了。

宜芸馆

宜芸馆是当年光绪帝的皇后在颐和园居住的地方。

“宜芸”是藏书的意思，宜芸馆始建于乾隆十五年（1750），据说当年乾隆皇帝曾在这里读书。1860 年，宜芸馆被英法联军焚毁。1886 年重建后，这里成为光绪帝皇后的寝宫。宜芸馆内，东西各有配殿，东配殿称为道存斋，西配殿称为近西轩。现在，门内廊壁上镶嵌着乾隆皇帝临摹的 10 余块“三希堂”书法石刻，殿内物品则是按当年光绪帝皇后在此居住时的原状陈列的。

宜芸馆南面，昆明湖东北岸边有一座两层小楼，临湖而建，名叫夕佳楼。小楼的名字取自诗句“山气日夕佳，飞鸟相与还”。从名字可以看出，这里是夕阳西下时观赏风景的好去处。傍晚时分，坐在夕佳楼上，看着落日余晖洒在湖面上，远处西山如带，飞鸟略过天际，阵阵荷花的香气在空气中弥漫，该是怎样的一种享受啊！

乐寿堂

走出宜芸馆，就可以去看看当年大权在握的慈禧太后的住处——乐寿堂了（见图 1-2）。乐寿堂的名字，取自《论语》“知者乐，仁者寿”。意思是说，有学问的人很快乐，讲仁义的人能长寿。慈禧太后将自己的住处命名为乐寿堂，应该是希望自己能够永远快乐和长寿吧。

---

① 光绪皇帝的生母是慈禧太后的妹妹，光绪皇帝与慈禧太后并非血缘上的母子关系。

图 1-2　乐寿堂

乐寿堂所在的院落，宽敞气派。堂内东西两侧各有内间和外间，功能各不相同。东外间是茶点室，东内间是更衣室；西外间是处理日常政事的地方，西内间是卧室。

乐寿堂内宝座、御案和掌扇等的陈设，保持着当年慈禧太后居住时的原貌。乐寿堂前，摆放有梅花鹿、仙鹤、花瓶各一对，这样的摆设也是有讲究的。这几件陈设物品的名称放在一起，是一句吉祥语。其中，“鹿”和“六”（读“陆”）同音，“鹤”与“合”谐音，“瓶”与“平”同音，将梅花鹿、仙鹤和花瓶摆放在一起，寓意是“六合太平”，用来祈愿天下太平。

在乐寿堂正前方进门处，有一块巨石，十分引人注目。仔细看看，你会发现这块石头与仁寿殿前的太湖石不一样。这块石头被人称为“房山石”，据说是一个明朝官员在北京西南的房山发现的。太湖石讲究“透、漏、皱、瘦”，而房山石则讲究“有孔不透也不漏，有形不皱也不瘦”。这块青色巨石，外形像灵芝，上面有很多孔洞，名为青芝岫。“岫”的意思是“孔洞”，“青芝岫”即为一块青色、有孔洞、样子像灵芝的大石头。

这块巨石还有一个很不吉利的名字，叫“败家石”。这个名字与石头的来历有关。据说，明朝有一位姓米的官员，喜欢搜集怪石。他在房山发现这块巨石后，非常喜欢，于是动用大批人力来搬运这块石头。石头很重，当时又没有大型的运输设备，要把这块石头搬运回家很不容易。后来，人们想出一个聪明的办法，冬天时每隔数里挖一口水井，然后把井水打出来泼在路上，等路上的水结冰后再用人和马来拖运，这样就省力多了。这个方法果然有效，石头就这样被慢慢拖动了。不过，一边挖井，一边运石头，开销非常大。后来，石头还没运到北京，这位姓米的官员家里的钱就花光了，没办法，他只好把石头丢在路边不要了。这块石头居然能让一位有钱的官员败了家，从此人们就把它称为“败家石”了。

后来，乾隆皇帝知晓了这块巨石，也非常喜欢，就让人把它运到颐和园，准备将其作为寿礼送给自己的母亲。可是，当时颐和园的门太小，石头太大，运不进来，最后只能破门而入。乾隆皇帝的母亲知道后，生气地说：“这块石头败了米家，现在又破了我家的门，真是一块败家石啊！怎么能留着它呢！”乾隆皇帝听了，一时不知道怎么办才好。这时候，一个聪明的大臣笑着说：“太后不要生气，皇上将这块石头运来，是看它形状像灵芝。您看像不像呀？灵芝是仙草，能延年益寿，如果是灵芝破门而入，那可真是可喜可贺呀！皇上把这块石头献给您，是希望您多福多寿！”太后仔细一看，这块石头的外形，的确有些像灵芝，于是转怒为喜，乾隆皇帝也就将这块石头命名为“青芝岫”。

乐寿堂在颐和园居住区内位置最佳，大门正对昆明湖，一出门就能见到湖光山色。门前是一个码头，称为“水木自亲”，当年慈禧太后乘船游玩时，就是从这里离船上岸，直接进入乐寿堂的。

山与水之间

经过皇家办公区和生活区，就能见到颐和园的湖光山色了。你可以在知春亭中观赏全园风景，可以在长廊中边游赏边看彩绘，可以看看精美的石舫，也可以在听鹂馆前边赏景边想象这里曾经的乐音袅袅。

知春亭里观园景

观赏颐和园全景的最佳位置，就是知春亭。

知春亭位于颐和园昆明湖东岸边，是一个重檐四角攒尖顶的亭子。“知春”的意思是知道春天到来，这个亭子取名“知春亭”，就是因为站在这个亭子里，能最早感觉到春天的气息。这是什么原因呢？原来，亭子周围种着很多桃树和柳树。柳树早春时发芽翻绿，桃花早春时含苞待放，人们一见到柳树上的嫩芽，一见到桃树上的花苞，就知道春天来了。中国有句古诗“春江水暖鸭先知”，意思是鸭子是最先知道春天来到的，因为春天一到，它们就会在水里游来游去。不过，在知春亭里，不用看鸭子，只要看看柳树和桃树，就能感觉到春天到来的脚步。

来知春亭，除了能感受春天的气息，更主要的就是观景了。说起观景，在颐和园里没有哪个地方比得上知春亭，这里可是远观全园景物的最佳观景点。站在亭中，向北远眺，万寿山上佛香阁、排云殿巍峨耸立；向西望去，近处一条长堤秀丽缤纷，远处玉泉山和西山倩影如黛；向南看去，十七孔桥如一道长虹静卧水中。站在知春亭中观景，是一种难得的享受，你的眼前有如一幅中国山水画在慢慢打开，园中最好的景致在片刻之间就可尽收眼底。

一条长廊如彩带

昆明湖岸边最具特色的一道风景，恐怕就是长廊了（见图 1-3）。颐和园长廊，位于昆明湖和万寿山之间，全长 700 多米，是世界上最长的游廊。

图 1-3　长廊

长廊建于 1750 年，顺着昆明湖和万寿山的走向顺势而建，弯弯曲曲的，像一条轻舞的彩带，把万寿山前各处分散的景点一一连接起来。游人可以在廊中漫步，观赏园中风景，也可以在这里观雨、赏雪。中国明代园林营造大师计成所著《原冶》一书，是一本关于中国古代园林营造的专著，书中有言，“廊宜曲宜长则胜”，意思是说，游廊长一些，曲折一些更好。颐和园长廊的营建，体现的正是中国园林的这种审美取向。

颐和园长廊，东起邀月门，西至石丈亭，中间还点缀着四座八角重檐的亭子。邀月门南侧有一棵已有两百多年历史的白玉兰树，花开时节，满树白色的玉兰花在月光下晶莹如玉，像是与月亮有约一般。至于石丈亭，并不是一座亭子，而是一座由 15 间建筑组成的院落。这个院落中有一块高大的太湖石，形态优美，温润挺秀，是园中最奇秀的一块太湖石，因形似一位老丈而被称为“丈人石”，石丈亭因此而得名。

长廊中间点缀的四座亭子，名字更是韵味十足，很有中国特色。四个亭子分别代表四个季节：“留佳”的意思是留住美景，春天的风景最美，因此留佳亭代表春天；“寄澜”的意思是寄情湖水，夏天的湖水最迷人，因此寄澜亭代表夏天；秋水亭，自然代表秋天；“清遥”的意思是清净悠远，这种意境是颐和园冬天的写照，因此清遥亭代表冬天。四座亭子，一路走过来，就如同走过一年四季。

据说，每个亭子之间的间隔大约是300步，而这个长度，正好是一般行人最佳的散步距离。这条长廊长达700多米，没有山体的倚靠，也没有砖墙的支撑，却能在经历百年风雨之后，稳固如初，这也得益于几座亭子的巧妙安排。四座亭子间隔均匀，分散分布，既点缀了长廊的景观，又支撑了长廊的稳固。由此看来，当初的设计者在这条长廊上是花了不少心思的。

这条长廊，不只是一条游廊，更是一条画廊。长廊顶部，画满各种彩绘图画，其中有不少是山水风景。据说，当年乾隆皇帝曾几次去江南地区视察，回到北京后，对江南的山水风光非常留恋。于是，他派画师们到江南去写生，回来后，将画稿上的山水景色画在长廊顶部。于是，西湖风景中的“苏堤春晓”“平湖秋月”“断桥残雪”等，就出现在长廊之中。除了山水风景之外，长廊里的彩绘内容，还有很多中国古典文学中的人物和故事，比如有名的“武松打虎”“张飞夜战马超”“孙悟空大闹天宫”等。就这样，一条游廊变成了一条艺术长廊。现在的长廊中，共有彩画一万多幅，可以说是世界上最长的画廊了。

长廊中的彩画，与长廊外的自然山水一道，迷住了游人的眼睛，也迷住了游人的心。置身长廊之中，漫步其间，上看下看，左看右看，处处皆风景，常常会让人有一种“人在画中游”的感觉。

一条石船永不沉

来到长廊西端的石丈亭中，你会看到，眼前的湖水中有一条大石船。这条石船，人们称为石舫（见图1-4）。石舫全长36米，是中国现存最大的石船。最初的石舫，船体上建的是单层的中式舱楼，后来被烧毁重建，船体上就建成了今天我们看到的双层西式舱楼。

在中国古代，在河里或海里航行的一般都是木船，为什么要在这里建一条大石船呢？原来，中国古代的皇帝都记得一句古语“水可载舟，亦可覆舟”。这句古语的字面意思是，水面平静时，船可以在水面上顺利通行；但风浪大时，水也能把船打翻。这句话，实际上是一种比喻：用水来比喻老百姓，用船来比喻统治者，即皇帝。因此，其实际意思是，如果皇帝有道，老百姓安居乐业，就会天下太平，皇帝就可以安心坐在皇位上，就像船在水上顺利通行一样；可如果皇帝无道，老百姓流离失所，就可能起来反抗统治者，那皇帝的宝座就坐不安稳了，就像船会翻一样。翻船的结果，自然是皇帝不愿看到的。因

图 1–4　石舫

此，在这里建这么一个大石舫，皇帝是希望江山永固，希望自己的统治像石舫一样，不怕风吹，不怕浪大，永远也不会翻船。不只如此，石舫的名字里也包含寓意。石舫原名清晏舫，取的是“河清海晏”之意。“河清海晏”的字面意思是“黄河水清了，大海也平静了”，用来比喻“天下太平”。这是希望这条石船能带来国家安定、天下太平。

走进石舫，你会发现，在上下两层舱楼中各有一块大水银镜。为什么这里会有两块大镜子呢？据说，当年慈禧太后很喜欢在下雨天来这里品茶、赏雨景，这两块水银镜就是当年用来看雨景的。从镜子中观赏雨景，是什么感觉呢？雨景会更美吗？这恐怕只有你亲自试试才会知道了。

听鹂馆乐音袅袅

万寿山前西侧，正对长廊清遥亭的，是颐和园西部一个重要的景观建筑——听鹂馆。

“鹂”指黄鹂，是一种叫声很好听的鸟。这里称为“听鹂馆”，不是因为在这里能听到黄鹂的叫声，而是因为这里曾是皇家听戏的地方。中国古人觉得，黄鹂鸟的叫声非常好听，因此常用来比喻音乐优美，这座建筑因此而得名。或许当年，听鹂馆里演员唱戏的声音，真的像黄鹂的叫声一样悦耳呢。

听鹂馆院内，有正殿、配殿、旁院和一个两层的小戏楼。据说当年乾隆皇帝常陪着母亲在这里看戏，后来的慈禧太后和光绪皇帝也都是戏迷，常在这里观看京剧表演。现在，听鹂馆正门匾额上的题字“金支秀华”，是慈禧太后手书的。这四个字出自《汉书・礼乐志》，用来形容乐器上的流苏装饰华丽。从这样的题字中，可以想见当年这里的情景：皇家乐队人数众多，乐器齐全，装饰豪华，声势浩大。

清漪园时期，这里戏台的朝向是坐北朝南，面向昆明湖方向的。因为乾隆皇帝有时会亲自登台为皇太后表演，为符合国家礼制的要求，戏台就只能面向代表尊贵的南方。光绪年间，颐和园重建后，慈禧太后和光绪皇帝都成了观众，戏台就改为坐南朝北，朝向万寿山方向。不过，园中新建德和园大戏楼以后，慈禧太后就改去那里听戏，听鹂馆就只用来观赏风景了。

南湖与西堤

如果你从东南的新建宫门进入颐和园，首先看到的就是南湖岛、十七孔桥和廓如亭。站在昆明湖边，向西望去，就能看到西堤，看到西堤上的桥。

南湖美景

南湖岛是位于昆明湖中央的一座岛，通过十七孔桥（见图 1-5）与东堤上的廓如亭相连，与高高的万寿山遥遥相对。在一平如镜的湖面上，这一岛、一桥、一亭显得格外引人注目，也让湖面风景的构图一下子生动起来。

图 1-5　十七孔桥

南湖岛上有涵虚堂、广润灵雨祠、鉴远堂、月波楼、澹会轩等景点建筑。其中，广润灵雨祠是园中祈雨的地方，俗称龙王庙。据说某年大旱，乾隆皇帝在此设坛求雨，果然天降大雨。因为在此处求雨“灵验”，乾隆皇帝亲笔题写祠额“广润灵雨祠”。

将南湖岛与东堤相连的长桥，就是著名的十七孔桥。这座桥建于清乾隆十五年（1750），是仿照北京另一座著名的桥——卢沟桥修建而成的。桥长 150 米，宽 8 米，共有 17 个桥孔。从桥正中的大孔，往左右两端数，都正好是 9 个桥孔，“9”与“久”谐音，是皇家最喜欢的吉利数字。石桥两侧的栏杆上，雕刻着 544 只形态各异的石狮子，比卢沟桥还多 59 只呢。这座长桥横卧水中，轻灵秀美，是昆明湖上最亮丽的一道风景。

说起十七孔桥，不得不提一个奇观。每年冬至前后，都会有几天时间，当落日的余晖穿过十七孔桥，十七个桥洞全部被照亮，整座石桥被映得金光灿灿，场面非常壮观。这种奇观，民间俗称“金光穿洞”。冬至前后是北京最冷的几天，但为了一睹“金光穿洞”的奇景，拍下那激动人心的奇观，每年都有很多人冒着严寒赶去颐和园，在寒风中耐心等待好久。

十七孔桥东侧，是一个很大的八角重檐的亭子，叫廓如亭（见图 1-6）。这个亭子面积有 130 多平方米，是中国现存古建筑中面积最大的亭式建筑。“廓如”的意思是“空间开阔”，游人站在这个亭子中，可以四面观景，视野非常开阔，称为“廓如亭”可以说名副其实。因为这个亭子顶部是八角形的，也被人们俗称为“八方亭”。现在，廓如亭内悬挂的匾额上，还留有乾隆皇帝手写的诗和摘抄的文句呢。

图 1-6　廓如亭

廓如亭往北的河堤上，伏着一只铜牛，与真牛的大小差不多。关于铜牛，有两种说法：一种说法是为了镇水。牛背上刻的文字，是乾隆皇帝特意创作的一篇

《铜牛铭》，说明当年铸造铜牛的目的。另一种说法，则与中国民间关于牛郎织女的传说有关。颐和园初建时，昆明湖西侧有一组具有田园风光的景致，称为“织耕图”，代表织女的住处；而这东岸的铜牛，就是传说中的牛郎。中间的昆明湖，则如同“天河”一样，牛郎织女只好隔水遥遥相望。

西堤与六桥

站在昆明湖东岸，向西望去，远处是一道长堤，堤上遍植柳树和桃树，春天桃红柳绿，生机盎然，那就是西堤。

乾隆皇帝对江南风光的热爱，在园中的很多景观中都有体现，其中最具代表性的，就是昆明湖上的西堤和堤上的六座桥。“上有天堂，下有苏杭”，杭州风景是江南风光的代表，而西湖则是杭州风景的点睛之笔。昆明湖上的西堤，就是仿照杭州西湖上的苏堤而建的。西湖苏堤上有六座桥，昆明湖西堤上也修建了六座桥，就连西堤上栽种的一棵棵柳树，也和苏堤一样。北山、南湖、西堤的格局，让昆明湖和西湖看起来几乎一模一样。不过，如果仔细观察，还是能很快发现二者的不同。西湖上的苏堤是笔直的，而昆明湖上的西堤则是蜿蜒曲折的。曲折的西堤，与昆明湖和万寿山的景观相得益彰，因此可以说，这里不是江南却又胜似江南。

西堤之上的六座桥，样式各异，从南向北依次分布，分别是柳桥、练桥、镜桥、玉带桥、豳风桥、界湖桥。除玉带桥和界湖桥外，其余四座桥上都有桥亭。这六座桥不但形态各异，名字也各有讲究。南面的三座桥皆因古代诗句而得名。柳桥上的桥亭，为八角重檐顶，桥名取自诗句“柳桥晴有絮”，与西堤上遍植柳树有关。练桥上的桥亭，为四角重檐攒尖顶，桥名取自诗句“澄江静如练”。练是白色的丝绸，意思是说，昆明湖平静的水面，像一条白色的丝绸一样，这座桥架在湖上，因此名为练桥。镜桥的桥亭，为八角重檐顶，桥名取自诗句“两水夹明镜，双桥落彩虹”。玉带桥（见图1-7），桥如其名，桥拱又高又薄，桥身和桥栏是用青白石和汉白玉石雕砌的，外形宛若玉带。豳风桥的桥亭，为四角重檐顶，桥名取自中国第一部诗歌总集《诗经》中的作品《豳风》。这部作品是反映古代农业生活的，以“豳风”为桥名，其用意应该是表明皇家对农桑的重视。至于界湖桥，则是因为处于昆明湖内外湖的分界处而得名。

颐和园中，原本西侧建筑偏少，会让人感觉有些空旷。而西堤上的六座桥，不但消除了这种空旷感，而且因形态各异，为湖中风景增色不少，是颐和园设计中的一处精妙之笔。

图 1-7　玉带桥

万寿山之上

万寿山（见图 1-8）前的中轴线上，是一组气势恢宏的建筑群。这组建筑群以佛香阁为中心，始于昆明湖边的“云辉玉宇”牌楼，经排云门、二宫门、排云殿、德辉殿、佛香阁，直至位于最高处的智慧海，南北贯穿于一条中轴线上，层层上升的黄色琉璃瓦建筑，气势宏伟，尽显皇家园林的尊贵与大气。

图 1-8　万寿山

“云辉玉宇”牌楼，是万寿山中轴建筑群的起点。这个牌楼紧邻昆明湖，建筑等级极高，为四柱七楼式，上面绘制着金龙和玺彩画，顶部覆盖黄色琉璃瓦，高大而华美。“云辉玉宇”的意思，是指这里是一个彩云与华丽建筑相映生辉的世界。而牌楼南面匾额上的“星拱瑶枢”，也是在告诉人们，这里像是一个众星拱卫着的神仙之地。

排云殿

排云殿，位于万寿山前建筑群的中心部位，是园中最精美、最富丽堂皇的建筑。

大殿建在一座高高的台基上，坐北朝南，殿顶为重檐歇山顶，像紫禁城一样，上面覆盖着黄色琉璃瓦，殿顶上装饰着鸱吻和脊兽，建筑规格很高。排云殿是一座明五暗十、左右带暖阁和套室的大殿。内檐上悬着一块匾额，上书“大圆宝镜”四字，据说是慈禧太后亲笔书写的。“大圆宝镜”是佛家用语，意思是如来佛能洞察一切，对世上的事无所不知。挂这块匾额，似乎是说，慈禧太后也像如来佛一样，对天下的事情无所不知吧。这座殿前，放置着两个大香炉和四口供防火盛水用的大铜缸，四周有游廊和配殿，前院有水池和汉白玉砌成的金水桥。

像所有皇家宫殿一样，排云殿内设有九龙宝座、围屏和宝鼎等。不过这里的很多陈设与祝寿的主题有关。宝座旁有一对木雕的“寿”字；隔扇门上使用的花样“万字不到头”，也表示长寿；殿内后间立着两个高大的珐琅人形装饰，称为“麻姑献寿”；其他一些玉雕或是木雕的老寿星和八仙祝寿等，也都是作为寿礼陈设于此的。这是为什么呢？原来，这里原是一座寺院，称为“大报恩延寿寺”，是乾隆皇帝为庆祝母亲六十寿辰而建的。1860 年寺院遭到英法联军焚毁，1886 年光绪皇帝重建时，更名为排云殿。

“排云”二字取自诗句“神仙排云出，但见金银台”，意思是说这里云雾缭绕，风景优美，好像天上神仙居住的地方。这里是慈禧太后庆祝寿辰的地方，每年她过生日的时候，都会在这里举行庆典，接受大臣们的祝贺和朝拜。慈禧太后把自己比成排云而出的神仙，是希望自己能够像神仙一样长生不老吧。

排云殿前第一道大门，称为排云门（见图 1-9）。排云门大门两旁，安放着一对青铜狮，还有十二块形态各异的太湖石。这些太湖石有两个名字，一个名字叫“排衙石”，因为正好在大门两旁，好像是两排宫廷衙役在守卫着大门；另一个名字叫“十二生肖石”，因为有人觉得这些石头的形态像十二生肖。如果你有兴趣，可以找找，看哪一块是自己的生肖石。

图 1-9　排云门

佛香阁

万寿山上这组建筑群中，最引人注目的就是佛香阁了（见图 1-10）。佛香阁是万寿山上的核心建筑，也是颐和园的标志性建筑。

图 1-10　佛香阁

一看名字，你大概就能猜出来，佛香阁是一处宗教建筑。“佛香”一词，来源于佛经中对佛的赞颂。佛香阁内供奉的是接引佛（即阿弥陀佛），当年每月初一和十五，慈禧太后都在此烧香礼佛。

佛香阁是一座八面三层四重檐的木结构塔式建筑，高 41 米，阁内有八根铁梨木大柱直贯顶部，内部结构相当复杂，为古典建筑精品。佛香阁建造在一座石砌的方形台基上，台基高 20 米，与湖面基本垂直。高大的台基既增加了佛香阁的体量，也大大增强了佛香阁的气势。从审美角度看，台基稳固、气势宏大，与万寿山横向延展的走势，以及中轴线上密集的建筑群搭配在一起，显得非常协调。佛香阁背靠万寿山，面南而坐，是整个园区风景的中心。无论从万寿山前的哪个方向、哪个角度，几乎都能看到佛香阁。无论在哪个季节，无论在哪种景物的衬托下，佛香阁都显得气度不凡。

不过，在清漪园最初的设计中，这里并没有佛香阁，而是一座九层高塔。据说，当年乾隆皇帝陪同母亲下江南的时候，母子二人都对杭州的六和塔极为喜爱，所以营建清漪园的时候，决定仿照杭州六和塔在万寿山上修建一座九层高塔——延寿塔。不过，当这座塔建到第八层时，主管工程的大臣突然接到皇帝的圣旨，命令他将快建成的高塔拆掉，在塔的原址上，重新设计一座木质楼阁，这就是后来的佛香阁。至于高塔被拆掉的原因，有很多说法，其中一种是皇帝发现九层高塔在万寿山上显得很突兀，与周围的建筑不太和谐。很多人觉得，这种说法很有道理。佛香阁 1860 年被英法联军烧毁，1891 年在原址依样重新修建。

智慧海

万寿山的山顶上有一座宗教建筑——智慧海（见图 1-11）。“智慧海”的意思是说，佛的智慧像大海一样，浩瀚无边。因为里面供奉着无量寿佛，也被称为“无量殿”。

图 1-11　智慧海

这是一座砖石结构的建筑，外层全部用精美的黄、绿两色琉璃瓦装饰，顶部还有少量紫色和蓝色的琉璃瓦，外壁上还嵌着千余尊琉璃佛，极具特色。一眼望去，整座建筑色彩鲜艳，富丽堂皇，在阳光下闪耀着迷人的光芒。1860 年，智慧海也曾遭到英法联军的破坏，不过没有被烧毁。这座建筑能够在大火中幸免，就是因为外层是琉璃砖，内部是石料建成，不怕火烧。

智慧海还有一个名字，叫无梁殿，意思是没有屋梁的宫殿。一般中式建筑的屋顶上，都有一条粗粗的大梁，是用来承重的。这座建筑虽极像木结构建筑，但实际上没有用一根木料，全部用砖石建成，内部则采用的是拱券结构，因此不需要大梁。北京有三大无梁殿，智慧海就是其中之一。

山前的点景楼阁

万寿山的前山上，除了中轴线上的重要建筑如排云殿、佛香阁外，其东西两侧，还点缀着一些精美的亭廊楼阁（见图 1-12），极具匠心，也值得一看。

图 1-12　万寿山前山的建筑

西侧的半山坡上，一组亭台楼阁依山而建，无论是在其中随意游览，还是登楼观赏湖景山色，都给人一种身在画中的感觉，因此人们给这里取了一个好听的名字——“画中游”。“画中游”附近点缀着的主要建筑有宝云阁、五方阁和清华轩。

在这些建筑中，宝云阁最为特别。“宝云”是中国晋代一位很有名的僧人的名字。宝云阁的特别之处在于，内部的梁柱、檐瓦、窗格以及供奉的佛像，都是铜铸的，因此也被称为“铜亭”。这座铜亭通体为古铜色，高 7.5 米，重 207 吨，造型精美，工艺复杂，是世界上少有的珍品。

清华轩是根据“水木湛清华”的诗意而命名的。这里原是清漪园时期的五百罗汉堂，光绪时期改造成一座两进的院落，前后院之间有游廊相连。院中的主体建筑古朴素雅，给人感觉有些与众不同。最特别的是，院子中央建有一个八角形的水池，池上是一座汉白玉石桥，轻灵而秀美。站在清华轩中，右上方一角，佛香阁的身影映入眼帘。一个古朴素雅，一个富丽堂皇，二者的对比极其鲜明。

与西侧的宝云阁、五方阁等建筑相呼应的，是佛香阁东侧的转轮藏和介寿堂。转轮藏是一座藏经楼，是仿照杭州法云寺的藏经阁而建造的。正楼是一座二层三重檐的建筑，琉璃瓦顶部立着福、禄、寿三星的琉璃立像。两侧的两座配亭中，各设有一座八面木塔，木塔每一面都可以存放经书和佛像，中间有一个轴，用手一推就可以转动。因为这里有两个可以转动的藏经架，所以被称为“转轮藏”。据说，皇帝来这里，只要用手扶一下转动的木塔，就算是把塔内的经书都读了一遍。怎么样，这样的读书速度是不是很让人羡慕？

万寿山前山的这些建筑，无论从名称还是用途来看，很多都与佛教有关。从中可以看出清代皇家对于佛教的重视程度之高，同时也反映出佛教思想对中国的影响之大。

后山与后湖

万寿山的前山，可谓富丽堂皇，而后山则迥然不同。后山脚下，一条小河弯弯曲曲，两岸风景秀美，建筑临水而建，极具江南特色。后山上的建筑多为寺庙，尤其一组藏式寺庙格外引人注目。

后溪河上的苏州街

如果从北宫门进入颐和园，首先看到的就是后山后湖的景观了。而这些景观中，给你印象最深的，恐怕就是苏州街了（见图 1-13）。来到这里，你会感觉自己似乎来到江南水乡一般。

图 1-13　苏州街

苏州街又称“买卖街”，就建在后山脚下的小河两岸。这是一条仿照江南水乡——苏州的街市而建的商业街，有着江南街市特有的热闹与繁华。街市上，各式各样的店铺临水而建，招牌林立，酒旗招展，玉器古玩店、绸缎庄、点心铺、茶楼、金银首饰楼等等，各种生意应有尽有。乾隆时期，每到皇帝和太后来园中游玩时，这里的各家店铺就会开张，卖东西的大声吆喝，买东西的讨价还价，人来人往，非常热闹。最有意思的是，这里的掌柜、伙计和顾客，都是皇宫里的太监、宫女和大臣们扮演的，为的是讨皇帝和太后开心。

据说，这条买卖街也是乾隆皇帝送给母亲的一份寿礼。当年，乾隆皇帝和母亲一起去江南地区巡视，曾经在苏州的山塘街游玩，那里的水乡景色和河边的店铺给他们留下了深刻的印象。因为母亲年事已高，不能再去江南，皇帝就在清漪园中为她修建了这条买卖街，并称之为苏州街。苏州街全长 270 米，有两百多间店铺，是模仿苏州山塘街的格局修建的。不过，与苏州山塘街不同的是，这里的店铺大多采用的是北方风格的牌楼形式，铺面朝河而开，人们可以在船上购物。有了这条苏州街，皇太后不出京城，就能随时享受到游览江南的乐趣，对儿子送的这份生日礼物，她应该非常满意吧。

可惜的是，1860 年这里的数十处店铺被英法联军焚毁，我们现在看到的苏州街上的景观，是 1986 年按照当年的样子重建的。

后山上的藏式寺庙建筑群

颐和园中，除了万寿山前山上有宗教建筑，比如佛香阁、智慧海、宝云阁、转轮藏等外，万寿山后山中部，还有一组藏传佛教建筑群——四大部洲。

这组建筑群占地 2 万平方米，以香岩宗印之阁（见图 1–14）为中心，因山顺势，就地起阁，包括四大部洲、八小部洲、日月台等 19 座古建筑。香岩宗印之阁是仿照西藏地区一所著名的喇嘛教寺院——桑耶寺而修建的，是一座具有浓厚藏地文化色彩的建筑。

根据佛经的描述，佛居住在须弥山，周围是咸海，海上四方有四个大部洲和八个小部洲。四大部洲建筑群的设计，正是佛经中宇宙世界观念的现实体现。香岩宗印之阁，象征佛经中佛居住的须弥山，是佛教世界的中心，其周围四个方向，排列着象征佛教世界的四大部洲，即东胜神洲、西牛贺洲、南赡部洲、北俱芦洲。每个大部洲旁边，各有两个由不同形式的塔台修建成的小部洲。四大部洲和八小部洲中间，有两个凹凸不平的台殿，台座呈弯月形的称为月台，台座呈圆形的称为日台。这两个台殿象征日月环绕佛身。在这个建筑群的四个不同方向——东南、西南、东北、西北，分别建有红、白、黑、绿四座不同颜色的喇嘛塔，造型美观别致。四种颜色的喇嘛塔，分别代表佛经中的“四智”，每座塔上

图 1-14　香岩宗印之阁

都有十三层环状的“相轮”，代表佛经中的“十三天”。

在一座清代皇家园林中，修建这样一组藏传佛教建筑群，一方面体现了当时中国各种宗教的兴盛和融合，同时也是当时国家安定、民族团结的一种象征。1860年，四大部洲建筑群被英法联军烧毁，光绪年间修建时，只在原地上修建了一层香岩宗印之阁。1980 年重修后，四大部洲、八小部洲和四座喇嘛塔基本上恢复了原貌。直到 2012 年再次经历大规模修缮后，这里才基本恢复咸丰时期的历史风貌。

实践与互动

感受皇家园林之美

从字面来看，“园林”的意思由“园”和“林”两部分构成。“园”说明这里应该是一个有围墙的特定区域，“林”说明这里应该有树木。实际上，汉语中“园林”一词的内涵远不止于此。在中国文化中，作为一种休闲游乐场所，“园林”代表的是闲适，是放松，是游乐，是亲近自然。

在中国，北方园林与南方园林风格不同。北方园林以皇家园林为主，一般面积较大，雍容大气，富丽堂皇。江南园林以私家园林为主，一般面积较小，但景致秀美，淡雅朴素。虽然风格不同，但园林中的基本要素却是一致的，即有山有水，有亭台楼阁，有小桥流水，有花草树木。南方与北方园林体现出的审美情趣也是一致的，即在园林设计中追求“虽由人作，宛自天开”的境界，追求自然与人工的和谐。

园林的功用在于游赏，在于娱情。因此，作为皇家宫殿的故宫，讲究等级与秩序；而作为皇家园林的颐和园，则讲究情趣与韵味。

颐和园是中国古典园林的典范之作，是参照杭州西湖的景致进行营建的。营建过程中，设计者汲取了不少江南园林的造景手法，将美景与建筑融为一体，充分体现了中国园林“虽由人作，宛自天开”的审美情趣。园林中的景观，虽然是人工建造的，但在建造过程中始终与周围环境保持和谐统一。园林中，除建筑物外，无论是凿池开山，还是栽花种树，每一处都经过精心设计，巧妙布置，处处不留人工的痕迹，不让人有牵强造作之感。这些由人工模拟的自然山水风景，有的参照古代山水画，有的从古典诗词的意境中获得灵感，无一处不用心，园林中的风景也就美如诗画了。可以说，颐和园中的每个角落，都体现着中国园林之美。

古人云：“园林之胜，唯是山与水二物。”中国园林里，少不了山，更少不了水。颐和园中，山水相依，两相映衬。万寿山与昆明湖，山是静态之美，水是动态之美；有了昆明湖，万寿山显得更为高大雄浑；有了万寿山，昆明湖显得更为柔美灵动。园中的景观布置，秩序之中有变化。万寿山的主要建筑，贯穿于一条中轴线上，布局规整；昆明湖边的长廊，却曲曲折折。

园中的景观布置，多而不乱，分而不散，每一处都恰到好处。东北角适合观看日落风景，于是建一座“夕佳楼”；东堤上适合观赏全园景致，于是建一座“知春亭”；南湖一带，水面辽阔却缺少层次，南湖岛和十七孔桥就适时出现在那里；昆明湖西侧，景观有些疏落，西堤和堤上六桥正好夫装点。西山群峰、玉泉塔影，在夕阳中很美，虽在园外数十里，却与园中景物融为一体，颐和园的借景之法，用得天衣无缝。

中国古典园林也是多种艺术的综合体，是中国历史文化的产物。在颐和园中，每一座厅堂的命名，每一块匾额的题字，每一道楹联，都蕴含深意。每一件装饰物，每一株花木，每一块石刻，都饱含着寓意，都寄托着情感。它们是点缀园林的艺术品，也是历史文化的代言人，或是将中国传统的哲学观念融入其中，或是将古典诗词的韵味加以渲染，使人在游赏中化景物为情思，获得精神上的愉悦和满足。游览颐和园，你绝对会感觉不虚此行。

延伸阅读

牛郎织女的故事

有人说，昆明湖东岸的铜牛与西堤上的耕织图，象征天河两岸的牛郎织女。

关于牛郎织女的爱情故事，在中国人尽皆知。

牛郎是人间一个善良的小伙子，而织女是天上一个美丽的仙女，是王母娘娘的孙女。牛郎的父母很早就去世了，他跟一头老牛生活在一起。有一天，老牛突然开口对牛郎说："今天你去碧莲池吧，那儿有仙女在洗澡，她们的衣服就放在池边，你去把那件红色衣服藏起来，穿红衣服的仙女就会成为你的妻子。"听了老牛的话，牛郎又惊奇又兴奋，连忙赶去碧莲池。

仙女们果真在那儿，牛郎偷偷拿走了那件红色的衣服。仙女们见有人来了，忙穿上自己的衣服飞走了。只有一位仙女，因为找不到自己的衣服没有走，她就是织女。牛郎走过来，对她说："我可以把衣服还给你，可是你要答应做我的妻子。"织女一直向往人间生活，见牛郎样子很和善，就同意了。

就这样，织女和牛郎生活在了一起。白天，牛郎去山上种地，织女在家织布。一年以后，他们有了两个孩子，一个男孩，一个女孩，一家人生活得开开心心的。后来有一天，老牛死了，它死前嘱咐牛郎，让他用牛皮做一件衣服并收好，说穿着牛皮衣服就可以飞上天去。织女和牛郎按照老牛的嘱咐，用牛皮做了一件衣服。

终于有一天，王母娘娘得知了此事，特别生气，马上派天兵抓织女回去。天兵们来到人间，带着织女就向天上飞去。孩子们大哭起来，牛郎也呆住了。突然，他想起那件牛皮衣服，连忙穿上衣服，拉着一对儿女往外走。他们真的飞了起来，而且越飞越高，越飞越快，很快就要追上织女了。

就在这时，王母娘娘赶来了。她从头上取下一枚金簪，在二人中间一划，天上立刻出现了一条大河。大河太宽了，织女去不了那边，牛郎也来不了这边，一家人大哭起来。他们的哭声感动了天兵和王母，王母终于同意让牛郎和孩子们留在天上，不过他们不能和织女生活在一起，只有每年七月初七才可以见面。

传说，每年七月初七这天，会有无数喜鹊飞上天去，搭一座桥，让牛郎、织女和孩子们在鹊桥上相见。人们说，这天很少能看到喜鹊，就是因为它们都去天上搭桥了。人们还说，这天晚上常常下雨，就是因为牛郎织女见面后，常常会高兴地哭起来。要是谁在葡萄架下静静地听，还可以听见他们的哭声呢！

这个故事中，阻隔牛郎织女的天河，就是地球所在的银河系，是天空中一条由无数星星组成的光带。自古以来，中国人就习惯将银河称为"天河"，将银河东西两侧的两颗星，分别称为牛郎星和织女星。

在中国，农历七月初七是个特别的节日，叫"七夕节"。这个节日也叫"女儿节"或者"乞巧节"，姑娘们会在这天晚上看着星星祈祷，希望自己像织女一样美丽，一样心灵手巧。

第一章 故宫：气势恢宏的皇家宫殿

导语

对很多人来说，要找寻中国文化的色彩，得来北京；要感受中国文化的魅力，得去故宫。

故宫，全称故宫博物院（见图 2-1），是中国明清两代的皇宫。从 1421 年明朝永乐皇帝将都城从南京迁往北京，到 1912 年清朝的末代皇帝宣告退位，在近 500 年的时间里，先后有明朝的 14 位皇帝和清朝的 10 位皇帝，在这座金碧辉煌的皇宫里统治着中国。

故宫气势恢宏，是世界上现存规模最大、保存最完整的古代木结构建筑群，集中体现了中国古代建筑艺术的独特风格，是中国传统建筑的经典之作。1987 年，故宫被联合国教科文组织评定为世界文化遗产。

图 2-1　故宫博物院

故宫建筑中的文化内蕴

在中国，人们一般把前一朝代的皇宫称为“故宫”。因此，明代时把元代的皇宫称为故宫，清代时把明代的皇宫称为故宫，后来的人又把清代的皇宫称为故宫。

紫禁城名字的由来

在明清两代，故宫被称为“紫禁城”。关于这个名称的由来，有很多不同的说法，其中影响最大的有两个。

一个说法是，与中国古代的天文学有关。中国古代的天文学把天上的恒星分为三垣，其中紫微垣在三垣中央，是所有星宿的中心。中国古人认为，天帝所居住的天宫，就在紫微垣所在的位置，因此称为紫宫。中国皇帝一直自称天子，意思是天帝的儿子，皇宫是模仿天宫来建造的，因此皇宫名字中有“紫”字。

另一个说法是，与“紫气东来”的寓意有关。中国古代的著名思想家老子，被当时的人视为圣人。传说有一次他经过函谷关的时候，有人看见一股紫色的气从东边过来，于是知道有圣人过关。此后，老子写下中国哲学经典《道德经》。后来，人们就把“紫气东来”视为祥瑞之兆。皇帝当然希望皇宫中出现祥瑞景象，因此用“紫”字来为皇宫命名。

至于“禁”字，很容易理解，皇宫是禁地，戒备森严，普通百姓是不能随意出入的。明清两代的皇宫，因此得名“紫禁城”。

紫禁城中的红与黄

想到故宫，人们的眼前就会出现两种颜色——红和黄。在很多人心目中，红墙黄瓦已成为紫禁城的象征。为什么皇宫建筑中采用红色和黄色作为主色呢？这与中国的传统哲学有关。

在中国的传统哲学中，道家思想是其中重要的组成部分。道家的阴阳五行学说认为，我们生活的世界是由金、木、水、火、土五种基本元素构成的，称为“五行”。“五行”之中，土处在中央方位，是万物之本。这五种基本元素，分别对应五种颜色，其中土对应的颜色是黄色，皇宫使用黄色，表明这里是天下的中心。红色对应的是“五行”之中的火，火代表光明，在中国红色象征喜庆、吉祥和富贵，皇宫建筑使用红色，表明住在这里的人地位尊贵。另外还有人说，因为明朝的皇帝姓朱，朱是像火一样的红色，皇宫自然选用红色。

正因如此，故宫建筑的基本色调便采用了红、黄两种颜色，大红的宫墙和大门，明黄色的琉璃瓦屋顶，也成为故宫最亮眼的风景。后来，红色和黄色就成为中国皇宫的标志。其实，故宫中的屋顶并不都是用黄色琉璃瓦，也有一些次要建筑用的是绿色、黑色、蓝色等颜色的琉璃瓦，其建筑等级明显低于黄色琉璃瓦顶的宫殿。比如，东华门内的文华殿，最早是绿色琉璃瓦殿顶，因为这里是太子读书的地方，不是皇帝使用的地方。同样，皇子们居住的东、西五所，也都是绿色琉璃瓦屋顶。

紫禁城中的阴与阳

在中国传统的哲学思想中，道家的阴阳五行学说对建筑艺术的影响最为深远。这种学说认为，世界上的事物都是阴阳的组合，比如日月之中，日为阳，月为阴；男女之间，男为阳，女为阴。二者之中，阳为主，阴为次。故宫建筑设计与布局，充分体现了这种思想。

从整体布局来看，故宫的建筑分为外朝和内廷两部分。外朝部分是皇帝处理国家政务的地方，而内廷是皇家居所。从地位来看，外朝高于内廷，因此外朝为主，内廷为次。按照阴阳五行学说，外朝为阳，内廷为阴。因此，在建筑规模和建筑风格上，外朝建筑往往高大气派，而内廷的建筑则相对规模小些，更为舒适和实用。

在明代，乾清宫为皇帝的寝宫，坤宁宫为皇后的寝宫，男为阳，女为阴，因此乾清宫的建筑规制要比坤宁宫高。

这种阴阳的观念，也表现在数字方面，单数为阳，双数为阴。因此，外朝宫殿的面阔和进深都是单数开间，内廷宫殿则多为双数开间。而故宫建筑中对“九”的使用，同样源于这种观念。“九”是阳数中最大的，象征着皇权的至高无上，因此很多皇家建筑在营建过程中，都使用“九”或“九”的倍数。比如：故宫的九龙壁上，雕刻着九条龙；故宫建筑每扇大门上的门钉，横向九颗，纵向九颗，共八十一颗；故宫的四个角楼，每层都有九根房梁。当然，汉语中“九”与“久”谐音，皇家建筑的营建中凸显“九”，也有希望江山永固、天长地久的意思。

故宫建筑中的等级观念

紫禁城为皇宫，其营建规格自然是最高的。除了将红、黄作为主色调外，为体现皇家的尊贵与气派，故宫建筑在设计营建方面，遵循着严格的等级观念。各个宫殿的建筑规格与样式，往往与其功能相对应，功能不同，建筑的规格与样式也往往存在较大差异。无论是殿基的处理，还是殿顶的样式，无论是殿顶装饰物的数目，还是梁柱上彩绘图案的规制等，无不体现出宫廷建筑的等级差别。其中最明显的，就是宫殿屋顶的样式和殿顶的装饰。

宫殿的屋顶样式

中国古代建筑的屋顶，往往是等级的象征，不同的屋顶样式对应着不同的建筑等级。在故宫中，同样是皇家宫殿，屋顶样式往往与宫殿的功能相对应，功能不同，屋顶样式也不同，建筑等级分明。

中国古代建筑的屋顶样式有很多种，主要包括庑殿顶、歇山顶、攒尖顶、悬山顶、硬山顶、盝顶等。其中庑殿顶、歇山顶、攒尖顶又分为单檐（即一个屋檐）和重檐（即两个或两个以上屋檐）两种。这些屋顶样式，按照等级高低依次为：重檐庑殿顶>重檐歇山顶>单檐庑殿顶>单檐歇山顶>悬山顶>硬山顶>四角攒尖顶>盝顶>卷棚顶。故宫中的建筑，建筑等级都比较高，屋顶样式主要有庑殿顶、歇山顶和攒尖顶三种。

庑殿顶，又叫五脊顶，有五脊四坡。前后两坡相交处为正脊，左右两坡各有四条垂脊。重檐庑殿顶是古建筑屋顶的最高等级，尊贵气派，多用于皇宫或寺观的主殿，比如故宫的太和殿和曲阜孔庙的大成殿等。单檐庑殿顶，庄严肃穆，多用于礼仪盛典及宗教建筑的偏殿或门堂等，比如故宫的体仁阁和弘义阁、天坛的皇乾殿和斋宫等。

歇山顶，又称九脊顶，因为屋顶上有一条正脊、四条垂脊和四条戗脊①。正脊的前后两坡为整坡，左右两坡为半坡，半坡以上的三角形区域称为山花。重檐歇山顶的建筑等级，仅次于重檐庑殿顶，多用于规格较高的殿堂，比如故宫的保和殿、太和门、天安门、钟楼、鼓楼等。单檐歇山顶，应用范围非常广，很多宫廷建筑的配殿以及祠庙坛社、寺观衙署等都采用这种屋顶，比如故宫中的东、西六宫等。

攒尖顶，没有正脊，只有垂脊。攒尖顶有单檐、重檐之分，屋顶平面多为正多边形或圆形，顶部有宝顶。根据垂脊的数目多少，又分为三角攒尖顶、四角攒尖顶、六角攒尖顶、八角攒尖顶等。这种屋顶样式，一般应用于面积不大的楼、阁、塔等，多为景观建筑，比如颐和园的廓如亭等。攒尖顶在等级较高的建筑中极少使用，不过，故宫的中和殿、交泰殿采用的是单檐攒尖顶，天坛的祈年殿采用的则是罕见的三重檐攒尖顶。

宫殿的殿顶装饰

到故宫参观，你一定会发现，很多宫殿的屋脊上安放着一些动物形状的装饰物。这种装饰物，叫脊兽，是中国古代传统建筑屋脊上安放的一种特殊构件。这些脊兽，有的安放在正脊两端，有的安放在垂脊、戗脊上。其中，安放在殿顶正脊两端像龙头形状的装饰物，名叫“鸱吻”（或“螭吻”），是用13块中空的黄彩琉璃瓦件拼成的。鸱吻是传说中龙的儿子之一，能兴云作雨，把它装饰在屋顶

① 戗脊：歇山顶屋顶最边缘分岔的那四条比较短的脊。

的正脊两端，是为了辟火消灾。

而最引人注目的，是安放在殿顶翘起的垂脊或戗脊上的那一排脊兽。这些脊兽中，排在最前面的是“骑凤仙人”，之后就是各种动物。这些动物最多有十个，按照顺序依次是龙、凤、狮子、天马、海马、狻猊、狎鱼、獬豸、斗牛、行什。

殿顶的脊兽，每个都有不同的象征意义。排在第一位的骑凤仙人，象征平安吉祥。传说，战国时齐王有一次与敌人作战失利，被敌人追到一条大河边，眼看走投无路。突然，一只大鸟飞到眼前，齐王骑上大鸟才化险为夷。殿顶放置骑凤仙人，是希望逢凶化吉。在中国文化中，龙与凤是尊贵的象征。龙是传说中的一种神异动物，能兴云作雨，中国皇帝自称真龙天子；凤是中国传说中的百鸟之王，皇后常被喻为凤。狮子是一种猛兽，吼叫时群兽慑服，象征勇猛威严。天马、海马是古代神话中的两种神兽，代表吉祥和尊贵，象征皇家的威德可以通天入海。狻猊是一种传说中的猛兽，能食虎豹，日行五百里，性好焰火，用为脊兽，意在护佑平安。狎鱼是海中的异兽，传说能兴风作雨，灭火防灾。獬豸是传说中一种能辨别是非的猛兽，象征公正无私。斗牛是龙的一种，也可灭火防灾。行什是一个带翅膀的猴面小兽，因排行第十而得名，是排在最后的压尾兽。

为什么会在屋脊上安放脊兽呢？可能会有不少人觉得这只是一种殿顶的装饰。其实，脊兽最初的功能，是对屋脊的连接处起固定和支撑作用，后来才发展出装饰功能。中国古代建筑大多为土木结构，屋脊上覆盖着瓦片。这种建筑檐角最前端的瓦片，因为受力大，很容易被大风吹落。最早，人们用瓦钉来固定檐角的瓦片，后来改用动物形状的构件，既实用又美观。正如建筑学家梁思成所说，脊兽“使本来极无趣笨拙的实际部分，成为整个建筑物美丽的冠冕”。

在中国传统建筑中，脊兽的使用具有严格的等级意义，建筑等级不同，脊兽的数目也不同。一般来说，殿顶的脊兽数目都是单数，9 个、7 个、5 个、3 个、1 个等。故宫中宫殿顶部的脊兽，就遵循着严格的建筑规制。太和殿是举行国家大型典礼的地方，因此建筑等级最高，殿顶的脊兽有 10 个，象征皇权至高无上。中和殿、保和殿等级稍低，殿顶的脊兽为 9 个；乾清宫是皇帝居住和处理日常政务的宫殿，地位仅次于太和殿，脊兽为 9 个；坤宁宫原是皇后的寝宫，脊兽为 7 个；妃嫔居住的东西六宫，脊兽为 5 个；其他宫殿的脊兽则按等级递减，有些配殿仅有 1 个脊兽。除故宫建筑外，北京的天安门、曲阜孔庙的大成殿、承德外八庙的大雄宝殿等重要建筑，也因建筑等级高而使用 9 个脊兽。

故宫的布局

故宫占地 72 万多平方米，共有宫殿 9 000 多间，建筑面积约 15 万平方米。

故宫南北长约 960 米，东西宽约 760 米，四周是高约 10 米的城墙，宫墙长达 3 400 米，墙外环绕着宽 52 米的护城河。紫禁城四角各有一座结构奇异而美观的角楼，东西南北四个方向各设一座城门，南面的正门叫午门，北门叫神武门（见图 2-2），东门叫东华门，西门叫西华门。远远望去，高大的宫墙、造型精美的角楼与宽宽的护城河，浑然一体，恢宏而壮阔。

图 2-2　故宫神武门

这样一组规模宏大的建筑群，漫步其间时，却不会让人有任何纷杂之感，反而让人感觉布局井然，结构规整。这完全得益于紫禁城中轴对称的建筑布局特点。[①] 故宫中所有的重要建筑，外朝三大殿、内廷后三宫和御花园都分布在一条贯穿南北的中轴线上，其他次要建筑则以中轴线为中心，对称分布在中轴线的东西两侧。这样的宫殿建筑群设计和布局，规矩、严整，彰显了封建君主的尊严，也体现了封建等级制度的森严。在故宫中行走，最佳的参观路线就是沿着中轴线，从南到北，一路看过去。

故宫中的建筑，依据其布局与功用分为“外朝”与“内廷”两大部分。“外朝”与“内廷”以乾清门为界，乾清门以南为外朝，以北为内廷。故宫的外朝和内廷两部分，建筑风格不同。

外朝是皇帝举行盛典、与群臣商议国家政事的地方，以太和、中和、保和三大殿为中心，东西两侧有文华、武英两组宫殿，左右对称。内廷是皇帝处理日常政务，以及皇帝和后妃居住的地方，以乾清宫、交泰殿、坤宁宫为中心，两侧对

① 故宫的中轴线，也是北京城的中轴线，从故宫向南北延伸，明清时期的中轴线北到钟鼓楼，南到永定门，贯穿整个北京城。

称分布着嫔妃居住的东西六宫，以及皇子居住的东西五所。内廷居住区以北，是供皇家游玩的御花园。外朝部分的建筑，庄严、壮丽、雄伟，象征皇帝的地位至高无上；内廷部分的建筑，规模小些，却舒适秀美，富有生活气息。

故宫的营建是一项浩大的工程，凝聚着无数人的汗水与智慧。据说，在施工过程中，来自全国各地的著名工匠有 23 万人，民夫 100 万人。而施工所用的建筑材料，也来自全国各地。汉白玉石料来自今北京房山区，五色虎皮石出自今天津蓟州区，花岗石采自今河北曲阳。宫殿内墁地的方砖，是在苏州烧制的；砌墙用的砖，是山东临清烧制的。宫殿墙壁上所用红色，颜料产自山东；木料则主要来自湖广、江西、山西等地。

故宫正门：午门

午门（见图 2-3）是故宫的南门，也是正门，位于紫禁城中轴线的最南端。在中国传统的二十四方位中，正南属于午位①，因此，故宫南门被称为“午门”。

图 2-3　午门

午门建于明永乐十八年（1420），在皇宫四座大门中，气势最为威严雄伟。午门平面呈“凹”字形，东西北三面城台相连，环抱成一个方形广场，建筑设计沿袭唐朝和宋朝宫门的形制。

作为紫禁城的正门，午门的建筑等级很高，门楼面阔九间，为重檐庑殿顶，上覆黄色琉璃瓦。东西城台上各有十三间庑房，从门楼两侧向南排开，因为形状

① 在中国传统的二十四方位中，正南属午位，正北属子位，因此地球上连接南北两端的经线，在中国也称为子午线。

像张开的大雁翅膀，也被称为“雁翅楼”。东西雁翅楼的南北两端，还各有一座重檐攒尖顶的阙亭。高大的午门城楼、两座雁翅楼和两座阙亭，五个部分高低错落，左右呼应，整体的样子像一只展翅欲飞的凤凰，因此午门也俗称“五凤楼”。

午门城楼分上下两部分，下面的城台高 12 米，城台北侧设有马道，可通上下。城楼下开有五个门洞。这些门洞的设计有些特别，俗称“明三暗五”。如果你从午门正面看，只能看到三个门洞，另外两个掖门的门洞是看不到的。这是因为，这三个门洞两侧的掖门，一个面向西，一个面向东，都开在东西城台的里侧，分别从东、西两侧伸进地台之中，之后再向北拐，从城台北面出去。而当你从午门的背面看时，就能见到五个门洞了。因此，午门的门洞就有了“明三暗五”的说法。

这五个门洞中，当中的正门平时只有皇帝才能出入。不过，皇帝大婚时，皇后能享受一次，那天她可以乘坐轿子从正门进宫。此外，在殿试中考中状元、榜眼、探花的三人，在公布殿试结果后也可以享受一次殊荣，从正门走出去。正门两侧的两个门，也有出入规定。在清代，文武官员要从左侧门出入，宗室王公要从右侧门出入。左右两侧的掖门，平时是不开的，只有皇帝在太和殿举行大典时，文武百官才由两个掖门出入。

午门门楼两侧的两座阙亭中，安放着钟和鼓。在古代，何时鸣钟，何时击鼓，都是有特别规定的。皇帝去天坛、地坛、先农坛等坛庙祭祀，出午门时会鸣钟；皇帝去太庙祭祀，出午门时会击鼓；而当皇帝在太和殿举行大典时，才会钟鼓齐鸣。

作为紫禁城的正门，午门的地位非常重要，明清时期很多重大的仪式和典礼，都是在这里举行的。明代每年正月十五，午门都要悬灯，皇帝赐食百官，不过这项活动到清代取消了。每年农历十月初一，都要在这里举行仪式，颁布第二年的历书，称作“颁历之礼”。清代时因避乾隆皇帝“弘历”的名字，而将“颁历”改称“颁朔”，即“颁朔之礼”。遇到重大战事，大军征战凯旋时，皇帝会在午门举行典礼，接受将领敬献战俘，这种仪式称为“献俘礼”。而皇帝亲征时，也会声势浩荡地从午门出驾。每当皇帝举行朝会或大祀，以及元旦、冬至、大婚等重大节日，都要在这里陈设卤簿和仪仗，以体现皇帝的威严。

在中国，民间还有一个“推出午门斩首”的说法，意思是如果文武大臣犯罪，皇帝会命人将他们在午门斩首。实际上，这种说法并不十分准确。明代时，如果有朝廷官员触犯了皇帝，皇帝大怒后会让这些官员在午门外广场上接受廷杖，以示惩罚。这种惩罚，起初只是象征性的责打，后来特别严重的，才有可能被当场打死。实际上，明清时期，皇宫门前是禁地，犯人斩首并不在午门进行，而是必须押往柴市或菜市等刑场进行处决，午门并不是一个特定的处决官员的地方。

太和门和太和殿

太和门

进入故宫外朝部分，第一道门就是太和门（见图 2-4），位于紫禁城中轴线的最前端。太和门是紫禁城中最大的宫门，也是外朝宫殿的正门，建于明永乐十八年（1420），当时称为奉天门。嘉靖四十一年（1562）改称皇极门，清顺治二年（1645）改称太和门。顺治三年（1646）、嘉庆七年（1802）两次重修，光绪十四年（1888）毁于火灾，次年重建。

图 2-4 太和门

"太和"出自《周易》，其中"太"即大，"和"即和谐，"太和"的意思为：天道主宰，万物和谐共存。明清两朝，太和门的地位非常重要，是皇帝"御门听政"的地方。"御门听政"是明清两朝的一种议事制度，即文武官员在特定的日子上早朝，皇帝在早朝时接受群臣的朝拜和上奏，颁发诏令，处理政事。清朝初年，顺治皇帝也在太和门"御门听政"，1644 年顺治皇帝进入北京后，就是在太和门颁布大赦令①的。从康熙皇帝开始，"御门听政"改在乾清门。故宫的外朝部分，有三座巍峨宫殿，而皇帝听政却在太和门这道"门"里，说起来挺

① 大赦令：中国古代帝王在举行登基、更换年号、册立皇后、册立太子等重大典礼后，常会颁布赦令，赦免一批罪犯，这种赦令称为"大赦令"，这种行为称为"大赦天下"。不过，大赦天下也是有限度的，犯有重罪（如谋反、欺君）的犯人一般不在赦免之列。

有意思的吧。

太和门虽然名义上是一道“门”，实际上更像是一座宫殿。这道门的建筑等级非常高，面阔 9 间，进深 4 间，重檐歇山顶，顶部覆盖黄色琉璃瓦，下部为汉白玉基座，梁枋等构件上绘制着和玺彩画。太和门前有一对青铜狮子，样子威严凶悍，造型精美，像一对卫兵守卫着大门。这两头青铜狮子，左雄右雌，雄狮的右前爪下是一个绣球，雌狮的左前爪下是一只幼狮。

太和门前的广场上，有一条小河，称为“金水河”。这条河长达 4 里，从西北角楼东侧的城墙流入宫中，一路弯弯曲曲，最后从东南角楼西侧流出紫禁城。这条河的作用有两个：一是装饰功能，弯弯曲曲的小河与故宫中方方正正的建筑形成鲜明的对比，一直一曲，一动一静，互为补充；二是实用功能，无论雨水多大，都能顺着宫内排水系统全部排入金水河，因此宫内不会有积水之害。金水河上有五座汉白玉石桥，据说象征中国传统的“五德”①，即仁、义、礼、智、信。

穿过太和门，就能看到富丽堂皇的太和殿了。

太和殿

太和殿（见图 2-5），俗称“金銮殿”，位于紫禁城南北中轴线最显要的位置上。建于明永乐十八年（1420），当时称为奉天殿。嘉靖四十一年（1562）改称皇极殿，顺治时期改称太和殿。这座大殿建成后多次遭到焚毁，几经重建。

图 2-5 太和殿

① 五德：也叫“五常”，是中国儒家思想中最受推崇的五种美德，即重仁、重义、守礼、明智、守信。

太和殿是紫禁城中举行各种盛大典礼的地方。明清两代曾有24位皇帝在太和殿举行盛大典礼，其中包括皇帝的登基大典、皇帝的大婚典礼、册立皇后的典礼、皇帝任命将领出征的典礼。每年万寿节、元旦、冬至等重大节日，皇帝会在这里接受文武官员的朝贺，并向王公大臣们赐宴。清朝初年新进士的殿试和“传胪”也在太和殿举行。从乾隆五十四年（1789）始，殿试改在保和殿举行，“传胪”仍在太和殿举行。

古代的科举考试，正式考试有三种等级，从低到高分别是乡试、会试、殿试。其中，殿试等级最高，由皇帝亲自出题，由阅卷大臣打分，之后皇帝对获得前十名的考卷亲自过目，再赐予进士①。一般在殿试两天后，皇帝会召见新考中的进士。当天，考取的进士会身着公服，恭立在天安门前听候传呼，然后与王公大臣们一起进太和殿，恭听专人宣读考取进士的姓名和名次。这就是“金殿传胪”，其中“胪”是陈列的意思，“传胪”就是依次唱名传呼。

太和殿是故宫内最大、最雄伟的宫殿，面阔9间（另带东西夹室各一间），进深5间，建筑面积2 377平方米。整个大殿建在一个“工”字形汉白玉基座上，基座8米多高，分为三层，下层有21级台阶，中层和上层各9级台阶。太和殿的建筑等级和装饰，是宫殿建筑中最高的。殿顶样式为重檐庑殿顶，上覆黄色琉璃瓦，殿顶的正脊两端安放着鸱吻，两层重檐的八条垂脊每条上面都安放着10个脊兽；檐下装饰，则为等级最高的金龙和玺彩画②。无论是从远处看，还是从近处看，整个宫殿都显得雄伟而威严。

太和殿，俗称金銮殿，为什么这么叫呢？这是因为，殿内全部是由金砖墁成的，平整而光洁，像刚刚洒过水一样，发着淡淡的光。不过，这些金砖并不是由金子制成的，而是一种在苏州用特殊方法烧制的砖，颜色淡黑，表面油润光亮，但不涩不滑。这种砖的制作工艺，考究而复杂，是专为皇宫制作的，因为敲起来有金石之声，所以称作“金砖”。据说，烧这种砖，每一块相当于一石大米的价钱，可见金砖虽不含金，但也确实贵重，恐怕也只有皇家才用得起。

太和殿高35米，由72根大柱子支撑，殿内装饰富丽堂皇。殿内中央设有一个2米高的平台，平台上摆放着皇帝的宝座。这个宝座设在大殿中央的一个七层

---

① 殿试“三甲”：殿试的录取结果分为三个等级，称为“三甲”。一甲等级最高，共三人，第一名称为状元，第二名称为榜眼，第三名称为探花，赐进士及第；二甲次之，人数若干，赐进士出身；三甲等级最低，人数若干，赐同进士出身。考中“三甲”的人皆称为“进士”，考中进士的人会被授予相应级别的官职，从此成为政府工作人员。

② “和玺彩画”是等级最高的彩画，其特点是，中间的画面由龙或凤图案组成，有时也补充一些花卉图案，一般沥粉贴金，金碧辉煌。根据不同内容，和玺彩画分为“金龙和玺”、“龙凤和玺”和“龙草和玺”等种类。和玺彩画主要用于紫禁城中等级较高的宫殿，太和殿、乾清宫、养心殿采用“金龙和玺”彩画，交泰殿、慈宁宫采用“龙凤和玺”彩画，而太和殿前的弘义阁等次要殿宇则采用“龙草和玺”彩画。

台阶的高台上，是故宫中做工最讲究、装饰最华贵的宝座。宝座高约 1.7 米，上面雕有 9 条金龙，后面是七扇雕有云龙纹的金漆大屏风。皇帝宝座周围的柱子，是 6 根雕龙金柱，上面沥粉贴金，绘制着云龙图案，让人可以想见，坐在宝座上的人是何等的雍容华贵。

皇帝宝座前两侧，对称陈列着宝象、甪端、仙鹤和香亭各一对。这些陈设各有讲究，宝象驮着宝瓶，瓶内装着五谷，象征国家太平，五谷丰登。甪端是传说中的吉祥神兽，可“日行一万八千里”，通晓四方语言，据说只有明君才能得到它的护佑，因此象征君主贤明，群贤毕至。仙鹤象征长寿，香亭象征江山稳固。宝座上方的天花板正中，是一个伞状的藻井。藻井是中国古代建筑的特色之一，只有在建筑等级较高的建筑物中才能见到。太和殿顶部的藻井尤其气派，中央部位是一个浮雕蟠龙，龙口中衔着宝珠，叫轩辕镜。传说这个宝珠是轩辕黄帝制造的。在中国，轩辕黄帝一直被认为是华夏民族的始祖，轩辕镜悬于帝王宝座的上方，寓意皇帝是轩辕黄帝的子孙，是皇权的正统继承者。

太和殿前有一个宽阔的平台，称为丹陛，俗称月台。月台上陈列着铜鹤、铜龟、铜香炉、日晷和嘉量，每一样陈设都各有讲究。台基东西两侧的一对铜制仙鹤和乌龟，都是长寿的象征。铜香炉是皇帝举行典礼时焚烧檀香用的，太和殿前一共有 18 座铜香炉，代表当时清朝的 18 行省。至于日晷和嘉量，在游览故宫的过程中，太和殿前陈列的这两种特别的器具，你一定要仔细观察一下。

日晷，是一种古老的计时器，利用太阳投射的影子来测定时刻。晷盘是一个汉白玉的圆盘，正反两面都有刻度，每一个刻度代表一个时辰，一个时辰是两个小时。晷针是铁制的，垂直穿过晷盘。晷座呈正方形，用四根石柱支撑，晷盘倾斜地放置在晷座上，盘面与赤道平行。也就是说，晷盘与地面垂直线的夹角正好是日晷所在地的纬度，故宫处在北纬 39 度 54 分，这个角度正好是 39 度 54 分。晷针指向南北极，晷针影子随太阳运转而移动，盘上刻度根据投影表示时间。从春分到秋分的半年时间里，看晷盘正面的投影；从秋分到来年春分的半年里，看晷盘背面的投影。日晷简单易用，但必须有太阳时才能使用，多云或阴雨天，以及晚上无法计时。宫殿前设置日晷，象征皇帝拥有向天下万民授时的最高权力。

嘉量，是我国古代的标准容器。“嘉”的意思是美好，在古代，嘉量是美好和标准的象征，历代统治者都十分重视制作嘉量。距今两千多年前的《周礼·考工记》中，就有关于“嘉量”的最早记载。后来，人们根据这些记载制成“嘉量”，把它作为象征性器物，陈列于宫殿等场所。嘉量由一整套器具组成，分为斛、斗、升、合、龠五个容量单位。依据古制，二龠为一合，十合为一升，十升为一斗，十斗为一斛。宫殿前设置嘉量，象征皇权的公正和至高无上。

故宫中有两处宫殿前安放着嘉量，一是太和殿，二是乾清宫。两个嘉量都是铜制镀金的，汉白玉底座，上部雕刻着云崖海水纹饰，分别安放在一个单檐歇山武汉白玉石亭之中。这两个嘉量形状不同，太和殿前的为方形，乾清宫前的为圆形，上面镌刻着汉、满两种文字的铭文，是乾隆皇帝的御笔。日晷和嘉量，为什么要陈设在太和殿和乾清宫前呢？这是因为，这两种器具都是皇权的象征。太和殿是皇帝举行大典的地方，乾清宫是皇帝召见大臣的地方，都是紫禁城中最重要的宫殿，在这两处放置日晷和嘉量，象征着国家的统一和强盛。

大殿前还安放着四口大铜缸，它们又有什么用呢？这些大铜缸，称为“门海”，意思是“门前的大海”，是装水用的。在当时，这种大缸既是陈设用品，又是消防器材。因为中国古代的建筑主要是砖木结构，很容易发生火灾。当年，这些大缸就被当作消防器材，里面长年装满水，一旦发生火灾就可以从缸中取水灭火。可能你会担心，北京冬天很冷，缸里的水要是结冰了怎么办？其实，以前的人们早有办法，冬天时会专门安排宫人在大缸下面烧炭，防止缸里的水结冰。清代时，紫禁城中共有308口材质不同的大缸，有鎏金铜缸、烧古铜缸和铁缸，其中最珍贵的是鎏金铜缸。如果仔细看，你会注意到，有些大缸的表面有些刮痕。这一道道刮痕，是1900年八国联军侵入紫禁城时用刺刀留下的，是那段历史的见证。

太和殿前的大型广场，面积达3万平方米。整个广场上，没有一草一木，空旷而肃穆。举行大典前，殿前香烟缭绕，全场鸦雀无声。皇帝登上宝座时，鼓乐齐鸣，文武大臣列队整齐，跪伏在广场上，面朝太和殿山呼万岁。在这样大的广场上举行的大型典礼，庄严而神圣，充分体现了皇家的威严与气势。

中和殿

中和殿，是外朝三大殿之一，位于太和殿、保和殿之间。

中和殿始建于明永乐十八年（1420），当时称“华盖殿”。嘉靖年间遭遇火灾，重修后改称“中极殿”。清顺治二年（1645），改称中和殿。“中和”二字取自《礼记·中庸》“中也者，天下之大本也；和也者，天下之达道也”。“中和”的意思是，凡事要做到不偏不倚，恰如其分，才能使各方关系和顺。“中和”的命名，意在遵从传统儒家哲学的“中庸之道”。

明清两代，中和殿的功能主要有如下几种：一是，皇帝到太和殿参加大型庆典前，会先在此处休息，主持庆典的官员会来此朝拜和奏事。二是，皇帝每次去天坛、地坛、日坛、月坛、社稷坛、太庙等坛庙祭祀的前一天，要来这里阅视祭文。三是，每年二月皇帝到先农坛举行亲耕仪式的前一天，要来这里检查种子、农具，并阅读祝文。四是每逢为皇太后加封徽号的前一天，皇帝会在此阅览拟好的奏章。此外，有时皇帝也会在中和殿里召见官员或赐食。

中和殿是外朝三大殿中最小的，建筑面积为580平方米。殿顶为单檐四角攒尖顶，顶部覆盖黄色琉璃瓦，正中为鎏金宝顶，殿顶装饰着 9 个脊兽。整个大殿平面呈正方形，面阔、进深各为 3 间，四面出廊，金砖铺地。大殿四面开门，东、北、西三面各设 4 扇槅扇门。这种四面不砌围墙、满设门窗的设计形式，与另外两座大殿明显不同。大殿门前的石阶，东西各一出，南北各三出，中间为云龙纹浮雕御路。

中和殿的外檐上，装饰着金龙和玺彩画，天花为沥粉贴金的龙形图案。殿内设有宝座，宝座前左右两侧，有两只角端。宝座两旁还放着两乘肩舆，俗称轿子，是皇帝在宫廷内部出行的交通工具。

保和殿

保和殿是外朝三大殿之一，位于中和殿以北。

大殿建于明永乐十八年（1420），当时称为“谨身殿”。清嘉庆年间，大殿遭遇火灾，重修后改称“建极殿”。清顺治二年（1645），改称保和殿。“保和”二字取自“志不外驰，恬神守志”，意思是只有神志专一，才能获得福寿安乐、天下太平。

保和殿的功能在明朝和清朝是不同的。明朝时，举行大型典礼前，皇帝常在此更衣；册立皇后或太子时，皇帝在此接受朝臣的祝贺。清朝时，每年除夕和正月十五，皇帝会在这里向外藩、王公及一二品大臣等赐宴。清朝初年，顺治皇帝和康熙皇帝都曾在这里居住，顺治皇帝的大婚也在这里举行。此外，从乾隆五十四年（1789 年）开始，殿试地点由太和殿移到保和殿，不过“金殿传胪”的仪式仍在太和殿举行。

保和殿的建筑面积为 1 240 平方米，平面为长方形，面阔 9 间，进深 5 间。这座宫殿的建筑等级较高，殿顶为重檐歇山顶，上覆黄色琉璃瓦，殿顶装饰着 9 个脊兽，大殿内外檐均为金龙和玺彩画，天花为沥粉贴金正面龙，规格形制仅次于太和殿。值得一提的是，这座大殿在设计上采用了“减柱造”做法，将殿内前檐的金柱减去 6 根，因此殿内空间显得格外宽敞和舒适。殿内金砖铺地，中间安放着雕镂金漆的皇帝宝座。殿内的装饰和陈设以大红为主，与彩画搭配在一起，色彩极为协调，使整个大殿显得华贵而富丽。

参观保和殿，一定不能错过的是一块云龙石雕（见图 2-6）。这是一块雕刻着云、龙、海水和山崖图案的御路石，位于大殿后面的丹陛中间。石雕之上，九条游龙在山崖、海水和流云之中游走，形象灵动，栩栩如生。这块紫禁城中最大的石雕，长 16.57 米，宽 3.07 米，厚 1.7 米，重约 250 吨。这块石雕最初是明朝时期雕刻的，清朝乾隆时期凿去明朝时旧有纹饰后，又重新进行雕刻。而雕刻这块石雕的石料，产自京西房山，据说当时动用了一万多名民夫，用了将近一个月时间，才将这块巨石拖运到北京城。

图 2-6　云龙石雕

在外朝三大殿参观，你还能有机会一览“千龙吐水”的盛景。故宫的外朝三大殿——太和殿、中和殿与保和殿，都建在三层的台基上。三座台基由汉白玉石砌成，连在一起，共同构成一个“土”字形，面积约为 2 500 平方米。每层台基的周围都雕有须弥座，上面横置着大方石条，名为地袱。地袱之间立有望柱，每个望柱下面，都伸出一个石雕龙头，三座台基共有 1 142 个龙头。每个龙头的两唇之间，都有个圆孔与望柱下的孔道相通。台基的台面设计是中间高四周低，因此每到大雨天，落在台面上的雨水自然都由中间流向四周，之后便从龙头口中排出，从而形成“千龙吐水”的奇观。

三大殿望柱龙头的设计，既具有分流雨水的实用功能，又具有极强的艺术观赏价值，建筑设计者匠心独具，将二者巧妙地结合起来，实在令人惊叹。

乾清门和乾清宫

乾清门以里，就是故宫建筑的后半部分，称为内廷。与外朝建筑的高大恢宏不同，故宫内廷部分的建筑风格秀美舒适，且自成院落。内廷部分以乾清宫、交泰殿、坤宁宫为中心，东西两翼有东六宫和西六宫，是皇帝处理日常政务的地方，也是皇帝与后妃居住生活的地方。东六宫东侧和西六宫西侧，都是一些佛堂建筑。

乾清门

乾清门是外朝与内廷的分界线，也是内廷宫殿的正宫门，明永乐十八年（1420）修建，清顺治十二年（1655）重修。

乾清门建在一个高 1.7 米的汉白玉石须弥座上，面阔 5 间，进深 3 间，高约 16 米，黄琉璃瓦单檐歇山顶。门前三出石阶，中间为云龙御道，两侧陈列着铜鎏金狮子一对，中开三门，门厅敞亮。乾清门两侧的八字形琉璃影壁，尤其华美。影壁高 8 米，长近 9.7 米，中心和四角处装饰的琉璃花，色彩艳丽，形象逼真。阳光下，影壁流光溢彩，将乾清门映衬得华贵富丽。

乾清门东侧为内左门和九卿值房，西侧为内右门和军机处。在清代，乾清门是皇帝处理政务的场所，斋戒等典礼仪式都在这里举行。尤其重要的是，从康熙皇帝开始，“御门听政”的地点移到乾清门，康熙帝在位 61 年坚持每日御门听政。

乾清宫

乾清宫是内廷正殿，是“后三宫”（即乾清宫、交泰殿、坤宁宫）中的第一座宫殿，也是最重要的一座宫殿。这座宫殿建于明永乐十八年（1420），明清两代历经数次焚毁和重建，现有建筑为清嘉庆三年（1798）所建。

“乾清”二字，出自《道德经》中的一句话，“昔之得一者，天得一以清，地得一以宁”。其中的“一”是指“道”，道家认为，“道”是构成一切事物的基本要素，如果失去了“道”，天地万物就不能继续存在，而“天”得到“道”就能清明。以“乾清”命名，意思是说古代皇帝是天的儿子，代表的是天，天子得道，天下就是清平世界。

明清时期，这里曾是皇帝的寝宫。明朝的十四个皇帝和清代的顺治、康熙两个皇帝，都以乾清宫为寝宫，在这里居住并处理日常政务。尤其是清朝顺治和康熙年间，皇帝在这里读书学习，也在这里批阅奏章；在这里召见朝廷官员，也在这里接见外国使节；在这里举行各种重要的内廷典礼，也在这里举行除夕家宴。后来，雍正皇帝移居养心殿后，这里虽不再是皇帝的寝宫，但仍是皇帝处理国家日常政务的重要场所。后来，一些朝廷的日常办事机构，包括皇子读书的上书房，也都迁入乾清宫周围的庑房，乾清宫的使用功能大大加强。此外，这里也与皇家葬礼有关，明朝时，乾清宫曾作为皇帝守丧之处；清朝时，皇帝死后在此停放灵柩并举行祭奠仪式。

乾清宫面阔9间，进深5间，建筑面积约1 400平方米。大殿坐落在单层汉白玉石台基上，建筑等级很高，为重檐庑殿顶，上覆黄色琉璃瓦，殿顶脊兽为9个，屋檐上层为双昂七踩斗拱，下层为单昂五踩斗拱，上面装饰着金龙和玺彩画。由于殿内前檐采用减柱式设计，大殿内部空间显得较为开阔。殿内金砖墁地，正中设有宝座。宝座上方悬着由清朝顺治皇帝御书的“正大光明”匾。

这块“正大光明”匾，在清代曾备受关注，因为匾后藏有“建储匣”。雍正皇帝即位前，皇子之间夺取皇位的明争暗斗相当激烈。为了缓和这种矛盾，雍正皇帝即位后开始采取一种秘密建储的办法，即皇帝生前不公开确立太子，而是将自己所选的皇位继承人的名字秘密写在文书中，一式两份，一份自己保存，一份封在“建储匣”内，放到“正大光明”匾后。等皇帝死后，负责此项工作的大臣会将两份文书进行对照，经核实后才宣布皇位的继承人。后来继位的几位皇帝——乾隆、嘉庆、道光、咸丰，都是按照这种制度登上宝座的。

乾清宫的露台上，安放着一对铜龟和一对铜鹤，左右对称，取龟鹤延年之意，象征皇家的江山社稷万代相传。露台两侧还有两座石台，上面各有一座鎏金铜亭，叫“江山社稷金殿”，俗称“金亭子”。金殿深、广各一间，每面安设四扇隔扇门，重檐。圆形攒尖式的上层檐上安有铸造古雅的宝顶，象征江山社稷掌握在皇帝手中。殿前宽敞的月台上，左右分别有铜龟、铜鹤、日晷、嘉量，前设鎏金香炉4座，正中出丹陛，接高台甬路与乾清门相连。

交泰殿

交泰殿位于乾清宫和坤宁宫之间，殿名取自《易经》中“天地交，泰”，即和谐美满之意。交泰殿大约建于明嘉靖年间，清顺治十二年（1655）、康熙八年（1669）重修，嘉庆二年（1797）失火后重建。

交泰殿的平面为方形，面阔、进深各3间，殿顶样式为单檐四角攒尖顶，中央为鎏金宝顶，上覆黄色琉璃瓦。殿内顶部为盘龙衔珠藻井，地面由金砖铺墁。殿中四面明间开门，设宝座，上方悬挂着一块“无为”匾，是康熙皇帝的御书。宝座后有4扇屏风，上面书写的是乾隆皇帝创作的《交泰殿铭》。皇帝大婚时，皇后的册书与宝玺就安放在殿内的左右案上。清世祖所立“内宫不许干预政事”的铁牌曾立于此殿。

交泰殿主要有如下功能：一是每年皇后生日时会在这里接受贺礼。二是每年春季祭祀先蚕时，皇后会提前一日在此查阅采桑的用具。更重要的是，从清乾隆十三年（1748）开始，代表皇权的“二十五宝”被存放在交泰殿。“二十五宝”是清朝的二十五方玉玺，是皇帝行使权力的印章。存放在这里的每方玉玺都有专门的用途，比如“皇帝之宝”在颁发诏书及公布进士录取结果的皇榜时使用，

"制诰之宝"和"命德之宝"在谕旨和奖励朝臣时使用，"制驭六师之宝"则主要用于军事方面。"二十五宝"平时置于宝盒内，由专门人员掌管，需要使用时必须请示皇帝，经皇帝许可后才能使用。每年正月，由钦天监选择吉日吉时，设案开封陈宝，皇帝来此拈香行礼。现在，这些存放"二十五宝"的宝盒，仍按原来的位置陈设在交泰殿，而印玺已移到珍宝馆内展出。

此外，交泰殿还陈设着两件珍贵的文物。一是东次间内陈设的铜壶滴漏。这是中国古代的一种计时器，用铜壶盛水滴漏来计时刻。现在陈列在交泰殿的铜壶滴漏，是乾隆十年（1745）制造的，保存至今仍然完好。二是西次间内陈设的自鸣钟。这座自鸣钟是嘉庆三年（1798）由清宫造办处制造的，此后皇宫里的时间都以此为准。这座钟是中国现存最大的古代座钟，外壳是一个仿中国式楼阁的木柜，高约 6 米，分为上中下三层。钟楼背面有一小阶梯，登上阶梯，可以给自鸣钟上弦，自鸣钟走动后，可按时自动打点报刻。现在，这座 200 多岁的自鸣钟，仍能正常走动，报时准确，声音洪亮，可见当时制造工艺之精良。

坤宁宫

坤宁宫位于交泰殿后面，始建于明永乐十八年（1420），正德九年（1514）、万历二十四年（1596）毁于火灾，万历三十三年（1605）重建。清顺治二年（1645）沿袭明制重修，顺治十二年（1655）仿照沈阳清宁宫再次重修。嘉庆二年（1797）乾清宫失火，烧及此殿，嘉庆三年（1798 年）再次重修。

明朝时期，坤宁宫是皇后的寝宫。在中国古代，皇后的地位跟皇帝相对应，是天下最尊贵的女性。皇帝代表天，皇后代表地；皇帝为乾，皇后为坤。《道德经》中"昔之得一者，天得一以清，地得一以宁"，其中"一"的意思是"道"。"道"是中国古代思想家老子提出的一个概念，"道"的本义是"道路"，而老子所说的"道"，是指事物运动变化的规律。这里，"天得一以清"的意思是，如果"天"得"道"，天下就清明。"地得一以宁"的意思是，如果"地"得"道"，天下就安宁。因此，在紫禁城中，皇帝的寝宫，名为乾清宫；皇后的寝宫，名为坤宁宫。这样的命名，寄托着对国家清明太平的一种期望。

坤宁宫坐北朝南，面阔 9 间，进深 3 间。宫殿的建筑等级较高，殿顶为重檐庑殿顶，上面覆盖着黄色琉璃瓦，殿顶装饰着 7 个脊兽。

清朝时，坤宁宫的功能与明朝不同。清朝真正在坤宁宫里住过的皇后并不多，只有清朝初年几位皇后住过这里，后来的皇后则大多住在东西六宫。雍正皇帝以后，皇帝移住养心殿，皇后也不再住坤宁宫，这里实际上只作为专供萨满教祭神的场所。顺治十二年，仿照沈阳清宁宫的建筑样式，重修坤宁宫，将这里改作祭神场所。清朝的皇族是满族，很多习俗与汉族不同，坤宁宫的改造就与满族的习俗有关。满族人传统的居住设计很有特色，住房一般为西、中、东三间，大门朝南开。满族人以西为上，西间称西上屋，东间称东下屋，中间称堂屋。西上屋内设南、西、北三面炕，西炕地位最尊贵，一般不住人；南北炕中，以南炕为大，长辈住南炕，晚辈住北炕。满族人信奉萨满教，是个极重神明的民族。因此，对于满人来说，祭祀、祭神是非常重要的事情，也是皇帝和皇后的重要职责之一。清朝皇室每年都要举行大大小小的祭祀，其中有些祭祀是由皇后亲自主持的，地点就在坤宁宫。

坤宁宫作为专门祭祀的场所，是一个十分神圣的地方，其内外装修与其他宫殿明显不同。大殿西侧被改造成一个专门祭祀的场所，里面设有三面环绕的大炕，东数第三间开门。进门对面设三口大锅，用来煮肉祭神，由于是皇家所用，灶间的装饰华丽而考究。据记载，这里每天早晚都有祭神活动，每到大祭的日子以及每月初一、十五，皇帝、皇后都要亲自祭神。每逢大型庆典和元旦时，皇后都要在这里举行庆贺仪式。

在清朝，除了作为祭祀场所外，坤宁宫的另外一个功用，就是作为皇帝大婚的新房。坤宁宫的东暖阁，就是皇帝大婚时的洞房。清朝皇帝大婚时，要在这里先住两天，之后再另住其他宫殿，康熙、同治、光绪三个皇帝都用过这个婚房。如今殿内的陈设，是光绪皇帝大婚时布置的原状。皇帝的婚房，自然非比寻常，传统的喜庆气氛一样不能少。你看，这里墙壁上刷着红漆，顶部高悬着双喜宫灯，洞房东西两门外的木影壁上装饰着金漆的双喜字。而洞房西北角的龙凤喜床上，无论是床前挂的帐子，还是床上铺的被子，上面都绣着一百个神态各异的孩子，称作“百子帐”和“百子被”，寓意多子多福。这些床品都是江南织绣的精品，色彩艳丽，绣工精美。

斋宫和养心殿

斋宫

在中国古代，皇帝举行祭天、祈谷等大型祭祀仪式之前，为了表示虔诚，都会进行斋戒。斋戒期间，皇帝不能寻欢作乐，不能饮酒，也不能吃辛辣食物。明代和清代前期，大型祭祀典礼前的斋戒，都是在宫外进行的。清代雍正皇帝继位后，宫廷内部斗争非常激烈，为确保皇帝斋戒期间的安全，雍正九年（1731）在紫禁城内兴建斋宫，作为皇家举行斋戒仪式的场所。

斋宫位于紫禁城东六宫的南面，毓庆宫的西面，是一个“前朝后寝”式的两进院落。前殿为斋宫，面阔 5 间，黄琉璃瓦歇山顶，前出抱厦 3 间，东暖阁为书屋，西暖阁为佛堂，东西各有配殿3间。斋宫殿内正中悬挂着的“敬天”匾，是乾隆皇帝亲笔书写的。室内金龙纹天花，正中为八角形蟠龙藻井。后面的寝宫，面阔7间，黄琉璃瓦歇山顶。寝殿东西各有两间耳房，左右设有游廊，与前殿相接。皇帝在斋宫斋戒期间，斋宫丹陛左侧会设置斋戒牌，供皇帝与陪祀的大臣佩戴。

养心殿

紫禁城内廷后三宫的西侧，西六宫的南面，就是著名的养心殿。这座宫殿建于明嘉靖年间，从清朝雍正时期开始，这里成为皇帝的寝殿，是皇帝居住和处理日常政务的地方。

养心殿的布局，集各种功能于一身，有厅堂、书房和寝室，也有专门用来批阅奏折、密谈、休憩、礼佛的小室，可谓一应俱全。明朝和清朝初年，皇帝都住在乾清宫，皇后住在坤宁宫。清朝中后期，从雍正皇帝起，皇后搬去西六宫，皇帝则住在养心殿。清朝末年，慈禧太后就在养心殿东暖阁垂帘听政，时间长达40余年。“养心”的意思是涵养心性，不知当年住在这里的皇帝和慈禧太后，可曾如殿名那样，每日在殿中自省自问、涵养心性呢？

现在来养心殿参观的人，都会看看雍正皇帝的“勤政亲贤”室，看看东暖阁里慈禧太后垂帘听政的地方，更想看看乾隆皇帝的书房“三希堂”。“三希”即“士希贤，贤希圣，圣希天”，是宋朝儒学大师周敦颐的名言，意思是读书人希望成为贤人，贤人希望成为圣人，圣人希望成为知天之人。乾隆皇帝将自己的书房命名为“三希堂”，意在表明自己是一个追求上进、勤奋自勉的皇帝。当年，“三希堂”中收藏了大量中国古代著名书法家的作品，比如书法家王羲之的《快雪时晴帖》、王献之的《中秋帖》和王珣的《伯远帖》等。

皇极殿与九龙壁

皇极殿

在紫禁城中，有两处宫殿称为皇极殿。一处是现在的太和殿，清朝顺治时期，这座宫殿由皇极殿改称太和殿。一处是宁寿宫区的主体建筑，建于清康熙二十八年（1689），初名宁寿宫，乾隆三十七年（1772）至四十一年（1776）改建后，改称皇极殿（见图2-7）。乾隆皇帝执政满60年归政后，皇极殿成为这位太上皇临朝受贺的地方。

图 2-7　皇极殿

皇极殿的整体建筑造型，与乾清宫非常相似。大殿建在一个青白石的须弥座上，坐北朝南，面阔 9 间，进深 5 间，殿顶为重檐庑殿顶，上覆黄色琉璃瓦。大殿前面有月台，月台左右及甬道两侧各设台阶，御路与甬道相接，直通宁寿门。大殿中有四根沥粉贴金的蟠龙巨柱，顶部是一个八角金龙藻井，藻井下方安设宝座，宝座的品级很高，仅次于太和殿。殿内左侧安放着铜壶滴漏，右侧安放着一个制作考究的大自鸣钟。

皇极殿见证过两次盛况。一次是在 1796 年，那年在位 60 年的乾隆皇帝，将皇位传给儿子，自己成为太上皇。他特地在这里举行“千叟宴”，宴请 70 岁以上的老人。据说，当时来参加宴会的有 3 000 多人，场面非常壮观。另一次是在 1894 年，光绪皇帝在这里为慈禧太后的六十寿辰举行庆贺仪式。

九龙壁

皇极殿前有一个几乎每个来参观故宫的人都想看一看的地方——九龙壁。九龙壁是一种高大的琉璃照壁，上面雕刻着九条龙。中国现存的九龙壁共有三处，一是故宫的九龙壁，二是北海的九龙壁，三是山西大同的九龙壁。其中，故宫的九龙壁是最精美的。

故宫的九龙壁，建于清乾隆三十七年（1772），长 29.4 米，高 3.5 米。这面九龙壁，由两百多块琉璃拼接而成，上面雕刻着九条戏珠的巨龙，背景是山石、云朵和海水的图案。这九条巨龙，神态各异，有的正在上升，有的正在下降，由于采用的是浮雕工艺，极富立体感，栩栩如生。所用的琉璃砖为黄、蓝、白、紫等亮丽颜色，九龙壁的色彩富丽而华美，常令参观者赞叹不已。

御花园

御花园（见图 2-8）位于坤宁宫后方，处在紫禁城中轴线上，是明清皇宫里的休闲游览场所。

御花园始建于明永乐十八年（1420），后世曾有增修。明代时，称为“宫后苑”；清代时，改称御花园。

图 2-8　御花园

现在的御花园南北长 80 米左右，东西长 140 米左右，占地面积 1.2 万平方米，南与内廷后三宫相连，左右两侧可通东西六宫。这座花园不大，却极具特色，古雅幽静，华贵大气。

园中的建筑布局，主次相辅，左右对称。园中建筑以钦安殿为中心，其他近 20 座各式建筑布置在两侧，或依墙而建，或独立园中，精巧规整，疏密有度。园中景致清幽，古树葱茏。点缀其间的是各种千奇百怪的山石盆景，其中尤其珍贵的是绛雪轩前的那段木化石盆景，看起来像是一段经年朽木，敲起来却铿然有声。御花园的甬路，由各种颜色的小石子精心铺砌而成，石子组成的图案有 900 多幅，其中多是中国传统文化中象征福、禄、寿的图案。这些图案内容丰富，有人物，有花卉，有景物，有建筑，也有历史故事。这些彩石路面，古朴别致，一边走路，一边观赏上面的各色图案，实在是妙趣无穷。

御花园中有几处景点，你一定要留意。

第一，要看钦安殿。钦安殿坐落于紫禁城中轴线上，是园中的主体建筑。钦安殿将御花园分为东西两部分，其左右两侧对称分布着近 20 座不同风格的亭台楼阁。钦安殿的殿顶为重檐盝顶，殿基为汉白玉须弥座，望柱和拦板上的龙凤图案，形态优美，为明代工艺。钦安殿是一座道观，殿内供奉道教的真武大帝。真武大帝是水神，所以每年立春、立夏、立秋、立冬等重要节令，皇帝都会到此拈香行礼，祈祷水神保佑皇宫，消灭火灾。钦安殿所在院落的南门，叫“天一门”，典雅别致，是紫禁城中少见的青砖建筑。这道青砖院门，一方面可以避火防灾；另一方面，也与花园清雅的环境融为一体。

第二，要看园中的四个亭子——浮碧亭、澄瑞亭、万春亭和千秋亭。这四个亭子，两两对称，纤巧秀丽，分别象征春夏秋冬四季。浮碧亭和澄瑞亭位于北面，一东一西，象征夏季和冬季。这是一对方亭，横跨于水池之上，只有朝南一侧伸出抱厦。石桥下是一池碧水，水中有清雅的睡莲和游动的金鱼。万春亭和千秋亭位于南面，象征春季和秋季。这对亭子造型精美，为重檐攒尖顶，上圆下方，四面伸出抱厦，是一对十字形平面的多角亭。

第三，要看堆秀山与御景亭。堆秀山位于钦安殿东北，山高 14 米，是一座由各种形状的太湖石堆砌而成的假山。当年的匠人将这种堆砌假山的方法，称为“堆秀式”，所以这座假山称为堆秀山。堆秀山前的一对狮子石座上，各有一石刻龙头，是一处喷泉设施。山前正中有门，门内有洞，正中洞门题有“堆秀”二字。想登上堆秀山，有两条路径，一条是通过东西两侧的小路，曲曲折折到达山顶；二是沿着洞内的石阶盘旋而上，也可到达山顶。在堆秀山顶，你会见到一座四角攒尖顶的方亭，那就是御景亭。亭子的平面为方形，上覆翠绿琉璃瓦，黄色琉璃瓦剪边，鎏金宝顶。亭内天花藻井，内设宝座，外设石桌。这个亭子是宫中眺望风景的好去处。中国人有重阳登高的习俗，据说每年农历九月初九重阳节这天，清朝的皇帝、皇后都要登上堆秀山，到御景亭中赏景。

第四，要看两棵古柏。一是钦安殿前的连理柏。这两棵柏树的根，分别位于故宫中轴线的两侧，却在离地 1 米多高处合为一棵树，而树冠正好位于中轴线上。这两棵树，看起来就像两个相爱的人，经历千辛万苦终于走到一起，相亲相爱，心意相通，因此被称为“连理柏”。在人们眼中，这两棵连理柏，象征着纯真的爱情。据说，每年都有很多相爱的人来到这里，与古柏相拥，希望自己爱情圆满。二是堆秀山东面的“遮荫侯”。这棵柏树高 7.8 米，树围 0.9 米，在园里的古树中不是最高大的，也不是历史最久的，却是园中最有名的一棵古树。古柏不是人，不可能被封侯，可为什么人们会把这棵柏树称为“遮荫侯”呢？相传有一年夏天，天气很热，乾隆皇帝在园中游玩时，来到这棵古柏前。这时候有个太监想奉承他，就说：“皇上前一段时间去江南时，这棵树的叶子都枯萎了。可您一回来，树叶就茂盛起来了。看来，这棵树是随皇上一同去江南了。”乾隆皇帝一想，的确如此。去江南的路上，随从们都满头大汗，自己却很凉爽，或许真是这棵树一路跟着自己，为自己遮荫呢。于是皇帝心中大喜，将这棵古柏封为

“遮荫侯”。后来，乾隆皇帝还为这棵树写作一篇《柏树行》并刻在碑上，现在这块碑就在树旁的摛藻堂西墙上。除了古柏外，园中的古树还有很多，比如古松、龙爪槐等。这些古树虽然已有数百年的历史，却依然枝繁叶茂，生机勃勃。

实践与互动

感受皇家宫殿之美

紫禁城真的很大，里面值得一看的地方数不胜数。

这里的宫殿浓缩了中国建筑艺术的精华。在这里，你有机会与紫禁城的建筑艺术近距离接触。你可以走过午门，走过太和门，走过乾清门，留意每道门上的精美装饰。你可以在每一座宫殿前停步，看看那些阳光下闪闪发光的琉璃瓦殿顶，看看那些洁白的汉白玉栏杆，也看看宫殿外檐上结构精巧的斗拱。你可以登上东华门城楼，欣赏东华门建筑构件和彩画的精美；也可以登上东华门至午门的那段城墙，体会宫廷城墙的结构与建筑之美；还可以进入东南角楼，欣赏其美轮美奂的内部构造。

这里很多宫殿内的陈设，尤其是外朝三大殿和内廷后三宫，都是原状陈列，是按照历史档案中的记载来布置的。你可以在门口，向里面多看上几眼，欣赏一下那些精美的文物藏品，看看皇帝的宝座，看看宝座后的屏风，也看看案几上的陈设，近距离感受一下当年宫廷文化的魅力。这里有不少值得一看的展陈，有些是临时的，有些则是常设的。比如，寿康宫展厅内的“崇庆皇太后专题展”、乾清宫西庑的“清代万寿庆典展”以及乾清门广场西北值房内的“清代军机处史料展”，都是常设展陈，有时间一定要看看。

这里还是文物精品的宝库，无数价值连城的文物等着你来欣赏。书画馆里展出的中国古代书画，可以帮你清晰、系统地了解中国古代书法与绘画艺术发展的脉络。雕塑馆里陈列的汉唐陶俑馆、砖石画像、佛教造像等，件件都是稀世珍品，可以帮你了解中国人对待生死的人生哲学。青铜器馆里展示的青铜精品，可以让你感受到青铜文化与皇室文化的内在联系。而钟表馆中陈列的各式钟表，既是有实用价值的计时器，又是工艺精美的艺术品。至于珍宝馆中的奇珍异宝，件件华贵典雅，工艺精湛，充分显示出皇权的至高无上与尊严。

如果有时间，你不妨在这里慢慢走，慢慢看。你可以在午门前，停下脚步，想象一下大雁振翅欲飞的样子；也可以在太和殿广场上，抬头仰望，想象一下当年举行盛典时的震撼场面。不要忘了，在保和殿后，静静欣赏一下云龙石雕的精美；也不要忘了，在御花园中，低头辨认一下彩石甬路上的各式图案。你可以留意一下每座宫殿的屋顶样式，数数殿顶上的脊兽数目，也可以确认一下每扇大红宫门的门钉是不是真的有81颗。你可以看看太和殿前的嘉量和日晷，也可以在那两棵“连理柏”下跟心爱的人合个影。

如果有机会，你可以选择在一天中不同的时刻，在一年中不同的季节走进紫禁城，看看这座恢宏壮观的皇家宫殿建筑群，在清晨、正午和黄昏时，模样有什么不同；在春花新绽时，在炎日当空时，在秋高气爽时，在雪后初晴时，容颜又有什么变化。

紫禁城，绝对是一位禁得住端详的佳丽，任你读她千遍万遍，也不会心生厌倦。

延伸阅读

故事之一：故宫角楼的传说

故宫的四个城角都有一座造型精美的角楼（见图2-9）。这些角楼，每个都有9条梁、18根柱子，72条屋脊。这么精美的角楼，是怎么设计建造的呢？

图2-9　角楼

据说，明朝的永乐皇帝登基后，想迁都北京，于是就派了一个大臣来北京负责修建皇宫。他告诉这个大臣，要在皇宫外墙的四个角上，盖四座漂亮的角楼，每座角楼要有 9 条梁、18 根柱子和 72 条屋脊。还说，要是角楼盖不好，这个大臣就要被杀头。

这个负责的大臣从没见过这样的角楼，心里非常发愁。他到北京后，找来负责的工头和工匠，告诉他们皇帝的旨意，让他们在三个月内，按照皇帝的要求盖好四座角楼。他还说，如果盖不成，皇帝会杀他的头，可是他会在被杀头之前，先把工匠们的头砍了。工头和工匠们从没见过这样的建筑，可皇帝的意愿不能违背，一时间愁得吃不下睡不着。

一转眼一个月过去了，虽然他们尝试了很多办法，做了很多模型，但都不理想。有一天，有位木匠师傅因为实在想不出办法，就去外面大街上闲逛。走着走着，他忽然听见远处有人在叫卖："买蝈蝈，听叫去，睡不着，解闷儿去!"他走近一看，是一个老人挑着许多大大小小的蝈蝈笼子，里头装着蝈蝈，在沿街叫卖。这些蝈蝈笼子，都是用很细的秫秸编的，其中有一个笼子，编得特别精巧，像画上的楼阁一样。木匠师傅看了非常喜欢，就买了下来。

他提着蝈蝈笼子，回到工地。一起干活的工匠们，一看到蝈蝈笼子就叫起来："大家心里正烦着呢，你买一笼子蝈蝈回来，是成心吵大家吗?"木匠师傅笑了，刚想说是想给大家解闷儿，可他话还没说出口，突然发现这个笼子有点儿特别。他急忙摆了摆手，让大家安静，然后就对着蝈蝈笼子数了起来。大家一看，他正在数蝈蝈笼子的梁、柱和脊。他数了一遍又一遍，数得非常仔细。其他工匠们都静静地看着，一点声音也没有。木匠数完了蝈蝈笼子，笑着说："这不正是 9 梁 18 柱 72 条脊吗?"大伙一听都高兴起来，都接过笼子数，果然跟他说的一样。

就这样，因为受到蝈蝈笼子的启发，工匠们想出了紫禁城角楼的样子，后来也就成功地盖起了这四座造型精美的角楼。

故事之二：南书房轶闻

乾清宫的南庑房中有一个书房，据史料记载，当年 16 岁的康熙皇帝就是在这里除掉权臣鳌拜的。

当年康熙皇帝继承皇位时，只有 8 岁，年龄很小。顺治皇帝去世前留下遗命，由鳌拜等四位大臣辅政，帮助年轻的皇帝处理国家政务。后来，性格强悍的鳌拜一步步排除异己，控制了朝政大权。到亲政年龄后，康熙皇帝希望独立处理朝廷政务，但鳌拜却不肯交出大权，经常在朝堂之上顶撞皇帝，呵斥大臣，还设法将支持皇帝亲政的大臣苏克萨哈处死。康熙皇帝意识到，鳌拜的存在已对皇权构成严重威胁，因此决意铲除他的势力。

当时鳌拜的党羽遍布朝廷，到处都是听从他的人，皇帝很难找到能帮助自己的人。康熙皇帝虽然年轻，却是个聪明而谨慎的人。他开始暗中筹划，派人挑选了一批年轻的八旗少年，来给自己做侍卫，整天跟侍卫们在宫内玩一种摔跤游戏。后来，鳌拜每次进宫奏事时，都会看到一群少年在摔跤，每次他都在心里暗笑，这个皇帝真是像孩子一样贪玩，哪里像天子啊。对于这样一个少年皇帝，鳌拜一点戒心也没有了。有一天，康熙皇帝派人通知鳌拜，说要在南书房临时召见他。鳌拜刚踏进南书房大门，就听到康熙皇帝一声大喝："鳌拜带刀行刺!"鳌拜大吃一惊，来不及反应就被扑倒在地，被一群少年侍卫死死地控制住了。

就这样，年轻的康熙皇帝镇定从容地除掉了鳌拜，巩固了皇权，并从此励精图治，一步步开启了"康乾盛世"的繁荣与太平。

第二章 天坛：皇家坛庙的典范之作

导语

如果你想在北京找一个可以让你同时体验宁静、庄严与肃穆的地方，那一定是天坛。

天坛是中国明清两代皇帝祭天、祈谷的地方，是世界上现存规模最大、形制最完备的古代皇家祭天建筑群。在这里，你能见到一处独特的皇家坛庙园林，古木林立，宁静清幽，肃穆庄严。这里的建筑各具特色，每一处都让人过目不忘，圜丘坛圣洁而庄严，祈年殿巍峨而壮美，斋宫优雅而庄重。在天坛的设计和建造中，融入了设计者的巧妙构思，也融入了建造者的高超技艺。他们将中国古代建筑学、声学、历史和天文知识融合在一起，通过对数字、形状、颜色、布局等多种手法的运用，展示中国古代的宇宙观，突显上天的神圣与崇高。1998 年，天坛被联合国教科文组织列入《世界文化遗产名录》。

关于皇家祭祀

皇家祭祀天地的历史

几千年来，中国一直是一个农业国家。农业生产与自然条件息息相关，因此中国古人始终对大自然充满敬畏之情，将大自然的种种力量都视为神灵，天地是神，日月是神，星辰是神，风雨是神，江河是神。为了表达对神灵的敬重与崇拜，祈求风调雨顺、五谷丰登，中国的祭祀文化应运而生。

祭祀文化在中国有着悠久的历史，祭祀天地的仪式起源于三千年前的周朝，中国古人将天地之神称为“天神”和“地祇”。自汉代以来，祭祀天地一直被视为国家的头等大事，历代帝王都会在都城郊外设置专门的祭坛，每年亲自参加祭祀天地的仪式，祈求天下太平、百姓安乐。

明清时期的皇家祭祀

天坛建于明永乐十八年（1420），初建时实行天地合祭，称为天地坛，不仅祭天，而且祭地。祭祀的位置，就是祈年殿所在的祈谷坛，当时称为大祀殿。明嘉靖九年（1530），皇帝决定按照古代典籍《周礼》中记载的礼制，分别祭祀天神、地祇、日神和月神。之后，在天坛内新建圜丘坛，专门用来祭天；对大祀殿进行改造后，改称大享殿（清乾隆年间改称祈年殿），专门用来祈谷。从此，天坛内祈谷和礼天两项祭祀仪式正式分离。与此同时，在北郊新建方泽坛（即地坛），专门用来祭祀地祇；在东郊新建朝日坛（即日坛），专门用来祭祀大明神；在西郊新建夕月坛（即月坛），专门用来祭祀夜明神。

不同的祭祀仪式，举行的时间不同。冬至日祭天，是在每年12月22日左右；夏至日祭地，是在每年6月22日左右；春分日祭日，是在每年3月21日左右；秋分日祭月，是在每年9月21日左右。这样的祭祀传统，是从唐宋时期开始的，并一直延续到明清时期。

皇家祭祀坛庙中的主要建筑及功用

祭坛：皇帝举行祭祀典礼的地方，也是皇家祭祀坛庙中最重要的建筑。

斋宫：为了表示对神灵的敬畏和尊重，皇帝在参加祭祀典礼前往往会先进行斋戒。斋戒期间，皇帝要遵守一系列特别的规定，比如不吃荤、不饮酒，等等。斋宫就是举行祭祀典礼前皇帝进行斋戒的地方。皇家坛庙中，只有地坛和天坛中设有斋宫。

具服台/殿：皇帝祭祀前更换祭祀服装的场所。不过，祭天祈谷时，皇帝是在临时搭起的帐篷中更换祭祀服装的，因此只有具服台，没有具服殿。

神厨：制作祭祀供品食物的地方。

神库：用来存放迎送神位用的凤亭、龙亭的神殿。

宰牲亭：古代皇家祭地前宰杀祭祀用的牲畜（牛、羊、鹿等）的场所，每逢祭祀前一天的子时初刻（夜里11点），在此举行宰牲仪式。

井亭：井亭里面有水井，主要用于为神厨等供水。

祭器库：存放祭祀所用器皿用具的库房。

乐器库：举行大型祭祀活动时，往往会有专人演奏专门的音乐，表演专门的舞蹈。乐器库是存放祭祀所用乐器和乐舞生服装的地方。

天坛的祭天仪式

从唐宋时期开始，皇帝每年会在冬至（12月22日左右）时举行祭天大典，这个惯例一直延续到明清时期。祭天典礼的时间选择在冬至这天，是因为这天的特殊性。一年中，冬至这天的白天最短，夜晚最长。冬至过后，白天一天天变长，夜晚一天天变短。按照古代阴阳五行的说法，天是属阳的，白天变长，意味着阳气上升，也意味着春天就要来了，万物就要复苏了。

在古代，祭天是一件国家大事，因此祭天典礼极为隆重。这种隆重表现在几个方面：

首先，在举行祭天典礼前三天，皇帝会进行斋戒，以示对天神的敬畏和尊重。斋戒期间，皇帝要遵守一系列特别的规定：不吃荤，不饮酒，不听音乐，不亲近妃嫔，不吊丧，也不理刑事等。天坛中建有一座斋宫，是明清皇帝祭天前进行斋戒的地方。清雍正九年（1731），紫禁城中修建了一座斋宫，皇帝斋戒改在皇宫中进行。后来继位的乾隆皇帝认为，为了表示对天神的恭敬，祭天前的斋戒应在郊外祭坛中进行，于是命人在天坛斋宫内增建一些建筑，供皇帝斋戒时使用。此后，皇帝在祭天典礼前三天，先在紫禁城内斋戒两日，在祭天前一天的夜里再赶去天坛斋宫继续斋戒。

其次，皇帝到天坛举行祭天典礼时，声势极为浩大。皇帝祭天时，随行的人员一般有几千人。据史料记载，乾隆十三年（1748）冬至那天，乾隆皇帝前往天坛举行祭天仪式时，仪仗队伍中有 3 000 多人、300 多匹马、11 头大象、5 辆大型彩车和一个 200 多人的皇家乐队，携带的各种器物有 800 多件。

最后，祭天典礼规制谨严，每一个步骤都要遵守严格的规定。冬至早上四点左右，皇帝离开斋宫，前往祭坛，跟随皇帝的队伍有几十人。当皇帝走到斋宫东宫门时，钟楼上的钟声响起，祭坛院落中的望灯被点亮。队伍到达具服台①以后，皇帝到临时搭建的帐篷中换上黑色的祭服，稍事休息，等待祭天仪式正式开始。与此同时，一些专门的官员会到皇穹宇，请出祭天的祝版，抬到祭坛上并一一放好。其他陪祀的人员和乐队，也都各就各位。祭天典礼开始的时间，一般是早上四点一刻到四点半。祭天时刻一到，皇帝被请出来，先洗一下手，之后从南侧棂星门进入圜丘坛，沿台阶一步步往上走，到第二层台阶的最上边后站定。陪祭的大臣从西侧上来，按等级站好。

祭天典礼一般分为几个步骤，分别是：迎帝神、献玉帛、进俎、献酒、撤馔、送神和望燎。第一步是燔柴炉迎帝神。首先点着燔柴炉中的柴火，火上烤着一头牛犊。乐队开始奏乐，皇帝走上祭坛的最高层，行礼，上香。之后，皇帝回到原处，乐队停止奏乐，众人一起静候天神的降临。

第二步是献玉帛。乐声再次响起，皇帝在供桌前跪下，从旁边的官员手中接过玉和帛并双手高举几次，之后把它们恭恭敬敬地放到供案上，再站起来。行礼完毕，皇帝退回原处，乐声停止。在古代，玉器是非常重要的祭祀礼器，不同的

---

① 天坛中，圜丘坛和祈年殿南面都曾设有具服台，每次举行祭天或祈谷典礼时，都会提前在具服台上支起一个圆形的帐篷，称为幄次，也通称“小金殿”，作为皇帝举行祭祀仪式前更换礼服的地方。现在，只有祈年殿前的具服台仍在，圜丘坛南面的具服台已于多年前拆除。其他祭祀坛庙中的具服殿，具有同样的功能。

祭祀场合使用的玉器不同。帛，就是丝织品，在古代也很珍贵，因此也常常作为祭品。

第三步是进俎。俎是古代祭祀时盛放祭品的一种容器。祭天时，烧烤过的整只牛犊被分别放在九个俎里，摆在供桌前。九名官员手拿银壶上前，把滚热的肉汤倒在俎里。乐队再次奏乐，皇帝再次登上祭坛，跪下，双手做出请吃的动作，意思是："天神啊，我把肉献给您了。"

之后是献酒。献酒的仪式非常隆重，分为初献、亚献、终献三步。初献时，乐队奏乐，64 个舞武生手拿斧子和盾牌，来到祭坛前跳舞。皇帝登上祭坛，下跪敬酒。之后，乐队停止奏乐，开始下一步——读祝版。祭祀时说的话，称为祝文。祭天时，会有专人将祝文写在板子上，称为祝版。既然是皇帝祭天，读祝文的人应该是皇帝，可实际上并不是皇帝，而是跪在他旁边的一位官员代皇帝来读。祝文的内容，历朝历代都是一样的，只是前面的年月和祭祀皇帝的称号不同。大体内容都是，某年某月某日，皇帝恭敬地向上天陈报，自己遵照礼仪率百官来祭祀，请祖先奉陪，请上天接受诚意。读祝文，目的是让天神听到；祭祀结束后，会将祝文焚烧，烟气上升至天空，目的是让天神看到。

初献之后，是亚献，然后是终献。三次献酒，仪式基本相同，只有音乐和舞蹈的样式有些变化。

最后一步是撤馔、送神和望燎。献酒仪式之后，祭台上的贡品会被撤下来，称为撤馔。撤馔后，皇帝行礼，三跪九叩，恭送天神回到天上。撤下来的贡品，会被放到圜丘坛外摆放的铁燎炉和燔柴炉里烧掉。烧贡品时，皇帝要站在特定的位置，恭恭敬敬地看着。这是最后一个仪式，称为望燎。之后，祭天典礼结束，乐队鼓乐齐鸣，庆祝祭天成功。皇帝回到具服台换掉祭服，准备回宫。整个典礼大概持续两个多小时。

据统计，明清时期共有 22 位皇帝在天坛举行祭天典礼 654 次。最后一位在天坛举行祭天典礼的人，是中华民国首任大总统袁世凯。1914 年冬至，他在这里举行了隆重的祭天仪式。

天坛布局中的文化内蕴

天坛的基本布局

天坛公园总面积 273 公顷，园内现有各种树木 6 万多株，其中古松、古柏、古槐有 3 500 多株。这里，古木林立，庄严肃穆，是一处非常理想的祭祀场所。

天坛的布局，极具匠心。天坛四周建有两道坛墙，一道为外墙，一道为内墙，两道围墙之间则遍植柏树。两道坛墙，将整个园区分为内坛和外坛两个部分，园中主要建筑多集中于内坛。内坛的北面为“祈谷坛”，用于早春时祈祷丰收，中心建筑是祈年殿；南面为“圜丘坛”，用于冬至日祭天，中心建筑为圜丘坛。两坛之间以墙相隔，由一条长 360 米、宽 30 米的丹陛桥相连，三者共同构成天坛建筑群的中轴线。天坛内的重要建筑，都分布在这条中轴线上，自南向北依次是圜丘坛、皇穹宇和祈年殿。中轴线的两侧，则为大片的古柏林。此外，还有两处重要场所：一是西天门内南侧的“斋宫”，是祭天典礼之前皇帝斋戒的居所；二是西部外坛的“神乐署”，祭天乐舞的教习和演奏，就是由这里的工作人员负责的。

值得一提的是，我们今天看到的天坛，其规模和基本布置大体上是明朝的样式，而里面的主要建筑物，则多是清朝的样式。

天坛布局中的文化内蕴

天坛建筑的设计与布局十分讲究，充分体现了中国古代的宇宙观。

首先，在古代，人们有“天圆地方”的观念，认为天是圆形的，地是方形的。天坛四周的围墙，南部为方形，代表大地；北部为圆形，代表上天，体现的就是“天圆地方”的传统观念，因此也被人们称为“天地墙”。

其次，在古代，人们认为天有九重，一重比一重高。因此，圜丘坛的石阶数量，以及各层台面石和石栏板的数量，都采用的是“九”和“九”的倍数，以此来体现“九重天”的观念。同时，在祭天台建筑中对“九”的反复运用，也体现了上天的神圣与威严，突显了上天至高无上的地位。此外，祈年殿为祈谷坛，殿内的设计与农耕文化有关。农耕文化重视季节、月份和时辰，播种、灌溉、收获等农业活动都在固定的时令进行。祈年殿的中央，有四根高高的柱子，代表一年中的四个季节；外围的两排柱子，各有 12 根，分别代表十二个月和十二个时辰。

最后，天坛建筑的布局，也处处体现上天的至高无上。一是天坛内的建筑多集中在东侧，内坛部分位于外坛中心线的东侧，圜丘坛和祈年殿位于内坛中轴线的东侧。这样的设计，增加了西侧的空旷感。因此，当人们从西侧正门进入天坛时，视野较为开阔，让人顿时感觉上天是如此崇高，而自身是如此渺小。二是重要的单体建筑如祈年殿和皇穹宇，都使用了圆形攒尖顶设计，台基和殿顶一层层向上收缩，给人一种与天相接的感觉。

祭天神坛：圜丘坛

圜丘坛（见图 3-1）是真正的“天坛”，是皇帝每年冬至时祭天的地方。

图 3-1 圜丘坛

圜丘坛是一座露天的三层圆形石台，始建于明嘉靖九年（1530），当时的坛面和护栏都是用蓝色琉璃砖砌成的。清乾隆十四年（1749）扩建后，坛面改用艾叶青石砌成；坛面四周的栏板和望柱，则使用汉白玉石砌成。三层石栏杆的数目不同，第一层为 72 根，第二层为 108 根，第三层为 180 根，三层石栏杆的总数为 360 根，象征周天 360 度。

圜丘坛的设计充分体现了中国古代的宇宙观以及人们对上天的崇敬。首先，圜丘坛是圆形的，象征天。其次，数字“九”被巧妙地融入圜丘坛的设计中。这是因为古人认为，自然界中最大的事物是天，单数里最大的数字是“九”。根据阴阳学说，在天地间，天为阳，地为阴；在数字中奇数为阳，偶数为阴；在方向上南为阳，北为阴。“九”与“天”都属阳，所以古代用“九”象征天，用“九”来筑祭天台。

圜丘坛东、南、西、北各开一口，每个登坛口都有上、中、下三组台阶，每一组台阶都是 9 级。祭坛的坛面，底层直径 21 丈，中层直径 15 丈，顶层 9 丈，三层直径相加，恰好是 45 丈。45 是 9 的 5 倍，在中国古代，“九五之尊”是人君之象①，因此，这样的设计具有尊崇皇帝的意义。圜丘坛四周是汉白玉石的围栏，石栏板的数量也是 9 或 9 的倍数。

在圜丘坛顶端的坛面中心有一块圆形石块，叫天心石。天心石的四周是一层一层的扇形石板，每层扇形石板构成一个圆环。第一道圆环由 9 块石板构成，第二道圆环由 18 块石板构成，第三道圆环由 27 块石板构成，然后是第四、第五、第六、第七、第八道圆环，石板数一直按 9 的倍数递增。最边上的第九道圆环，则由 81 块石板构成，石板数是 9 的 9 倍。圜丘坛的中层同样由一层层扇形石板

---

① 中国古代典籍《易经・乾卦》中有“九五，飞龙在天”的说法，皇帝为“真龙天子”，因此被称为“九五之尊”。

构成，构成每道圆环的扇形石板数，则是从 9 的 10 倍开始，到 9 的 18 倍。圜丘坛的底层与顶层、中层结构设计方式相同，构成每道圆环的扇形石板数，由 9 的 19 倍，增加至 9 的 27 倍。这样，圜丘坛三层坛面，每层铺九环石板，每环石块都是 9 的倍数，自 1 倍至 27 倍，三层坛面的石板总数为 3 402 块，即 378 个“九”。

这块石头为什么叫天心石呢？据说，这块石头代表宇宙的中心，是皇帝与天神交流的地方。这块天心石有一个特别之处，就是当你站在上面轻声说话时，声音听起来会特别洪亮，而且能听到明显的回声。正因如此，天心石的另一个名字，叫“亿兆景从石”。“亿兆”是多的意思，“景从”是像影子一样跟从，“亿兆景从”的意思就是，一个声音发出后，有无数的声音像影子一样跟在后面，也就是“一呼百应”。为什么会有这种现象呢？这是因为圜丘坛的坛面光洁而平整，声波传到周围的石栏杆后能迅速地被反射回来，集中到天心石上。据声学专家测验，从发音到声波反射回来的时间仅为 0.07 秒。在这么短的时间内，说话者根本无法分清听到的是自己的原声还是回声，所以会有一呼百应的感觉。当年，皇帝站在天心石上朗读祝文时，声音洪亮而高远，无形中增加了祭天仪式的庄严与神秘之感。面对这样神奇的现象，皇帝应该会感觉自己已经获得天神的护佑了吧。当年，只有皇帝才能站在天心石上与天神交流，而现在，每个来这里的人，都可以在天心石上，对着上天许下一个愿望。如果来到这里，你也不妨试试，说不定你的愿望就实现了呢！

圜丘坛外有两道围墙，皆为朱红色，顶部由蓝色琉璃筒瓦装饰。内墙是圆形的，象征天圆。内墙的四面各有一座棂星门①，都是六柱三门的样式。四座棂星门，门楣、门阈和门柱都是汉白玉制成的，通体洁白；门扉则是红色的。内墙和外墙之间，东南方向有一个燔柴炉和五个燎炉，西南方向有一个高高的望灯杆。

外墙是方形的，象征地方。方墙上的东西南北四个方向，各有一座三孔券式大门，都是砖石结构，歇山顶，上面覆盖着绿色琉璃瓦。这四座大门，都是红色的，每扇大门上的 81 颗金色的门钉，在阳光下闪闪发亮。东门称泰元门，南门叫昭亨门，西门称广利门，北门叫成贞门。四座大门的名称是很有讲究的，其名称中第二个字连起来就是“元亨利贞”。这四个字出自《周易》中的“乾，元亨利贞”。

圜丘坛院落的西边有一根高高的木杆，叫望灯杆，是祭天典礼时挂灯笼用的。这种望灯杆，明清时期曾有三根，民国时期其中两根被拆除，现在只能看到一根了。祭天典礼时，为什么要挂灯笼？原来，皇帝祭天是在每年冬至（12 月

① 棂星门是一种中国古代建筑的样式，为一种木质或石质的牌坊样式的建筑。棂星，就是天上的灵星。在中国古代，人们认为棂星门就是天门，进入棂星门就等于进入天宫。皇帝自称天子，皇宫如同天宫。棂星门后来被广泛用于宫殿、祭祀建筑、坛庙和帝王陵寝等建筑中。

22 日左右)，那是中国北方一年当中夜晚最长的一天。凌晨四点多时，天还很黑，祭天典礼时自然需要挂些灯笼来照亮。这根望灯杆有多高呢？9 丈 9 尺 9 寸，也与数字 9 有关。据资料记载，望灯杆上挂的灯笼，也不是一般的灯笼。这些灯笼高 2 米，直径 2.6 米，又高又大，是祭天时专用的。灯笼里点的蜡烛，也是祭天专用的，称为蟠龙通霄宝蜡。这种蜡烛长 1.3 米，直径 0.3 米，据说可以连续燃烧 12 个小时。

圜丘坛院落的东南方向，你能见到两种祭天时不可缺少的礼器，一是燔柴炉，二是铁燎炉。这两件礼器，都是用来焚烧祭天用品的。燔柴炉由绿色琉璃砖砌成，是圆筒形的，东西南三向都有 9 级台阶。祭天时献给天神的牺牲（牛和羊等)，就是在这里焚烧的。古人认为，焚烧时肉香四溢，天神闻到香气后，就会降临祭坛，和皇帝进行沟通交流。等到祭天仪式的最后一步，开始恭送天神时，祭天所用的祝版、祝帛和祭品，都会被送进燔柴炉和铁燎炉进行焚烧。这是整个祭天仪式的“闭幕式”，也是最后的高潮。

在圜丘坛北面、丹陛桥北段的东侧，有一个方形石台，四面围有汉白玉石栏板。这个石台，被称为具服台。每次举行祭天典礼之前，会有专人在具服台上搭起一个方形帐篷，专供皇帝使用，因此也被称为“小金殿”。皇帝在登上圜丘坛祭天之前，先要来到帐篷中，在这里净手并换上祭服，然后耐心等待祭祀时刻的到来。祭祀完毕后，皇帝会再回到这里更衣，换下祭服，之后才起驾回宫。因此，具服台又称“更衣台”。这座“小金殿”，只是一个临时搭起的帐篷，典礼完成后便拆除。因此，人们平时能见到的，就只是一座空空的具服台。

在圜丘坛祭祀完毕，皇帝回宫了。那皇天上帝的牌位，要放在哪里呢？那就是皇穹宇。

天神寝宫：皇穹宇

皇穹宇（见图 3-2）位于圜丘坛北面，是天坛五大主要建筑之一。这组建筑，由正殿和东西配殿组成，四周是一道圆形的围墙，构成一个独立的院落。这里是祭天大典后存放皇天上帝、皇帝祖先以及其他配祀诸神牌位的地方，因此可以说是天神、皇帝祖先和其他诸神的寝宫。其中，正殿用来存放皇天上帝和皇帝祖先的牌位；东西配殿，则用来存放日月星辰、风云雷电诸神的牌位。皇穹宇院落与圜丘坛院落，同处在天坛内坛的南半部分，北面有一道围墙，将其与位于北半部分的祈谷坛建筑群分隔开来。祭天前一天，会有专人来这里上香；祭天当日，会有专人将神牌用轿子抬到圜丘台上，按位次供奉起来；祭祀完毕，再将神牌抬回。

图 3-2　皇穹宇

皇穹宇的正殿，初建于明嘉靖九年（1530），当时称为泰神殿；嘉靖十七年（1538）改称皇穹宇。这里的门窗、立柱和外墙都是红色的。明代时，正殿的殿顶为重檐圆形攒尖顶设计；清乾隆十七年（1752），改建为单檐圆形攒尖顶，鎏金宝顶，上面覆盖蓝色琉璃瓦，外形好像一把巨大的伞。正殿的殿基，高 9 尺，直径为 5 丈 9 尺 9 寸，同样象征皇帝的九五之尊。殿基四周，围有一圈石栏杆，共 49 根。东西南三面，各设有 14 级石阶。正殿是供奉天神牌位的地方，不过，明清两代对天神的称谓有些不同。明代时供奉的牌位，黄底金字，上面写着“昊天上帝”；清代时供奉的牌位，蓝底金字，上面写着“皇天上帝”。

正殿中有檐柱和金柱各 8 根，全部为鎏金斗拱，其中每根金柱上都绘制着转枝莲花纹图案，沥粉贴金，富丽堂皇。而殿中最精彩的，是当中的圆形藻井。这个藻井分为三层，由斗拱层层搭建而成，绮丽而精美，在中国极为少见。从建筑工艺来看，皇穹宇堪称清代鼎盛时期的艺术精品。

正殿的东西两侧各有五间配殿。东西配殿的殿顶，与正殿不同，都是单檐歇山顶，上面覆盖着天青色的琉璃瓦。东西配殿是存放其他配祀诸神牌位的神殿。东配殿里，供奉着“大明之神”“北斗七星之神”“木火土金水之神”“二十八宿之神”“周天星辰之神”的神牌。西配殿里，供奉着“夜明之神”“云师之神”“雨师之神”“雷师之神”“风伯之神”的牌位。从这些牌位可以看出，在中国古代，人们认为大自然中的一切，天地、日月、星辰、风云、雷雨都是神灵，都是人们敬畏和崇拜的对象。

皇穹宇的南面是三座并立的券门，砖石结构，歇山顶，上面覆盖着蓝色的琉璃瓦。

皇穹宇的正殿是圆形的，正殿的基座和院落的围墙也都是圆形的。这些圆形的设计，都与敬天礼神的用意有关，同时也使这里成为一个神奇的院落。这里的神奇之处，都与声音有关。

首先是回音壁。皇穹宇院落的圆形围墙，被人们称为回音壁。回音壁的神奇之处，就是当两个人分别站在这道圆形围墙下，面朝北对着围墙小声说话时，能非常清晰地听到对方所讲的话。之所以产生这种现象，是因为围墙是圆形的，而且墙面十分光滑，同时围墙顶部有檐瓦，因此声音在墙内不宜散失，声波沿着围墙连续反射，于是产生回音。因此可以说，这两个人听到的，都是对方讲话的回音！

其次是三音石。皇穹宇的丹陛下面有三块石头，被称为三音石。三音石的神奇之处，就是当你站在第一块石头上拍手时，会听到一次回音；站在第二块石头上拍手，会听到两次回声；站在第三块石头上拍手，就会听到三次回音。是不是很神奇？你一定想试试吧？其实，据专家测量，如果这里足够安静，在三音石上拍手，产生的回声会是无数次的，只不过我们人类只能听到三声。为什么会产生这种现象呢？原来，三音石所在的位置正好是这个院落的中心，是回声产生的最佳位置。

最后是对话石。皇穹宇的丹陛是石质的，从北往南数，第 18 块石板被人们称为对话石。如果你跟朋友一起来这里的话，你们可以做个试验：一个人站在这块石板上，另外两个人分别站在东西配殿的西北角和东北角，然后三人都轻声说句话。你们会发现，虽然是轻声说话，但听起来却非常清晰，就像打电话一样。这是不是很神奇？至于原因，也非常简单。你们三人所处的位置，正好是一个边长为 36 米的等边三角形的三个顶点。

皇穹宇这座曾经的神殿，既是神圣的，又是神奇的。看着这里的建筑以及殿内摆放的神牌，你的心中会升腾起对神灵的敬畏；在殿外的围墙和石头上试着做做游戏，你会惊叹于这里的神奇，惊叹于设计者的匠心独具，在感受庄严之外平添几分乐趣。

祈谷神殿：祈年殿

祈谷坛

圜丘坛是皇帝用来祭天的祭坛，祈谷坛则是皇帝向上天祈求谷物丰收的祭坛。中国人祈谷的传统由来已久，两千多年前的史书《礼记》中就有记载："孟春之月……天子乃以元日祈谷于上帝。""孟春"是春季的第一个月，即中国农历正月①，也就是祈谷的时间。"上帝"就是昊天上帝，是古代中国人对天之神

---

① 《吕氏春秋》记载，春季三个月中，第一月称为孟春，第二月称为仲春，第三月称为季春。其中，孟春也称为正月。

的称呼。春耕、夏耘、秋收、冬藏，农人一年的心愿始于春耕，祈谷仪式安排在春耕前，寄托着人们对五谷丰收的祈盼。

祈谷坛位于天坛内坛的北部，圜丘坛的正北方向，是由祈年殿、祈年门、皇乾殿、神库、神厨、宰牲亭等构成的一组建筑群，其中最主要的建筑是祈年殿。

祈谷坛，高 6 米，分为三层，坛面为圆形，由金砖铺成，每层都设须弥座，四周围着汉白玉石栏，栏杆上的望柱头和螭头雕刻精美。祈谷坛共有御路八道，即前三后三，左右各一，南北方向为三出陛[①]，东西方向为一出陛，上层和中层都是 9 级台阶，下层为 10 级台阶。值得一提的是，南向正中的御道上，能看到精美的龙凤云雕刻，上层刻龙，中层刻凤，下层刻云。而坛面栏杆上的望柱头和螭头，也采用了同样的雕刻样式。龙凤云，是中国古代社会中最高级的雕刻题材，这也充分说明祈谷坛的建筑规格之高。

祈年殿

祈年殿（见图 3-3）是祈谷坛大殿，就建在祈谷坛上。这座大殿是中国古代建筑的典范，也是天坛中最具代表性的建筑。大殿高 32 米，直径 30 米，外形极为优美，为三层重檐攒尖顶样式，其建筑规制是中国古代攒尖顶建筑中等级最高的。在蓝天的映衬下，三层圆形攒尖顶高耸入云，蓝色的琉璃瓦闪闪发光，再配上红色的门窗、柱子和外墙，以及白色的汉白玉坛面，整个大殿显得雄伟而庄重。

图 3-3　祈年殿

① 陛：指帝王宫殿前的台阶。

祈谷坛大殿，始建于明永乐十八年（1420），当时是一座长方形大殿，称为大祀殿，用来合祀天地之神。嘉靖九年（1530），在园内修建圜丘坛用来单独祭天，在园外修建方泽坛用来祭祀地祇，大祀殿则专门用来举行祈谷仪式。嘉靖二十二年（1543），大祀殿改称大享殿。嘉靖二十四年（1545）拆除原殿重建，新殿改为现在的三层圆形攒尖顶建筑。不过，当时三层殿顶的琉璃瓦颜色不同，上层为蓝色，中层为黄色，下层为绿色。据说这三种颜色分别象征天、地和万物。后来，清代乾隆皇帝认为，大享殿的殿名与“祈谷”的用意不符，改称祈年殿。乾隆十七年（1752），为了突出敬天的主旨，祈年殿殿顶的琉璃瓦全部改用蓝色，也就是我们现在看到的样子。不幸的是，这座美丽的大殿，在清代光绪年间曾毁于雷击，后来得以重修。1949 年后，祈年殿经历多次修缮后，重新焕发光彩。

祈年殿不仅外形优美，内部结构也十分精妙。大殿由 28 根粗大的木柱支撑，没有主梁，因此俗称无梁殿。这些木柱的位置与数量很有讲究，对应于中国传统天文学中的各种观念。其中，内层的 4 根镏金木柱（俗称通天柱）代表一年中的四季，中层的 12 根红漆木柱代表一年中的 12 个月，外层的 12 根红漆木柱代表一天中的 12 个时辰。中层和外层的红漆木柱共 24 根，代表一年中的 24 个节气；加上中间 4 根镏金木柱，总数为 28 根，代表天上的 28 星宿；再加上大殿上方的 8 根短柱（人称“童子柱”），总数为 36 根，代表 36 天罡①。

祈年殿的正殿是祭祀典礼时供放皇天上帝牌位的地方。殿内正中，供奉着皇天上帝的神牌；东西两侧共设 8 个配位，供奉清代皇帝祖先的牌位，作为祈谷典礼时的陪祭。每个牌位前都设有供桌，上面摆放 24 种食品、牛犊和五谷等祭品。

祈年殿东西两侧，各有 9 间配殿，皆为单檐歇山式屋顶，上面也覆盖着蓝色琉璃瓦。明代初年，东西配殿中存放着一些自然神的神牌，比如日月星辰、风云雷雨、五岳五镇、四海四渎的神牌。这些自然神，是作为祭祀上天时的从祀神灵。明代嘉靖年间，这些从祀诸神的神牌被移到先农坛。

祈年殿内墙东门外有一道长长的走廊，将祈谷坛的神厨、神库、宰牲亭与祈谷坛连接在一起，共 72 间，俗称“七十二连房”。长廊中部偏北的“神库”，是收藏祭祀用品的库房。“神库”西面的“神厨”，是制作祭天专用食品的厨房。

祈年门

祈年门在祈年殿正南方向，是园内存留不多的明代建筑。虽然称为“门”，但这里更像是一座宫殿。祈年门为单檐庑殿顶，顶部覆盖蓝色琉璃瓦，前后三出陛，汉白玉石台阶。其建筑规制是中国古代庑殿顶大门中等级最高的，建筑等级

① 天罡：道教称北斗星为天罡，认为北斗星是由 36 颗星星构成的星丛，称为 36 天罡。这种说法源于古人对天上星辰的崇拜。

仅次于紫禁城中的午门、太和门以及太庙门。

祈年门、祈年殿及其东西配殿被一道方形围墙围起来，形成一个封闭空间。这道围墙上，设有四座门。这四座门都是砖石结构，但建筑样式不同。南门为单檐庑殿顶的三孔券门，东西两门则为单檐歇山顶的三孔券门，三道门上面都覆有绿色琉璃瓦。北门则由三座歇山顶的琉璃门构成，上面覆有蓝色琉璃瓦，是祈年殿北面另一座主要建筑——皇乾殿的殿门。

皇乾殿

皇乾殿（见图 3-4）建在祈谷坛内墙北面一座独立的院落中，是祈谷坛建筑群中的另一座重要建筑。这座神殿建筑规制较高，为单檐庑殿顶，上覆蓝色琉璃瓦，基座四周由汉白玉石栏杆围护，是祈谷坛中较为少见的明代建筑。

图 3-4　皇乾殿

皇乾殿是供奉“皇天上帝”和皇帝先祖神版的神殿。清朝时，这里供奉着清太祖、清太宗等几位皇家先祖的神版。这些神版平时都供奉在神龛里，每到农历初一和十五，负责管理祭祀的部门会派官员来这里，为神版除尘、上香。举行祈谷典礼的前一天，皇帝也会来这里上香行礼。之后，由专门的官员将这些神版请到祈年殿，并安放在相应的位置。

丹陛桥与九龙柏

连接祈谷坛和圜丘坛两组建筑的，是一条平坦而宽阔的大道，叫丹陛桥（见

图 3-5）。丹陛桥全长 360 米，宽 30 米，是天坛内坛的中心线。这条大道分为三路，三条路等级分明，功能各不相同。其中，中间的石板大道称为“神路”，是供昊天上帝走的路，所以连皇帝也不能走。东西两侧为青砖砌成的路，较窄。其中，东侧的路称为“御路”，是供皇帝行走的路；西侧的路称为“王路”，是供随同皇帝祭祀来的王公大臣们行走的路。丹陛桥高出地面 4 米，整个路面由南向北逐渐升高，最北端与最南端相差 2 米。这种设计构思，极为巧妙。当沿着这条大道从南往北行走时，前方祈年殿庄严肃穆，两侧松柏森森，会让人有一种步步登高的感觉，感觉自己正在向皇天上帝一步步靠近。

图 3-5　丹陛桥

你可能会感到奇怪，这样一条宽阔的大路，怎么会被称为桥呢？原来，这真是一座桥。不信你看，桥下还有个“桥洞”呢。这个桥洞，被人称为“鬼门关”。“鬼门关”是中国古代神话传说中人间和地狱之间一个关口，死去的人会通过这里进入阴间。现代汉语中，人们常常用“过鬼门关”来比喻经历极大的凶险。这个桥洞之所以被称为“鬼门关”，与用动物来祭天的传统有关。情况是这样的，丹陛桥的西侧有一个专门为祭祀而饲养动物的地方，叫“牺牲所”；丹陛桥的东侧有一个专门宰杀祭祀所用动物的地方，称“宰牲亭”。每次祭祀前，西侧牺牲所里饲养的动物会被赶到东侧宰牲亭去，在那里被宰杀并做成供品。不过，丹陛桥上没有自西向东的路，如果让用来祭祀的动物从丹陛桥上通过，就会玷污神路。因此，设计者就想出一个聪明的办法，在高出地面的丹陛桥下开出一个洞，专供那些即将被宰杀的动物通行。对这些动物来说，通过桥洞就会面对死亡，因此这个桥洞就被称为“鬼门关”了。

天坛公园中古树很多，你一定不要错过的，就是古老的九龙柏。这棵古树位于皇穹宇西北院墙外，粗壮的树干上分布着一道道深深的褶皱。这些纵向的褶皱，正好把树身分为九段，看起来就像九条巨龙缠绕在树干之上，因此被称为九龙柏。据说，这棵树是明代嘉靖年间种植的，已有五百多年的树龄了。清代时，有人为了讨好皇帝，就说这棵树是专门在天坛恭候皇帝的，所以又被称为“九龙迎圣柏”。

斋宫与神乐署

斋宫

斋宫位于祈谷坛内坛的西南，圜丘坛成贞门的西北方向，是明清两代皇帝祭天或祈谷典礼前进行斋戒的宫殿。斋宫是天坛的五大主要建筑之一，也是中国古代祭祀斋戒建筑的代表作。

斋宫建于明永乐十八年（1420），布局严谨，环境典雅。斋宫的整体布局呈正方形，四周有两重宫墙，外层宫墙叫砖城，内层宫墙叫紫墙，墙外各有一道护城河环护。斋宫的两道围墙，加上天坛的内外围墙，就是四道围墙，可见对于皇帝的安全防范是多么严密！斋宫第一道护城河之内，紫墙的四周，由 167 间回廊环绕。回廊朝外，称为巡守步廊，是守卫宫墙的士兵巡守时避风避雨的地方。这道步廊里绘制着各式彩画，画上的人物、山水、花卉等栩栩如生，共有 1 300 多幅。看着这些彩画，也许你会感觉，这里似乎像颐和园的长廊一样美。

围墙的正东有两座宫门，其左右各有一个角门，角门前各有一座汉白玉石桥。走进两道宫门，迎面就是斋宫的正殿。斋宫的正殿坐西向东，南北五开间，门窗和墙壁皆为朱红色。其建筑规制较高，殿顶为庑殿顶，垂脊上装饰着吻兽，上面覆盖着绿色琉璃瓦。大殿的基座和栏杆皆由汉白玉石砌成，殿前三出陛，中间的台阶为 13 级，左右各 15 级。这座宫殿的内部为砖券拱顶，没有主梁，因此也叫无梁殿。由于是皇帝斋戒的场所，殿内陈设较为朴素，其中悬挂的“钦若昊天”匾为清代乾隆皇帝所书。

正殿两侧各有三间配殿。殿前月台之上，左右各有一座白石亭，左边的称为斋戒铜人亭，右边的称为时辰亭。清朝皇帝进入斋宫时，会有专人在斋戒铜人亭中的方桌上摆一尊铜铸人像。这尊人像高 1.5 尺，古代文官装束，头戴乌纱帽，腰缠玉带，手持一个刻有“斋戒”字样的铜牌。据说，这尊铜人是仿照唐朝初年的著名宰相魏徵的样子制成的，魏徵以敢于直谏皇帝而闻名史册。摆放铜人的目的，是提醒皇帝务必虔诚斋戒，由魏徵这样胆大正直的人来督促，皇帝肯定会潜心斋戒吧！不过，这个铜人并非一直放在亭中，祭祀时辰一到，立即会被撤去。时辰亭里安放着时辰碑，目的是提醒皇帝随时静心养性。

斋宫正殿的后面是五间寝殿。寝殿也是坐西向东，殿顶为硬山顶，上面覆盖着绿色琉璃瓦。寝殿南北各有三间配殿。斋宫内各种设施一应俱全，熏沐殿是皇帝的浴室，茶果局和膳房则是为皇帝准备饮食的厨房。此外，还有什物房、值守房等。这些辅助建筑都是五间一套，南北、左右对称的。

斋宫的东北角有一座钟楼，是乾隆时期修建的。钟楼里悬挂着的大铜钟是明朝永乐年间铸造的。鸣钟是祭天仪式的重要组成部分。祭天典礼那天，皇帝出斋宫时开始鸣钟，皇帝登上坛台时，钟声停止。典礼完毕，钟声再次响起。

神乐署

神乐署位于天坛内坛墙西天门外，坐西向东，是天坛五大主要建筑之一，始建于明永乐十八年（1420）。明朝时，这里称为神乐观，清乾隆八年（1743）改称神乐所，乾隆十九年（1754）改称神乐署。明清时期，神乐署是专门培训祭祀时负责奏乐和舞蹈人员的国家机构，皇帝祭天祈谷时演奏的音乐就是在这里教习的。清朝时，皇家各种祭祀典礼中所需的乐舞人员都是从天坛神乐署选拔的。

神乐署的布局呈长方形，东西长，南北短。这是一个三进院落，共有两重殿宇。前殿用来排演祭祀典礼的乐舞，始建于明永乐十八年（1420），称为太和殿，清康熙十二年（1673）改称凝禧殿。这座大殿南北五间，进深三间，为单檐歇山顶，上覆绿色琉璃瓦，前后三出陛，各六级台阶。后殿用来供奉玄武大帝以及诸乐神，明初称为玄武殿，明末改称显佑殿，里面供奉着真武大帝（即玄武大帝）。这座大殿南北七间，为单檐歇山顶，上覆绿色琉璃瓦。神乐署的正门，面阔三间，为悬山顶，上覆绿色琉璃瓦，前后三出陛，各四级台阶。

明朝时，这里称为神乐观，是因为在这里负责祭祀乐舞的人员都是道士。在中国，信奉道教的人被称为道士，道士修行的地方被称为道观，祭祀神乐由道士演奏，神乐观因此得名。这种传统始自明朝初年，当时的皇帝明太祖和明成祖都虔诚地信奉道家的真武大帝，认为自己登上皇位都是由于真武大帝的护佑，因此决定重要祭祀活动时都采用道教音乐，负责祭祀乐舞事务的乐舞官和乐舞生，也都由道士担任。所以，这里的道士有两种身份，一是国家官员或工作人员，二是信奉道教的宗教人士。

有意思的是，明朝时，神乐观既是皇家祭祀机构，也是人们休闲娱乐的去处。这里怎么会成为休闲娱乐场所呢？原来，在这里工作的道士，喜欢种植花草，配制草药的技术也非常高，因此经常有人来这里，或是欣赏花木，或是购买草药。后来，来的人越来越多，神乐观也就越来越热闹，甚至还在这里办起了庙会。这种盛况一直持续到清朝中叶。乾隆皇帝对这里的疏于管理非常不满，于是将这里改称神乐署，取消了这里的庙会，遣散了原有的道士，改由满族出身的八旗子弟负责乐舞事宜，同时还禁止在这里种植花木。

明清时期，神乐署的各项设施非常齐全，但自1900年后几经损毁，仅有部分主体建筑，如凝禧殿、显佑殿、廊房、山门等保留下来。2004年神乐署重建工程竣工，这里作为古代音乐博物馆向公众开放。现在，人们可以来这里了解神乐署的历史，看看那些保留下来的古代乐律、词曲和舞蹈服饰，也可以欣赏一下琴、瑟、鼓、埙、笙等中国古代乐器。要知道，这里展示的乐器都可以用来实际演奏呢。

实践与互动

感受皇家神坛的肃穆之美

在古代中国，祭天、祈谷一直被视为国家头等大事。因此，在人们心中，天坛始终笼罩着一层神圣庄严的光环。在几百年后的今天，这种光环似乎仍然存在。因为无论哪个季节，无论晴天雨天，这里带给人的感觉始终都是一样的，静谧而肃穆。

从西侧的正门入园，四周建筑不多，视野较为开阔，对上天的敬畏之情开始在你的心中慢慢涌起。行至圜丘坛院落，来不及好好看一眼那高高的望灯杆，你的眼睛早被前方那个圆形祭坛吸引。蓝天之下的祭坛是如此圣洁，刚刚还闲庭信步的你，神色顿时庄重起来，不由得放慢脚步，不由得屏气凝神。之后，你一步步走上石阶，走向祭坛顶部的天心石。在天心石上站定，你会感觉自己正站在世界中心，站在大地的最高处，站在离上天最近的地方。然后，你会忍不住轻声说出自己的某个心愿，那是说给上天听的。因为站在那里的那一刻，你相信，上天能听到你的心声，你也相信，上天能帮你达成心愿。有时，你还想在上面多停留片刻，想象一下当年祭天典礼的隆重与庄严，想象一下祭天乐舞的曲调与舞姿。

从圜丘坛院落走出，走向皇穹宇院落，那里是天神们的寝宫。若是跟朋友一起来，你们会想放松一下，在回音壁前轻声说些什么，只是为了听一听彼此的回声。自然，你们不会大声喧哗，谁又敢肆意打扰在这里安寝的众神呢！

之后，沿着丹陛桥一路向北，道路两旁古木林立，路面在不知不觉中升高，你开始感觉自己在一步步向天宫靠近，如同当年的皇帝一般。你的视线，始终被前方那座庄严肃穆的神殿牵引着。祈年殿，这座天坛公园中最为气势恢宏的宫殿，在阳光下闪耀着奇异的光芒。你会在远处欣赏它的庄严，红墙、蓝瓦、白石栏；你也会走进它，探身看看殿内的天花藻井，数数里面柱子的数目。

当然，你还可以在斋宫的巡守步廊里走走，看看里面的彩画；可以在神乐署里欣赏一下那里的古代乐器，想象一下当年祭天乐舞的庄严与震撼。

曾经的天坛，是一处皇家祭祀的神圣之所；现在的天坛，是一处供人游玩的京城公园。来这里，你会看到漫步的游人，看到嬉笑着的孩子，也会感受到浓浓的现代生活气息。但，那一棵棵古树，那一座座神殿，那古老的祭坛，却在无言地告诉你，这里的庄严神圣仍在，这里的静谧肃穆仍在。

延伸阅读

北京地坛

在明清时期，天坛是皇帝祭天祈谷的地方，而地坛则是皇帝祭祀土地神的地方。

地坛又称方泽坛，位于安定门外东侧，在天坛的正北方向，建于明嘉靖九年(1530)，是明代和清代皇帝祭祀皇地祇神（即土地神）的皇家坛庙，也是我国现存最大的祭地之坛。其中现存的古建筑，主要有方泽坛、皇祇室、宰牲亭、斋宫、神库等。

地坛的设计及其文化内蕴

方泽坛是一座方形祭坛，四周环绕着一道方形泽渠，外面是两道矮墙（称为坛壝），四面各有一座棂星门。明代始建时，坛面由黄色琉璃砖砌成；清乾隆十五年（1750）改建时，改为艾青石坛面；1981年重建时依清代样式恢复。

方泽坛的中心坛台分为上下两层，下层坛台的南半部东西两侧各有一座石雕座，上面设有十五尊石神座，祭祀时上面供奉五岳、五镇、五陵山之神位；北半部东西两侧各有一座石雕座，上面设有八尊石神座，祭祀时上面供奉四海、四渎之神位。

方泽坛的整体设计，体现着深厚的文化意蕴。首先，祭坛的设计与中国古代“天圆地方”的传统观念相合。天坛圜丘坛为祭天神坛，是圆形；方泽坛为祭地神坛，是方形。同时，按照中国古代的阴阳五行学说，天为阳，地为阴；单数为阳，双数为阴。因此，方泽坛坛面的石板都是双数的：坛面中心由36块方石构成，横向纵向各6块；围绕中心点，上层和下层坛台各砌有8圈石板。上层坛台共有548块石板，其中第一层由36块石板构成，第八层由92块石板构成；下层坛台共有1 024块石板，其中第一层最内者200块，之后每圈递增8块，第八层由256块石板构成。上下两层坛台之间，则由8级台阶相连。

其次，方泽坛的建筑空间感处理十分巧妙。如果仔细观察，你会发现，祭坛内外两道坛墙的高度明显不同，外墙高，内墙低。外墙顶部以下为1.7米，内墙则只有0.9米，外层比内层高出了将近一倍。与之相对应，外墙门高2.9米，内墙门高2.5米。这样的设计，使得皇帝沿着神道一步步走向祭坛时，会感觉越向前走，眼前的建筑越是矮小，自己则显得越发高大。而当他最终登上祭坛时，就会有一种凌云傲世的感觉。这种感觉与天坛祭天时的感受是不同的。天坛祭天，是为了凸显上天的至高无上，象征皇帝受命于天；地坛祭地，既要表现大地的辽阔，更要凸显皇帝君临大地、一统万民的威严。

最后，方泽坛的色彩运用独具匠心。方泽坛的四周是汉白玉石栏杆，高雅而洁净。祭坛侧面贴着黄色琉璃砖，黄色既代表皇家，也是大地的象征。外围是红色的坛墙，上面覆盖着黄色的琉璃瓦，庄重而热烈；黄瓦与红墙之间则以一带灰色过渡，显得自然而和谐。祭坛外墙以外，一棵棵苍翠的松柏为神圣的祭坛带来无限生机。

地坛中的主要建筑

地坛中的几处主要建筑，很值得一看。

地坛西门的牌楼是地坛的第一座建筑，高大而雄伟。明清两代皇帝到地坛祭地时，首先会经过这座牌楼。这座牌楼，明代始建时称“泰折街”牌坊，清代雍正年间重建时改为“广厚街”牌坊。不过，清代的牌楼没有保存下来，现在我们所见到的，是1990年根据清代乾隆时的牌楼样式重建的。牌楼高13.5米，绿色琉璃瓦面，上面绘制着凤凰和牡丹图案的彩画，正面写有“地坛”二字，背面写有“广厚街”字样。

地坛斋宫坐西朝东，由西、南、北三殿组成，是皇帝祭地典礼前进行斋戒的地方，建于明嘉靖九年（1530），清雍正八年（1730）重建。皇祇室始建于明嘉靖九年（1530），是明清时期供奉皇地祇神——五岳、五镇、四海、四渎、五陵山神位的神殿。钟楼是一座重檐歇山顶的正方形建筑，上面覆盖着绿色琉璃瓦，始建于明嘉靖九年（1530），现在的建筑是2000年按原样重建的。钟楼内的大钟重2 000多公斤，敲击时声音洪亮而浑厚。

地坛神库建于明嘉靖九年（1530），由四座悬山顶大殿和两座井亭组成。正殿坐北朝南，为“神库”，是用来存放迎送神位所用轿子的神殿。皇祇室修缮时，这里会作为临时供奉各神位的地方。东配殿为“祭器库”，是存放祭祀所用器皿用具的库房。西配殿为“神厨”，是制作祭祀供品食物的地方。南殿为“乐器库”，是存放祭祀所用乐器和乐舞生服装的地方。东、西井亭主要用于为方泽坛泽渠注水和为神厨供水。宰牲亭，是祭地前宰杀祭祀用的牲畜（牛、羊、鹿等）的场所。

关于地坛祭祀

在中国，君王祭地的传统已有4 000多年的历史。明清时期，地坛的祭祀仪式极为隆重。每年夏至，皇帝会亲自去地坛祭拜，祈求“风调雨顺，国泰民安”。地坛祭祀时，皇帝会祭拜“皇地祇”“五岳五镇”“四海四渎”“五陵山”及本朝先帝的神位，称为“大祀方泽”。中国古代的祭祀典礼分为大祀、中祀、群祀三个等级，其中大祀的等级最高。而发生国家大事时，比如皇帝登基、大婚，皇后册封，宫殿修缮开工、竣工，战事胜利等，皇帝也会派亲王代替自己到地坛“祭告”，不过祭典等级稍低一些。

地坛祭地的祭祀仪程与天坛祭天大体相同，共分为九项。不同的仪程，演奏不同音乐。每项仪程中，皇帝都要向神位行三跪九叩礼，从迎神至送神要下跪70多次、叩头200多下，历时两小时之久。如此大的活动量对帝王来说是个很大的负担，所以皇帝到年迈体衰时，一般不亲诣致祭，而派遣亲王或皇子代为行礼。祭地现场的纪律要求极严，配祀人员不许迟到早退，不许咳嗽吐痰，不许走动喧哗，不许闲人偷觑，不许紊乱次序。否则，一律严惩。

现在，这座昔日的皇家坛庙已成为供人们休闲、游览的文化公园。多年来，地坛庙会也在京城享有盛名，每年农历腊月三十至正月初七，这里的庙会都会如期举办。期间，一系列具有浓郁民俗特色的活动精彩纷呈，为这座环境优美、历史悠久的古老坛庙注入了浓浓的生活气息。

除天坛、地坛以外，北京城中的坛庙建筑，还有日坛、月坛、先农坛等。

第四章 天安门广场：历史的见证

导语

北京是中国的政治文化中心，而天安门广场是北京的中心。来北京的人，无论是外地人还是外国人，都会想去天安门广场看一看。

在这里，你能看到已有几百年历史的天安门城楼、前门箭楼以及两处皇家坛庙，也能看到只有几十年历史的人民大会堂、人民英雄纪念碑、毛主席纪念堂和中国国家博物馆。在这里，你能见到古老的华表和金水桥，也能见到现代化的博物馆展厅。在这里，你能见到威武雄壮的升旗仪式，也能看到长安街上的车水马龙。在这里，你能看到人民英雄纪念碑旁那一张张神情肃穆的面孔，也能见到毛主席纪念堂外那一个个耐心等待的身影。传统与现代的交融，政治与文化的交汇，让天安门广场成为中国历史的见证。

天安门广场之中

明清时期，这里是北京紫禁城正门外的一个皇家广场，东、西、南三面用围墙围起来，普通百姓不能进入。当时的广场，没有现在这么大，呈“T”字形，“T”字的那一横就是今天北京的长安街，那一竖就是从现在的国旗杆至毛主席纪念堂的这一长条形区域。在这一区域的两侧，按“文东武西”的格局分布着当时的政府机关。1949 年以后，原来广场两侧的建筑被拆除，就形成了广场现在的样子。

现在的天安门广场是长方形的，南北长 880 米，东西宽 500 米，总面积 44 万平方米，是世界上最大的城市中心广场。有人说，如果人们一个挨一个站在广场上，可以站 100 万人。现在，每年国庆节期间，这里都是人山人海，来自全国各地的人们聚集在这里，观看升旗仪式，感受节日气氛。天安门广场的四周有很多著名景点：天安门城楼、正阳门、中山公园、劳动人民文化宫等，散发着迷人的历史光芒；人民大会堂、中国国家博物馆、人民英雄纪念碑和毛主席纪念堂等，则洋溢着浓浓的现代气息。

人民英雄纪念碑

广场的正中高高耸立着一座石碑，有人称它为“中国第一碑”，这就是人民英雄纪念碑（见图 4-1）。这个纪念碑是为了纪念那些从 1840 年中英鸦片战争到 1949 年中华人民共和国成立这一百多年来，为中华民族的独立和自由而付出生命和鲜血的英雄们而建造的。这座纪念碑高约 38 米，有双层基座，碑座四周镶嵌着八幅汉白玉浮雕，反映的是中国近百年的革命历史。

图 4-1　人民英雄纪念碑

纪念碑背面的碑文是由毛泽东主席起草，周恩来总理手书的，正面八个镏金大字——“人民英雄永垂不朽”是毛主席亲笔题写的。碑文全文为：三年以来，在人民解放战争和人民革命中牺牲的人民英雄们永垂不朽！三十年以来，在人民解放战争和人民革命中牺牲的人民英雄们永垂不朽！由此上溯到一千八百四十年，从那时起，为了反对内外敌人，争取民族独立和人民自由幸福，在历次斗争中牺牲的人民英雄们永垂不朽！

纪念碑的造型具有鲜明的民族风格。纪念碑呈方形，总高近 38 米，碑顶是中国传统的建筑形式，为上有卷云下有重幔的小庑殿顶。台座分两层，四周由汉白玉栏杆环绕，四面均有台阶。下层台座是海棠花形状的，上层台座是方形的。纪念碑碑身东西两侧上部，能看到由红星、松柏和旗帜组成的装饰花纹，这些花纹象征着英雄们的精神长存。上层碑座的四周，雕刻着牡丹花、荷花、菊花等组成的八个大花圈，这几种花在中国文化中象征着品质高贵、纯洁，这些花环表达的是人们对英雄们的怀念和敬仰。下层碑座中部的四面镶嵌着八幅巨大的汉白玉浮雕，都以中国一百多年来的重要历史事件为主题，比如“虎门销烟”“五四运动”“南昌起义”等。这些浮雕表现的是中华民族最可贵的精神力量——不屈不挠、自强不息，是纪念，也是缅怀。

毛主席纪念堂

人民英雄纪念碑的南面是毛主席纪念堂，原来在那里曾有一座门，明代叫大明门，清代叫大清门，民国时又改为中华门，20 世纪 50 年代被拆除。1976 年毛泽东主席逝世后，为纪念这位伟大的革命领袖，在这里建起这座庄严肃穆的纪念堂。纪念堂建成于 1977 年，从那时至今，毛主席的遗体一直安然地躺在水晶棺中。几十年来，每年都有数不清的人来这里凭吊、瞻仰，表达对这位伟人的深深敬意。

升旗仪式

来天安门广场参观，很多人还有一项重要的活动，那就是观看升国旗仪式。在天安门广场看一次升旗，是很多中国人都想亲身经历一下的，为了观看每天都在这里举行的升旗仪式，很多人会特意早起。

天安门广场升旗的时间，每天都不相同，是根据中国东海上太阳从海平面升起的时间而确定的，那里是中国每天最早见到太阳的地方。每天在天安门广场举行升旗仪式，是从 1991 年 5 月 1 日开始的，最早由武警国旗护卫队完成，从 2018 年元旦开始，改由中国人民解放军仪仗队和军乐团执行。如果你想观看升旗仪式，最好选择每月的第一天，或是五一、国庆节等重大节日，因为那时参加升旗仪式的解放军人数比平时更多，升旗步骤更多，时间更长，气势和阵容最威武雄壮，最震撼人心。

天安门城楼

天安门（见图 4-2）位于广场北端，是明清两代皇城的大门。

天安门始建于 500 多年前的明代，当时称为承天门，取“承天启运，受命于天”之意，意思是说皇帝的权力是上天赋予的。当初，这个城门规模很小，只是一座三层五间式的木结构牌楼。明崇祯十七年（1644）李自成率领起义军攻入北京，城门毁于战火。清顺治八年（1651）城门重建，才形成今天的规模。重建之后，这里改名为“天安门”，取“受命于天，安邦治国”之意，意思是说皇帝被上天赋予权力来治理国家，使国家安定。后来，经过 1688 年、1952 年两次大规模的修缮，1970 年天安门重建，基本保持 1651 年改建时的形制。1988 年，天安门城楼开始对社会公众开放。

图 4–2　天安门

天安门城楼建筑等级很高，无论是殿顶形式，还是梁柱上的彩绘，处处都显示着皇家的威严。天安门城楼由城台和城楼两部分组成，下面是汉白玉须弥座，总高约 35 米。城楼东西面宽九间，南北面宽五间，象征皇权的“九五之尊”。晴空之下，一眼望去，城楼庄严雄伟，金碧辉煌。两层重檐楼顶部黄色的琉璃瓦在阳光下闪闪发光；墙台高大而色彩浓郁，60 根朱红色的通天圆柱静静矗立。走近细看，这里的地面由金砖铺成，一平如镜；南北两面的菱花形格扇门，精致而秀美；贴金的“双龙合玺”彩锦，灿若云霞；门拱、梁枋上雕绘着传统的金龙彩绘和吉祥图案；天花藻井上绘着象征皇家的团龙图案。

明朝和清朝时，这里是举行“金凤颁诏”的地方。金凤颁诏，就是皇帝下圣旨后，有人专门负责把圣旨放进一只木制“金凤”的口中，然后用一条黄丝带把“金凤”从天安门城楼正中的垛口放下去，城楼下面专门有人负责用一只带有云纹装饰的漆盘接住。之后“金凤”被送到礼部，礼部的工作人员将圣旨重新抄写后，再将圣旨内容告示天下。此外，当时国家的一些重大仪式，也都在这里举行，比如皇帝大婚、将领出征时祭旗、皇帝亲征时祭路等。

天安门城楼下面开着五个门洞。城楼前是一条护城河，叫金水河。金水河上对着五个门洞的，是五座汉白玉石桥，叫金水桥。这五座金水桥中，正中的一座最宽，名为御路桥，是供皇帝出入时专用的；御路桥两侧的两座桥，名为皇族桥，是专供皇亲国戚通行的桥；再两侧的石桥，名为品级桥，只有官阶三品以上的重要大臣才能通过。那些官阶很低的官员或在皇宫里干活的杂役，要想进入皇宫，只能绕路，通过东侧太庙或是西侧社稷坛旁的两座小石桥进入皇宫。

来天安门参观，你一定会注意到天安门金水桥前后的两对大石狮子。这两对石狮子雕工极为精美，活灵活现。它们左雄右雌，威武雄健，像卫士一样忠实地守卫着天安门。如果仔细观察的话，你会发现金水桥桥头右侧石狮子的腹部，有一道伤痕。关于这道伤痕，有这样两个说法。一个说法是，明代将领李国祯被当时的农民起义军领袖李自成追击，躲藏在石狮子后面，李自成发现后，举剑向他狠狠刺去，结果石狮子被误伤。另一个说法是，1900 年八国联军入侵北京，石狮子就是在那时遭到破坏的。

为什么在天安门前会有石狮子呢？其实不只是天安门，游览中国的很多古代建筑时，都能见到石狮子。狮子的故乡在非洲和亚洲的印度，中国古代并没有野生的狮子，为什么中国古代建筑中会出现石狮子呢？从历史资料来看，两千多年以前的中国铜器上就能见到狮子形象。据史料记载，东汉时，亚洲西部的一个古国——安息国国王曾把狮子作为礼物献给当时的汉朝皇帝。佛教对狮子极为推崇，认为狮子是高贵的灵兽，佛教传入中国后，印度等地的石狮雕刻艺术也随之传入中国。到唐代时，石狮雕刻艺术达到顶峰，石狮形象越来越中国化，并逐渐成为中国古代建筑中不可缺少的装饰物。中国的石狮，最早出现在陵墓的墓门前，后来一些皇家宫殿、权贵府第、大户人家的住宅门前，都用石狮子守门。此外，在一些建筑的门楣檐角和石栏杆上，也能见到石狮子作为装饰。天安门是皇城的大门，在这里见到像守门卫兵一样的石狮子，自然不足为奇。

除了大石狮子，天安门前后还有两对像石柱一样高高的陈设物，十分引人注目，叫华表。这两对华表，柱身上雕刻着盘龙，柱头上立着瑞兽，和天安门前的石狮以及两侧的金水桥一起，烘托出北京这座皇城的威严和气势。

天安门的华表由三个部分构成，即柱头、柱身和基座。华表柱头上有一个圆盘，叫“承露盘”，据说可以承接天上的甘露，喝了这甘露便可长生不老。华表柱头上还能见到一只瑞兽，名字叫“吼”。瑞兽是中国古人创造出来的一些动物，功能各不相同，但大多寄托着人们祈福避祸的愿望。“吼”是一种形似犬的瑞兽，根据所在方位的不同，表达的意义也不相同。天安门前面和后面两对华表上，石吼的朝向是不同的，其中的寓意也不同。后面那对华表上，石吼面朝北方，望着紫禁城，称为“望君出”。其寓意是，希望皇帝不要久居皇宫，而应该经常出宫，体察民情，了解民间疾苦。前面的那对石吼，则面朝南方，其寓意是，希望皇帝不要贪恋外面的山水风光，不思国事，久出不归，因此称为“望君归”。石吼无言，却一直忠实地站在那里，提醒君王要时刻记得自己肩负的责任，勤于政事。

华表的柱身呈八角形，上面雕刻着一条盘旋而上的巨龙，巨龙四周布满云纹，似乎要凌空飞腾。柱身上方横插一块云板，上面同样雕满祥云。华表的基座称为须弥座，借鉴佛教造像的基座形式。基座外围是一圈石栏杆，栏杆的四角石柱上各有一只小石狮，头的朝向与石吼相同。这圈石栏杆不但对华表起到保护作用，还将华表烘托得更加高耸和庄严。

据说，中国最早的华表出现在四千多年前。关于华表的由来有几种不同的说法。一种说法是，古代人在路边竖起一些木桩，用来给人们提示方向，就像我们今天的路标一样，当时称为“表木”。还有一种说法是，华表来源于四千多年前尧舜时期的“诽谤木”。那时“诽谤”的意思跟现在不一样，不是“诬陷别人”，而是“征求意见”。据说，当时的统治者为了征求民众的意见，在路边和朝堂上设置一些木桩，人们可以在木桩上写下自己对当权者的意见及建议。后来，“诽谤木”更名为华表，质地从木制变成石制，位置也从路旁移到帝王宫殿的门口，上面也不再出现谏言，而是用云龙纹装饰柱身，上插云板，用以“华”饰宫殿的外“表”。从此，华表成为皇权的标志，标榜帝王具有尧舜之贤，能广纳民意。

1949 年 10 月 1 日，毛泽东主席就是在天安门城楼上向全世界庄严宣告，中华人民共和国成立。国歌奏响，五星红旗冉冉升起，新中国从此走进全世界的视线。天安门城楼的图案，也出现在中华人民共和国的国徽中，成为新中国的象征。如今，天安门城楼正中的门洞上方，一直悬挂着毛主席的巨幅油画像。

正阳门（前门）

在天安门广场的最南端是一座老北京的城门，名为“正阳门”（见图 4-3）。当年，老北京有“京师九门”之说，正阳门是其中之一。这座城门俗称“前门”，很多北京人还称之为“前门楼子”或是“大前门”。不过现在北京人一般也把大栅栏附近叫前门，包括正阳门和南面的大栅栏地区，而正阳门则是正阳门城楼和箭楼的统称。

图 4-3　正阳门

正阳门处在北京城的中轴线上，是明清两朝北京内城的正南门。正阳门始建于明永乐十七年（1419），时称“丽正门”，后来经过几次大规模修建，形成“四门三桥五牌楼”的格局。正阳门建筑群主要由城楼、箭楼、瓮城、正阳桥和五牌楼等建筑构成。据历史文献记载，当年的城楼、箭楼规模宏丽；瓮城气势雄浑，是老北京城垣建筑的代表之作。现在，正阳门仅存城楼和箭楼，是北京城内唯一保存较完整的城门，城楼上设有北京民俗展览馆。

正阳门的建筑规格，高于老北京其他八座城门，素有“四门三桥五牌楼”之说。“四门”指正阳门共有四个门洞，即城楼门洞，箭楼门洞，瓮城两侧的东、西闸门各一个门洞。“三桥”指箭楼前方护城河上的正阳桥。这座石拱桥的桥面被栏杆隔成三路通道，居中的通道正对着箭楼门洞，称为御道，只有皇帝才能通行。“五牌楼”指正阳门前那座“六柱五间”的跨街牌楼。明代的京城九门都建有牌楼，其中正阳门牌楼的规格最高，现在只有正阳门牌楼得到复建，从而让人们有机会一睹它当年的风采。

正阳门城楼，通高 42 米，是老北京所有城楼中最高的。城楼坐落在砖砌的城台之上，城台以城砖海墁，上窄下宽。正阳门城楼是一座重檐歇山顶的楼阁式建筑，顶部为灰色筒瓦，上面装饰着兽吻和脊兽，绿色的琉璃瓦剪边，朱红的梁柱，金花的彩绘，处处显示着皇城的庄严华贵。城楼分两层，面阔七间，进深三间，上下两层四面均设门，上下设回廊，上层前后均为菱花隔扇门窗，下层为朱红的砖墙。城楼外侧的重檐之上，悬挂着“正阳门”木匾。城楼的门洞为拱券式①，开在城台正中，为中国传统的五伏五券式。

正阳门城楼两端沿城墙内侧，还有两条宽四五米的斜坡道，叫“马道”。马道原是供守城兵士上下城时专用的斜道，紧贴在城墙内侧墙体上，坡度一般在 15 度到 30 度之间。当年，正阳门设有两条马道，分别通向城楼与箭楼。此外，城楼上还有军队的值班房，称为“铺舍”，用于守城兵士休息，或堆放一些守城的武器等。

正阳门箭楼高约 35 米，在明清北京城的箭楼中是最高的。这座箭楼始建于明正统四年（1439），是一座砖砌堡垒式建筑，重檐歇山顶，上覆灰色筒瓦，绿色琉璃剪边，上面装饰着绿色琉璃脊兽。箭楼上下共四层，南、东、西三面设有箭窗，用来对外防御。箭楼的门洞为传统的五伏五券式，开在城台正中，是内城九门中唯一箭楼开门洞的城门，专供皇家车辇通行。因为下开门洞，形式比较独特，这座箭楼一直被看成是老北京的象征。正阳门箭楼因战乱或失火，多次遭到不同程度的毁坏而重建和修缮，1900 年八国联军攻入北京时，箭楼被烧毁。光

---

① 拱券是一种建筑结构，最早出现在古罗马时期。其外形为圆弧状，不同建筑类型的拱券形式略有变化。半圆形的拱券为古罗马建筑的特征，尖形拱券为哥特式建筑的特征，而伊斯兰建筑的拱券则有尖形、马蹄形、弓形、三叶形等多种。拱券结构除了具有竖向承重特性外，还有装饰美化的作用。

绪二十九年（1903）和三十二年（1906）先后重建。1976年唐山大地震，箭楼严重受损，后进行了大修。1990年再次修缮后，正阳门箭楼开始正式对游人开放。

当年，正阳门的箭楼与城门楼之间还有一个长方形的区域，称为“瓮城”。瓮城是建在大城外的小城，主要用于防御，是古代城市的主要防御设施之一。瓮城一般加筑在城门外口，高度与大城相同，形状有半圆形的，也有方形的。圆形的小城，因为像中国古代的一种圆形容器“瓮”，因此称为瓮城；至于方形的小城，就称为“方城”。瓮城设在城门外侧，与城门连在一起，可以增强城门的防御能力。当敌人攻入瓮城时，如果将城门和瓮城城门关闭，城里的守军就可以将敌人困在瓮城这个很小的区域内，形成“瓮中捉鳖”之势，从城楼上发射弓箭，集中射杀敌人，而敌人却没有办法逃出去或找地方躲避。正阳门的瓮城，东西两侧建有闸楼，闸楼面阔三间，外侧有两排共12孔箭窗，供射箭时使用；下面设有闸门，供人通行。

此外，明清时期，北京内城九座城门的瓮城内，全部建有庙宇，除德胜门和安定门供奉真武大帝外，其他几处城门都供奉关帝①，祈求关帝护佑，国泰民安。正阳门瓮城内，建有关帝庙、观音庙各一座，规模较小，但香火很旺。如今，有关两庙的碑刻和诗文，已成为北京明清城垣建设史和社会文化史的珍贵文献。

箭楼和瓮城之外，正阳门还有两种防御设施——雉堞和女儿墙。雉堞和女儿墙是沿城墙上顶内外修筑的矮墙。雉堞是建在城墙上顶外侧的矮墙，形状像一排牙齿，作用是保护守城的人，免遭敌人攻击。女儿墙也叫女墙，是建在城墙上顶内的矮墙，作用是保护守城的人，免于从城墙上摔下去。与老北京内城其他八门一样，正阳门城台外侧建有雉堞，内侧建有女墙。老北京的雉堞和女儿墙，都是用白灰浆、大城砖砌成的，雉堞是平顶的，四棱四角；女儿墙的上顶，一般砌成馒头顶或是泥鳅背顶，都非常牢固。

正阳门建筑群布局合理，造型庄严，气势凝重，充分体现了中国传统建筑艺术的独特风格。在北京城各个城门中，正阳门的建造等级最高，是北京唯一的一座城楼、箭楼保存完好的城门，因此成为老北京城的标志性建筑。

天安门广场两侧

天安门广场的东西两侧是两座现代建筑，东侧是中国国家博物馆，西侧是人民大会堂。

---

① 关帝就是关羽，是汉朝末年三国时期蜀国的一名将领。他英勇善战，重情重义，在中国民间很受爱戴。人们在各地建起庙宇祭拜他，希望能保佑自己和家人平安。

人民大会堂

天安门广场西侧是人民大会堂。1958 年，为了庆祝中华人民共和国成立十周年，展示十年来的建设成就，中央决定兴建十大建筑，人民大会堂就是其中之一。人民大会堂从 1958 年 10 月动工，到 1959 年 9 月建成，仅用 10 个多月的时间，很多人都觉得这是中国建筑史上的一个奇迹。这里最高的地方有 46.5 米，是现在天安门广场上最高的建筑。

人民大会堂高大壮观，气势宏伟，且富有民族特色。建筑平面呈“山”字形，两侧略低，中部稍高，四面开门。建筑外墙由浅黄色花岗岩装饰，屋檐覆盖黄绿相间的琉璃瓦，花岗岩基座高 5 米，周围由 134 根高大的圆形廊柱环绕。正门面对天安门广场，门额上镶嵌着中华人民共和国国徽，正门迎面有 12 根浅灰色大理石门柱，正门柱直径 2 米，高 25 米。四面门前有 5 米高的花岗岩台阶。

人民大会堂主要由三个部分组成：中部进门是简洁典雅的中央大厅，大厅后面是万人大会堂；北侧是国宴大厅，有五千个席位；南侧是全国人大常委会的办公楼。此外，人民大会堂内，还有很多富有地方特色的厅堂，都是以全国各省、市、自治区的名称命名的。人民大会堂是北京现代建筑的代表，2016 年 9 月入选“首批中国 20 世纪建筑遗产”名录。

中国很多重要的政治活动都是在这里举行的。这里是人民代表参与国家政治的地方。每年 3 月，全国各地的人民代表会来这里开会，讨论和决定各种国家大事。这里也是国家领导人会见国外重要客人的地方。各个国家的领导人来中国访问，他们与中国领导人的会见，往往都安排在这里；各个国家的重要代表团来中国参观访问，中国领导人也往往在这里接见他们。

中国国家博物馆

天安门广场的东侧是中国国家博物馆（见图 4-4）。这里的主体建筑也是 1959 年建成的，是中华人民共和国成立十周年时建成的十大建筑之一。这个博物馆最早分为两部分，一部分是中国历史博物馆，另一部分是中国革命博物馆。历史博物馆里主要展览的是中国古代和近代的历史文物；革命博物馆里，则主要展示的是一些革命文物。2003 年，两个博物馆合并，成为中国国家博物馆。2007 年，中国国家博物馆开始在原有建筑的基础上扩建，2011 年 3 月，新馆正式开放。

图 4-4 中国国家博物馆

现在，中国国家博物馆是世界上建筑面积最大的博物馆，占地面积 7 万平方米，建筑高度 42.5 米，地上 5 层，地下 2 层，总建筑面积近 20 万平方米。中央大厅分为南北两个展区，一共有 50 个左右的展厅。两个展区之间是一条长 260 米的艺术长廊。长廊顶部有 300 多个藻井，这些藻井采用的是中国传统建筑的风格，很像一个个开在屋顶的窗户，形状和装饰很漂亮；同时，这种设计也有独特的通风和采光作用，阳光可以透过藻井照进来，凉风可以穿过藻井吹过来。另外，这里还有一个有近 800 个座位的剧场、近 300 个座位的学术报告厅（数码影院）、600 平方米的演播室，以及 2 800 平方米的图书馆。

在这里，你可以看到很多珍贵的中国古代重要文物，从远古时期一直到明清时期的都有，从而有机会了解中国古代历史和文化的发展脉络；在这里，你可以见到一些在中国近现代历史上具有重要历史价值的展品，包括实物、文献、图片、图表、模型、绘画、雕塑、旧址复原、模拟景观等展品，从而有机会了解从 1840 年到 1949 年这 100 多年的中国近现代历史；在这里，你也能看到一些专题文物展览，比如中国古代书法作品展、明清家具真品展；在这里，你还能看到一些国外的文物或艺术品的展览。

中山公园

中山公园（见图 4-5）位于天安门西侧，故宫的南面，与故宫一墙之隔。虽然名字叫公园，实际上这里原是明清时期一座著名的皇家坛庙——社稷坛。明清之前的辽金时期，这里原是一座寺庙，名为兴国寺。1421 年明成祖时期改建为社稷坛，此后这里一直是明代和清代皇帝祭祀土地神和五谷神的地方。1914 年，这里开始对普通民众开放，称为中央公园，是北京最早成为公园的皇家园林之一。1925 年，孙中山先生逝世，在园内停放灵柩，举行公祭。后来，为纪念这位伟大的中国革命先驱，1928 年改名为中山公园。

图 4–5　中山公园

游览中山公园，一般从南门入园。进门以后，走过门厅，穿过曲折的彩绘长廊，迎面就是一座蓝琉璃瓦顶的汉白玉石坊，上面的“保卫和平”四个字，是由历史学家郭沫若先生题写的。保卫和平坊正北处，是孙中山先生的铜像，气势雄伟，形象逼真，生动展示了这位伟大革命家的风采。

继续向北走，穿过一片古柏林，再往西走一段路，就到了社稷坛的门外。在社稷坛门口能见到一对雄俊的石狮，像卫兵一样守护着这里。这对石狮子，据说是宋代遗物，已有一千多年的历史。社稷坛是按《周礼》“左祖右社”的制度建造的，与故宫东侧的太庙（现劳动人民文化宫）左右对称。社，代表土地神；稷，代表谷神。

中国古代的皇帝把“社稷”看作国家的象征，认为自己统治国家的权力是上天赋予的。为了祈祷丰收，明清两代的皇帝，每年二、八月都在这里举行祭祀土地神和五谷神的仪式；国家如果遇到战事或旱涝等自然灾害时，皇帝们也要到这里祈祷。

社稷坛呈正方形，为汉白玉砌成的三层平台。方坛上面铺着五种颜色的土，是当时从全国各地进贡来的。中间的土是黄色的，东面的是青色的，西面的是白色的，南面的是红色的，北面的是黑色的，所谓“中黄、东青、西白、南红、北黑”。五种颜色的土，分布在五个方位，象征“普天之下，莫非王土”。五色土，也象征中国传统文化中的“五行”，即土、木、火、金、水。中国古人认为，五行是万物之本，是构成整个世界的五种基本元素，世上所有的东西都是由这五种元素生成的。因此，社稷坛俗称五色坛。

坛台中央，原来还有一个方形石柱，名“社主石”，又称“江山石”，意思是“江山永固”，后来被移走了。社稷坛四周建有四色琉璃墙，东面是青色的，南面是红色的，西面是白色的，北面是黑色的，琉璃墙的颜色和方位与五色土一致。社稷坛四面各立着一座汉白玉棂星门，庄严而肃穆。棂星门是中国传统建筑中一种牌楼式木质或石质建筑，是一种门的样式，通常是两个立柱，上搭一根横木，形成门框，内装对开门。传说，棂星是天上的文星，又称文曲星。中国孔庙建筑中轴线上的第一座门，称为棂星门，就是因人们常把孔子比作文曲星而得名。还有一种说法，棂星门指的是天门，因此，所有与上天有关的地方，像宫室、坛庙（如天坛、社稷坛）以及帝王的陵寝等，都设有棂星门。

社稷坛北面有一座宏大的木结构建筑，称为“拜殿”，也称“享殿”或“祭殿”，原为皇帝到此祭祀时休息或遇雨时行祭之处。这是一座保存完整的明代建筑，面阔 5 间，进深 3 间，黄琉璃瓦，单檐歇山顶，白石台基，梁架和斗拱上绘着和玺彩画。1925 年，孙中山先生的灵柩曾在此殿停放，后来改名为中山堂。殿堂后门内两侧，原列有 72 支镀金银的铁戟，因此也称戟门。可惜的是，1900 年八国联军进入北京后，铁戟全部被掠走了。

社稷坛外西南面，有宰牲亭、神厨、神库等附属建筑。宰牲亭建于明永乐十八年（1420），也名打牲亭，为祭祀时屠宰牲畜的处所。此亭为重檐歇山顶，上面覆盖黄色琉璃瓦，建筑面积近 150 平方米。明清时期，宰牲亭的北面、西面和南面都有矮墙，与内坛的墙体相接。宰牲亭北面的院门，也是歇山式屋顶，上覆黄色琉璃瓦。亭子南面是奉祀署用房和一口水井。1914 年建园时，这里的矮墙和奉祀署用房因残破而被拆除，古井却保留下来。这口水井为六方形，井口和盖板都是青白石砌筑的，是供祭祀时清洗、蒸煮祭物用的。

神厨、神库这两座建筑位于五色坛西南角。神库在南，神厨在北，各 5 间，屋顶都是悬山顶，上覆黄色琉璃瓦，金龙枋心旋子彩画。神库是用来安放太社、太稷神牌、神龛及有关陈设、祭器等物品的。每到祭祀时，会有专人将神牌请出，将陈设、祭器、案桌等，按固定顺序安放在五色坛上，祭祀完毕后再放回原处。神厨是制作祭品的处所，里面存放着各种厨具。

除了这些具有几百年历史的古建筑外，中山公园里还有很多休闲的好去处。

进南门往北走一段，就能见到很多古柏。这些古柏大多是明代栽种的，其中几棵挺拔粗壮，得三四个人才能合抱。最有意思的是，园里有一棵槐树与一棵柏树生长在一起，像朋友一样拥抱着，人们称之为“槐柏合抱”。这两棵树至今枝繁叶茂，实在令人称奇。

社稷坛东边环境清幽，有假山、花棚、花坛和各式盆景。这里松柏苍翠，杉竹相映，松柏交翠亭、投壶亭、来今雨轩等景点就点缀其中。社稷坛西边的唐花坞是培育各种名贵花木的温室花房，一年四季春意盎然。这个名字中，“唐”（即“煻”）意思是用火烘焙，“唐花”是指暖房里培育的花，“坞”是指水边建筑，“唐花坞”就是水边的花卉温室。

此外，园内还有一些从各地迁移来的古建筑。在唐花坞以西，能见到著名的“兰亭碑亭”，是 1917 年从圆明园迁来此处的。这个碑亭是重檐八角攒尖顶建筑，上覆蓝色琉璃瓦。亭内石碑上，一面刻着“兰亭修禊曲水流觞图”，一面刻着清朝乾隆皇帝所写的有关“兰亭”的诗句。八根石柱上刻着虞世南、褚遂良、冯承素、柳公权等历代书法家临摹“书圣”王羲之的《兰亭帖》，是我国书法史上的佳作。这些碑刻笔法刚劲有力，字迹虽已风化，却是珍贵的石刻文物精品。

蕙芳园和愉园分别位于社稷坛内坛的西北角和东北角，也是不错的休闲去处。蕙芳园主要种植的是兰花，园林景观极具中国特色。在园林设计上，采用封闭式的造园手法，用竹子和松篱分隔出很多独立空间，清雅而静谧。愉园则是一处供游客观赏名贵金鱼的园林景区，因“鱼”与“愉”谐音，所以取名愉园，意思是赏鱼的地方。园中建筑的布局，为中轴对称形式，建筑采用的是中国传统样式，古色古香。园中有三座亭子，正中是一座重檐蓝琉璃瓦屋面八方亭，名曰“览粹”；东面是一座单檐筒瓦屋面正方亭，名曰“倚霞”；西面是一座单檐筒瓦屋面长方亭，名曰“流云”。三座亭子通过 38 间半壁廊相连，廊上嵌有 34 个金鱼展窗，玻璃缸里养着各种金鱼，供游客观赏。廊前正中有观鱼池，池内养着金鱼和锦鲤。这里宁静古雅，有动有静，环境宜人。要是有时间的话，你不妨在这里多待上一会儿。

劳动人民文化宫

劳动人民文化宫（见图 4-6）位于北京天安门东侧，曾是明清两代皇室家庙，称为太庙，是皇室供奉祖宗牌位、举行年节大典祭祀先人的地方。1924 年，太庙改名为和平公园，开始向公众开放。从 1950 年 5 月开始，这里成为北京职工群众的文化活动场所。“北京市劳动人民文化宫”匾额由毛泽东主席命名并亲笔题写。现在，这里是北京职工教育培训、文化娱乐和科技与人才交流的活动中心。

图 4-6 劳动人民文化宫

太庙始建于明永乐十八年（1420），是中国保存最完整的明代建筑群之一，也是中国现存最完整的、规模最宏大的皇家祭祖建筑群，是古代最重要的宗庙建筑，被称为“天下第一庙”。社稷坛建在故宫右侧，太庙在故宫的左侧，左右对称，这样的建造格局是按照两千多年前《周礼》中记载的“左祖右社”的制度建造的。太庙与故宫、社稷坛三者同时建造，是紫禁城重要的组成部分，建成后明代和清代曾多次修缮。

来太庙，最值得看的，首先是这里的坛庙建筑。

太庙总建筑面积近 14 万平方米，呈南北方向的长方形，建筑布局独具匠心。为了突出祭祖的主旨，四周围以三道朱红的围墙，层层松柏掩映中，各类建筑错落有序，营造出一种庄严肃穆的气氛。建筑采用中轴对称式布局，琉璃门、汉白玉石拱桥、戟门、三大殿依次排列在中轴线上，井亭、神厨、神库、配殿依次排列于两侧。戟门内的三重大殿是中心建筑，前殿为“享殿”，中殿为“寝殿”，后殿为“祧庙”。享殿是皇帝举行祭祀活动的场所，寝殿是供奉帝后神位之处，祧庙则是供奉皇帝远祖神位之处。

享殿又名前殿，始建于明永乐十八年（1420），是整个太庙的主体建筑，是明清两代皇帝举行祭祖大典的场所。殿高 32 米多，三层汉白玉须弥座，气势雄伟，比故宫的太和殿高 2 米，被认为是至高无上的象征。虽经明清两代多次修缮，但此殿规制和木石部分基本保持明代原构，68 根大柱及主要梁桥均由名贵的金丝楠木制成，是中国现存规模最大的金丝楠木宫殿。大殿面阔 11 间，黄琉璃瓦重檐庑殿顶，檐下悬挂满汉文书写的“太庙”九龙贴金木匾，殿顶、天花、四柱、梁架用片金沥粉彩画装饰，地面铺着特制的金砖，殿内陈设着金漆雕龙雕凤的帝后神座及香案供品等。整个大殿雄伟庄严，富丽堂皇。清代皇帝祭祖分为几种，名称各不相同。每年四季首月的祭典，称“时享”；岁末的祭典，称“袷祭”；遇到国家大事时，如婚丧、登极、亲政、册立、征战等的祭典，称“告祭”。祭典前，先要将祖先的牌位从寝殿、祧庙移到此殿中的神座上安放，然后举行隆重的仪式。祭典之时，仪仗整肃，钟鼓齐鸣。

寝殿，又名中殿，始建于明永乐十八年（1420），是供奉本朝历代帝王牌位的地方。黄琉璃瓦单檐庑殿顶，殿高 21 米多。石露台与享殿相连，汉白玉须弥座，周绕石栏，望柱交错雕以龙凤，台阶中饰丹陛。殿内祖宗牌位同堂异室，各夹室内陈设神椅、香案、床榻、褥枕等物，牌位立于褥上，象征祖宗起居安寝。每逢祭典前一天，将牌位移至享殿安放，祭典完毕后奉回。

祧庙，又名后殿，始建于明弘治四年（1491），是供奉皇帝远祖牌位的地方。黄琉璃瓦单檐庑殿顶，殿内陈设与寝殿相同。每个季节第一个月“时享”时，皇帝委托官员在本殿祭祀；岁末时，将先祖牌位移至享殿“袷祭”。此殿自成院落，四周围以红墙，汉白玉须弥座，周绕石栏，望柱交错雕以龙凤，台阶中饰丹陛。

此外，享殿东、西配殿都始建于明代，黄琉璃瓦单檐歇山顶，殿前出廊，廊柱上端卷收向内倾斜，屋檐起翘平缓，是典型的明代官式建筑。东配殿是供奉有功亲王牌位的地方，清代时殿内供奉满族和蒙古族有功亲王，如代善、多尔衮、多铎、允祥、奕䜣等的牌位。西配殿是供奉有功大臣牌位的地方，清代这里供奉满族、蒙古族和汉族的文武功臣，如鄂尔泰、张廷玉、傅恒、僧格林沁等十三人的牌位。东西配殿内，每间设一龛，内置木制红漆金字的满汉文牌位。

从琉璃门进入，前有七座汉白玉石桥，称为玉带桥。桥南两侧为神厨和神库，桥北东西各有六角琉璃井亭一座。琉璃门嵌在太庙中垣庙墙的南面，始建于明代。形制为三间七楼牌坊式，正楼三间，下为拱门三道，正门两侧各有一道门。黄琉璃瓦顶，檐下黄绿琉璃斗拱额枋，朱红墙下为汉白玉须弥座，整个建筑别致端庄。

戟门是这里建筑规格最高的一座门，建于明永乐十八年（1420），是明初官式建筑的重要代表，也是太庙始建后唯一没有经过改动的重要遗物。这座门为黄琉璃瓦单檐庑殿顶，檐下是硕大的斗拱，汉白玉绕栏须弥座，中饰丹陛，两侧各有一旁门。这里曾是按照最高等级的仪门礼制进行布置的，门内外原有八座朱漆的戟架，上面插着 120 支银镦红杆金龙戟。可惜的是，1900 年八国联军入侵北京后，这些文物全部被掠走了。戟门前面有七座单孔石桥，叫戟门桥。这七座桥始建于明代，清乾隆年间将故宫的御河水引到这里，并对原桥进行改建。改建后的桥，形如玉带，因此又称“玉带桥”。这七座单孔石桥，宽八米，两侧有汉白玉护栏，龙凤望柱交替排列。七座石桥分为不同等级：中间一座为皇帝走的御路桥，两边为王公桥，次为品官桥，最外侧的边桥则供普通人行走。

井亭是祭祖前神厨加工祭品、洗涤取水的地方，建于明代。亭为六角形，黄琉璃瓦单檐顶，梁架用镏金斗拱承托。亭内有一口水井，六角汉白玉井圈，柱间的坐凳为现代所加。燎炉是焚烧享殿西配殿祭祀时用过的丝织祭品的炉灶，建于明代，为无光无釉的砖石构造，外形仿木结构，单檐歇山顶，檐下饰以斗拱额枋，炉身四角有圆柱，炉膛门上雕花饰带，其余各面雕刻菱花隔扇门，下为须弥座，雕工精美。

太庙西北门，始建于明代，清代改建。据说清代雍正皇帝为确保安全，到太庙祭祖不走太庙街门，而从此门进入。于是，加筑琉璃随墙门，形成内外两门，并且建筑高墙，以防刺客。乾隆皇帝 60 岁以后，为减少劳累，改由此门乘辇而入，故又称“花甲门”。原门及墙已不存在，现在的门是近代改建的。

在太庙，最引人注目的，除了建筑，就是这里的古柏了。这里古柏成林，苍翠茂盛，盛夏时期，走进这里，顿觉浑身清凉。现在，园中古柏有七百多棵，多数是明代太庙初建时所种植的，少数是清代种植的，树龄最高的有五六百年，最低的也有三百年以上了。

有几棵古柏尤其值得好好看看。一是“明成祖手植柏”，这棵柏树 13 米多高，5 米多粗，枝叶繁茂，粗壮挺拔，可以说是太庙柏树之最。相传这棵柏树是太庙建成以后，明成祖亲手所植，用以告慰祖先，抒发治国安邦的宏愿。还有一棵很有意思的柏树，也是植于明代。从东北方向观看，这棵柏树的枝干和树冠很像一只跑动的梅花鹿，上下两个树洞，一个像嘴巴，一个像眼睛，所以人们称之为“鹿形柏”。古柏苍翠葱茏，在它们的怀抱中，红墙黄瓦的太庙，肃穆而清幽。

此外，太庙享殿内安放着一套“中华和钟”，虽然是现代制品，但很特别。这套钟是 1999 年 11 月安放在此的，当时是为迎接新千年的到来，以中国古代著名的编钟为原型进行设计的。中华和钟高 3. 8 米，宽 21 米，重 17 吨，三层编钟共 108 个。上层 34 个纽钟，代表中国 31 个省、市、自治区和香港、澳门、台湾；中层 56 个甬钟代表中国 56 个民族；下层 18 个镈钟，中间 16 个代表中华民族的 16 个历史时期，两侧两个象征世界的主旋律“和平”与“发展”。中华和钟是世界上最大的舞台演奏双音编钟，已被列入吉尼斯世界纪录，被誉为“编钟之王”。

实践与互动

感受天安门广场及周边建筑的壮美与历史底蕴

有机会来北京，你一定会来天安门广场看看。不过，要想把广场周边值得一看的地方都看一遍，一天时间恐怕不够。

若是你夏天醒得早，不妨在某个月第一天的早上，赶去看看广场上的升旗仪式，感受一下三军仪仗队的飒爽英姿，以及升旗仪式的庄严与震撼。升旗仪式完毕，当汇聚在广场上的人群散开，你就可以在广场上逛逛。在人民英雄纪念碑前站立一会儿，看看上面的碑文，以及碑座四周镶嵌着的八幅汉白玉浮雕。你可以在毛主席纪念堂前排队，去纪念堂中瞻仰一代伟人毛泽东的遗容，在庄严肃穆的气氛中追思他的丰功伟绩。你可以向西远望人民大会堂的样貌，也可以向东看看国家博物馆的崭新身姿。人民大会堂不能随便参观，但国家博物馆却是随时可以进去看看，这里展出的珍贵文物，将让你有机会了解中国古代历史和文化的发展脉络。广场南侧的正阳门，是老北京唯一保留城楼和箭楼的城门，不想错过的话，就登上城楼去正阳门博物馆看看吧。

接下来，你就可以一路向北，走向天安门城楼。作为皇城的大门，天安门城楼的气势绝对与其地位相配。看看城楼前威武的石狮，看看城楼前耸立的华表，跨过汉白玉的金水桥，你就可以登上天安门城楼了。在城楼上，你可以欣赏这座建筑雕梁画栋的精美，也可以眺望整个天安门广场，还可以想像一下当年皇帝大婚或公布殿试三甲时的盛况，想像一下当年毛泽东主席宣告新中国成立时那激动人心的场面。

你不妨另外安排一天，去中山公园和劳动人民文化宫走走，看看曾经的社稷坛和太庙。去中山公园，看看社稷坛中的五色土，欣赏一下明代建筑风格的拜殿，在蕙芳园中赏赏兰花，在愉园中观观鱼。去劳动人民文化宫，则可以体验一下皇家家庙的庄严与肃穆，参观一下戟门内的三重大殿，也欣赏一下这里棵棵苍劲的参天古柏。

天安门广场是中国历史的见证者，见证着中国的昨天、今天和明天。

延伸阅读

关于正阳门的传说

关于正阳门的修建，有一个传说。

据说，当年修建正阳门箭楼时，明朝永乐皇帝前来视察，发现正阳门箭楼没有他期望的那样高大壮观，非常生气。他命令，限期一个月对箭楼进行改建，必须要改建得高大气派，否则就治工匠们的罪。可是，皇帝的要求太高，工匠们左思右想，却怎么也想不出好办法。

有一天，工地上来了一个衣衫褴褛的老木匠，请求工匠们给他的菜加点盐，工匠们同意了。以后一连几天，这个老木匠都来请求工匠们给他的菜加“盐”。终于有一天，有个工匠受到启发，突然想到，加“盐”不就是给楼顶加“檐”的意思吗？按照这个思路，工匠们为正阳门箭楼的楼顶添加了一道飞檐，整个箭楼一下子就变得高大华贵起来。

后来，皇帝再次见到箭楼时，自然也非常满意。工匠们对那位老木匠满怀感激，可当他们去寻找那位老木匠时，却再也找不到他了。有人猜想，一定是天上的木工之神鲁班，见他们想不出办法，就化身老木匠，来人间帮助他们。

第五章 恭王府：

庭院深深藏秀色

导语

北京，是明清两代的都城，这里值得一看的，不只有气势恢宏的紫禁城，也有豪华气派的王府。在这些王府中，最不容错过的，恐怕就是恭王府了。

恭王府是一座清代王府，位于什刹海的西南角，是中国现存清代王府中保存最完整的。这座王府占地约 6 万平方米，分为府邸和花园两个部分，其中各式建筑群达 30 多处，从规模和气势上看，仅次于紫禁城。其府邸部分，富丽堂皇，规模宏大，布局规整，建筑工艺精良。其花园部分，幽深秀丽，是中国传统园林艺术的典范之作，艺术价值极高。在这里，江南园林与北方建筑融为一体，东西方园林艺术汇聚一身，既体现出皇家建筑的富贵与气派，又不失民宅建筑的清新与素雅，是京城中不容错过的一个景点。

北京的王府

在中国古代，各朝各代的最高统治者都向自己的亲属或功勋卓著的大臣进行封赏，赐予其爵位和封地。由于封地遍布全国，各自独立，中央政府较难控制，因此，历史上亲王叛乱夺权的事件时有发生。从清初开始，皇帝一改以往分封的传统，对于自己的亲属和有功的大臣，只封爵不封地。

清朝时，对皇亲的分封共分十二等，只有皇帝的兄弟和儿子才可以封王。按照当时的规定，皇子长到 15 岁时，就要由皇帝赐予爵位和府第，离开皇宫独立生活，称为“××王爷”，其府第则称为“王府”。清朝的规定是，王爷的爵位可以由子孙继承，子孙的爵位一代降一等。不过清初的八位王爷例外，其爵位可以“世袭罔替”，也就是说，其爵位可由后代子孙一直继承。

清朝时王府属于国家财产，由专门的部门负责出资建造和管理，王爷的子孙爵位降低后就要搬出王府，因此，王府主人也是不断变化的。整个清代，受封的皇子有近百个，王府则只有几十座。

清代王府的建造，具有严格的规制要求。王府大门采用的样式和高度、院墙的高度、主要建筑的样式及内部装饰等等，都有一定之规，甚至建筑的功能与名称都是固定的。比如王府大门内的正殿，称为银安殿，殿顶覆盖绿色琉璃瓦，是官方活动中王爷正式接待来客的大殿。银安殿后有两道门，门内的正殿为神殿，主要用于举行王府的祭天祭祖活动。

不过，虽然有建筑规制上的要求，清代王府的样貌却并非完全相同。这是因为《大清会典》中虽然对王府主要建筑的样式有明确规定，但对王府的规模和次要建筑的样式没做详细规定。因此，王府的样貌就出现差异，有的规模大些，有的规模小些，有的建造花园，有的没有花园；次要建筑则更是多种多样。现在，北京有两座王府规模较大，保存也较为完整：一座是醇亲王府，位于什刹海后海北岸；另一座就是恭亲王府，位于什刹海前海西街。

恭王府的最后一位主人是清代同治时期的恭亲王奕䜣，因此被称为恭王府。乾隆时期，恭王府原是权臣和珅的私宅。嘉庆时期，和珅因贪污罪被抄家处死，这处私宅被皇帝赐给自己的弟弟——庆王永璘。咸丰元年（1851），这里被咸丰帝赐予自己的弟弟——恭亲王奕䜣，从此成为恭亲王府。一座宅邸，几经易手，目睹主人的命运沉浮，也目睹了清王朝的由盛转衰，成为历史变迁的见证。因此，有学者说，“一座恭王府，半部清代史”，可见其历史价值之高。

北京现存的清代王府共十余座，恭王府是其中唯一对游人开放的王府。多年来，恭王府只有花园部分对公众开放。2008 年，在经历大规模修缮之后，恭王府基本恢复原貌，开始全面对社会开放，成为中国首家以王府文化为特色的国家级博物馆。遗憾的是，在经历近百年的历史沧桑后，我们已经无缘在这里见到当年恭王府中的那些珍贵收藏了。

府邸的布局与主要景点

府邸的布局与特色

恭王府由府邸和花园两部分组成。其中，府邸分为中路、东路和西路，每一路都由几个以中轴线贯穿的四合院组成，最后面则为一座长 160 米的二层后罩楼。

恭王府的府邸建筑规制是清代王府中最高的。中路的主体建筑是银安殿和嘉乐堂，两座建筑的屋顶上都覆盖着绿色琉璃瓦，华贵气派，是亲王身份的体现。东路的主要建筑是多福轩和乐道堂。多福轩厅前的那架藤萝已有两百多年的历史，依然生机盎然；乐道堂则是当年恭亲王奕䜣的起居处。西路的四合院小巧精致，主体建筑为葆光室和锡晋斋。其中，锡晋斋厅内的楠木隔扇，雕饰精美，据说是当年和珅仿照紫禁城乐寿堂的样式修建的。府邸最里面的后罩楼位于府邸与花园的连接处，贯通中路、东路与西路，宏伟气派。

与清代的其他王府相比，恭王府的建筑特色表现在如下几方面：

一是建筑规格高。恭王府中主要厅堂的内檐装修，与紫禁城中的建筑大体相同。

二是建筑样式多。恭王府中的建筑样式多种多样，包括太师壁、宝座床、碧纱橱、万字炕、几腿罩、真假门、仙楼、书阁、多宝格等等。

三是格局灵活多样。恭王府内的建筑空间是根据使用功能进行划分的，格局灵活多样。这里既有肃穆庄严的大空间，又有私密性很强的小空间；既有对称式的，也有非对称式的，还可以灵活组合。不同的空间格局可以满足不同的需求，有的适合起居生活，有的适合接待贵宾，有的则可用于萨满祭祀活动。

四是工艺高超。王府的遗留物件用的都是硬木，木料上雕刻的花纹极为精美，从中可看出，当年恭王府的建筑用材非常讲究，建筑工艺极为高超。遗憾的是，恭王府的原有内檐装修绝大部分都已无存，我们只能从那些残存物件中去想象这里当年的风华。

王府中路：银安殿与嘉乐堂

王府中路上最主要的建筑就是银安殿（见图 5–1）与嘉乐堂。银安殿正对府门，是王府的正殿；嘉乐堂在银安殿后，是王府的正寝殿。

图 5–1　银安殿

银安殿

银安殿院落气势恢宏，是恭王府府邸的中院，也是王府中最宽敞的院落。

银安殿是王府的正殿，也是恭王府中最重要的建筑。紫禁城中最重要的宫殿太和殿，俗称金銮殿；而王府中最重要的建筑银安殿，则俗称银銮殿。

银安殿的建筑规制很高，殿顶上覆盖绿色琉璃瓦，檐角上的垂脊兽为七个，正脊两端装饰着鸱吻，这些设计都体现出亲王地位的尊贵。《大清会典》中规定，亲王府邸建筑面阔七间，而银安殿的东西配楼都面阔九间，从建筑规制上看，是超过亲王标准的。

银安殿只有重大节日或王府中发生重大事件时才使用，银安殿前面的两道宫门（分别称为一宫门和二宫门），也只有王府中举办重要活动时才使用。不幸的是，1921 年正月十五元宵节，因为烧香失火，银安殿和东西配殿一并焚毁。现在我们见到的银安殿院落，是后来按照原样复建的。

嘉乐堂

嘉乐堂位于银安殿的正北，是王府中路的最后一进院落的正厅。这是一座五开间建筑，硬山顶，前出廊，大门正上方悬挂着一块匾额，上书“嘉乐堂”三字。和珅当年留有《嘉乐堂诗集》，说明这里是和珅时期的建筑。

嘉乐堂，也被称为神殿。因为恭亲王时期，这里也是王府的祭祀场所，里面供有皇室祖先和诸神等的牌位。清朝皇族为满族人，当年王府是按照满族人信奉的萨满教传统举行祭祀仪式的。

王府东路：多福轩与乐道堂

王府东路主体建筑为两进四合院，是王府内日常起居之所。其中，最主要的建筑是多福轩与乐道堂，分别是两进院落的正房。

多福轩

多福轩正对东路的二府门，坐落于一个高大宽敞的月台之上。正殿面阔五间，前后出廊，顶部覆盖灰色筒瓦，装饰着脊兽。东西各有一间耳房，东、南、西三向均设石阶。多福轩前有一架古藤萝（见图 5-2），已有两百多年历史，至今长势仍极好，春天时花香四溢，因此这里也被称为“藤萝院”。

多福轩是一处典型的王府穿堂客厅，主要用于日常接待访客、亲友或前来回禀公事的下属，并兼作书房。室内正中设四扇绿油屏门，横楣上悬挂御笔书写的匾额。北墙有一排高大的书架，非常气派，上面摆放着恭亲王奕䜣经常阅读的一些重要典籍。据说，奕䜣当年最爱读的书之一是《海国图志》。《海国图志》是清道光年间的著名思想家魏源所著，书中明确提出“师夷长技以制夷”的思想，主张国家应引进西方先进的科学技术以自强富国。正是受到这种思想的影响，奕䜣成为清朝末年洋务派的代表人物，在国家处于内忧外患之时，倡导洋务运动，希望通过学习西方先进技术，达到富国强兵的目的。

多福轩以“多福”命名，四壁悬挂着福寿匾，其意当为期盼多福。作为一代亲王，奕䜣对“福”的理解是什么，与常人一样吗？“所谓国之福者，岂一人

图 5-2　多福轩前的古藤萝

之福哉？书曰：民惟邦本。民之安，国之福也。有国者亦乎爱民而已。”这是他在《乐道堂文钞》中表达的自己对“福”的理解。从这段文字来看，奕䜣所求之福，并非仅一人一家之福，而是希望全天下的百姓生活幸福，这是一个胸怀天下的亲王啊！

乐道堂

从多福轩向北，穿过一道垂花门，就进入东路的第四进，也是最后一进院落。这个院落的正房，名为“乐道堂”，前后两卷五开间，是东路建筑中面积最大的一处。乐道堂内的梁架上，至今保存着清中期包袱锦彩画和凤凰主题彩画，无声地讲述着这里作为固伦和孝公主[①]居所时曾经有过的富丽堂皇。

据文字记载，恭亲王时期，这里最具特色的是一个上下通透的巨大多宝架。多宝架是中国传统建筑中的一种室内装饰，以木质隔断划分室内空间。多宝架易于拆装，可以根据主人的习惯和爱好随时进行调整。当时，像乐道堂中这种上下通透、横贯东西的多宝架设计是非常少见的。

王府西路：葆光室与锡晋斋

王府西路主体建筑为两进四合院，其中最主要的建筑是葆光室与锡晋斋。

---

① 固伦和孝公主，是乾隆皇帝最喜欢的女儿，后由皇帝做主许配给和珅的儿子为妻。乾隆皇帝去世后，继位的嘉庆皇帝查抄和珅府邸，和珅身死，公主和丈夫获得皇帝特许，留在原来的居所，但只保留一半的府邸，另一半被赐予庆王永璘。从此，这座府邸，西为庆王府，东为公主府，一直到道光三年（1823）九月公主去世。

葆光室

葆光室（见图5-3）是和珅与庆王时期主人的客厅；恭亲王时期，这里是王爷接待至亲的秘密客厅。“葆光室”的匾额，是咸丰皇帝来恭王府时亲笔题写的，意味深长。“葆光”一词，源于《庄子·齐物论》中的一句话：“注焉而不满，酌焉而不竭，而不知其所由来，此之谓葆光。”咸丰皇帝的用意，应该是告诫恭亲王奕䜣，要收敛光芒。为此，恭亲王撰写一篇《葆光室铭》，表示明白咸丰皇帝的意思。

图5-3　葆光室

葆光室内的天花板和梁上绘制着彩画，多为花草为主的图案，四周以祥云衬托，透露着一种祥和而平静的气息。其中，菊花和桃花寓意吉祥长寿，莲花则寓意连生贵子。

锡晋斋

锡晋斋是王府西路上最重要的建筑，也是恭王府中的建筑精品。

锡晋斋面阔七间，后出抱厦五间，平面呈凸字形。前面有月台，前后出廊，廊檐的柱础石为覆莲上承鼓墩式造型，是乾隆时期的风格，雕刻精细，纹饰大方。

正中的三开间为大厅，东、西、北三面是二层的仙楼。仙楼是一种高档内檐装修，《工段营造录》中称“大屋中施小屋，小屋上架小楼，谓之仙楼”。锡晋斋的仙楼，空间设计极为巧妙，相互连通又曲折弯转。仙楼以楠木隔断分隔空间，隔断上方窗格的镂空部分覆盖着极薄的蓝色丝绸，裙板上的雕饰，工艺非常精湛。其中，一层正对大门的八扇楠木隔断，镶嵌在一个直径46厘米的楠木包镶圆柱之间，显得格外气派。

故宫中，乐寿堂、坤宁宫等多处都建有仙楼，其中规模最大的是宁寿宫的乐寿堂。锡晋斋的仙楼，与乐寿堂仙楼的规模大小、布局方式相同，是清代中期流行的装修样式。在清代，一些大型四合院中也有建造仙楼的，不过规模远逊于恭王府。

气势恢宏的后罩楼

恭王府的后罩楼（见图 5-4）位于府邸与花园的衔接处，是一座长约 160 米的二层建筑，贯通府邸东、中、西三路，其规模之宏伟在京城王府中首屈一指，远远超出“后楼 7 间”的王府建筑规制。

图 5-4　后罩楼

恭王府的其他建筑都是单层的，而府邸最后面却是一座两层的后罩楼。这是为什么呢？原来，按清朝典制规定，府邸建筑一般都要以后楼结束，实际上当年多数王府也都是如此设计的。因为按照传统的风水之说，府邸的正殿为“主山”，后楼是“主山”的“靠山”，具有屏蔽和保护作用。

后罩楼，东半部名为“瞻霁楼”，西半部名为“宝约楼”，共有房屋一百余间，其东西两头各形成一个向南折转的直角，形如一道“凹”字形的大屏风，环罩住整座府邸。这座青砖灰瓦的后罩楼，从南面看，前檐出廊，横贯东西；从北面看，高大的后墙挺拔气派，后墙上层的 46 扇什锦窗，形状各异，雕刻精美。传说这里是和珅当年的藏宝楼呢！

花园的布局及主要景点

王府花园的结构布局

恭王府花园，又名萃锦园。这座花园衔水环山，古树参天，曲廊亭榭富丽天然，各种景致开合有致，堪称中国园林建筑的典范。

园内的设计和布局，据说是模仿紫禁城宁寿宫花园来建造的。花园内有假山怪石，有参天古木，有亭台楼榭，有曲径回廊，有一池碧水，徜徉园中如漫步山水之间。园中东、南、西三面堆土累石为山，共同构成一座“山”字形假山，山顶平台是全园的最高点，站在上面可以观赏全园景色。

在后罩楼青灰色的后墙与花园之间是一条宽阔的青砖道路。这条长约两百米的路，称为“箭道”，因为这里不仅供人日常通行，还是当年王爷与其子弟演习跑马射箭的地方。王府花园的入口就位于箭道北面，也有东中西三处。花园不设南墙，仅以土山作为屏障，三处入口就开在土山之间。中路的入口为一座西洋风格的汉白玉石拱门，称为“西洋门”；东路的入口是一条曲折的山间小径，名为“曲径通幽”；西路的入口是一座仿长城样式建造的城关，称为“榆关”。

花园的三处入口对应园中的三路景点。中路的景点以福字碑为中心，前有独乐峰和蝠池，后有绿天小隐和蝠厅，布局十分精巧。东路的主要建筑是大戏楼，内部装饰清新秀丽。而在戏楼的南端，明道斋、曲径通幽、垂青樾、吟香醉月和流杯亭等景点，则静雅而清幽。西路，妙香亭、澄怀撷秀与秋水山房等景点，则是几处清净的所在，体现出王府中特有的闲适与雅趣。

花园中路景点

西洋门与独乐峰

西洋门（见图 5-5）是恭王府花园的正门。这是一座西方洛可可风格的雕花石拱券门，俗称“西洋门”。这种建筑风格在私家园林中极为少见。恭亲王奕䜣是清代洋务运动的代表人物，西洋门的设计体现出主人对外来新事物的开放与包容态度。

而西洋门上的石匾，则是传统形式，南面题字“静含太古”，意思是花园具有太古之幽静；北面题字“秀挹恒春”，意思是花园具有四季如春之秀美。两面的题字表明主人对“安静”　“秀美”意境的追求，体现的是中国文人的传统情怀。

图 5-5　西洋门

从西洋门进入花园，左右皆为假山，迎面是一座高约 5 米的太湖石峰，名为“独乐峰”。这块巨石像一道屏风，将花园中的美景遮挡住了。等你绕过石峰，美景一下子闯入眼帘，眼前顿时豁然开朗。这种先抑后扬的园林设计方式，每每能带给你无限的惊喜。“独乐峰”的命名含有儒家“独善其身”的意思，与中国传统文人强调自我修养的精神追求有关。

蝠池与安善堂

独乐峰北面是一个青石围砌而成的蝙蝠形水池（见图 5-6），水池四周种着很多榆树。这里水池的形状与榆树的选择，可是有讲究的。

汉语中，“蝠”与“福”谐音，因此在中国文化中，“蝙蝠”这种动物就成了幸福的象征。而榆树的果实是圆形的，形状像中国古代的铜钱，因此在北方俗称“榆钱”。榆树种在池边，每年春天时，榆钱一片片落下来，给人感觉就像是无数的铜钱撒满水面。蝠池与榆树代表的是主人对于幸福与富贵的期盼啊！

另外，蝠池里的水可是活水，这在清代的北京十分难得。要知道，往私宅中引入活水是要经皇帝特批的，能获此殊荣的王府可为数不多。

蝠池北面就是花园中路的中心建筑——安善堂。

安善堂是一座五开间的敞厅，前出抱厦，后带平台。其东西两侧有对称的游廊分别通向东西厢房。东厢房名为“明道斋”，西厢房名为“棣华轩”。三处的命名都是咸丰皇帝御赐的。其中，“安善”与“明道”的用意，与道德修养有关，即“安于善”“明于道”；而“棣华”则另有用意。《诗经 · 小

图 5-6　蝠池

雅·常棣》中有诗句："常棣之华，鄂不韡韡，凡今之人，莫如兄弟。"恭亲王奕䜣与咸丰皇帝奕詝为亲兄弟，"棣华"的命名是皇帝提醒恭亲王应以手足之情为重。

安善堂周边景致优美。在这里，可临蝠池观水，也可登邀月台赏月，当年恭亲王曾在这里吟诗作画，也曾在这里宴请重要宾客。

福字碑

恭王府花园中最有名的景点，就是福字碑了。王府花园的假山下有一处幽静的"洞天"，称为秘云洞，福字碑就藏在秘云洞内。这块碑石长 7.9 米，贯穿整座假山，已有三百多年的历史了。碑前的地上有一副用碎石子摆成的中国象棋棋盘，方方正正，清晰可见。

这块石碑之所以有名，是因为上面的"福"字出自清代康熙皇帝的御笔。这个福字是皇帝为祖母孝庄皇太后祝寿时写的，上面刻有"康熙御笔"的宝印。康熙皇帝书法功力甚高，却很少题字，因此这个"福"就显得极其珍贵。更为重要的是，这个"福"字不仅笔力苍劲，而且构思极为巧妙，因此被人称为"天下第一长寿福"。如果仔细看，你会发现这个福字的特别之处：右半部分整体像"寿"字，分开则上面像"多"字，下面为"田"字；而左半部分呢，看起来又像"子"字和"才"字的组合。这样，一个"福"字就可以被分解为：多田多子多才多寿。田地多、儿子多、才气多、寿命长，这不就是寻常的幸福所在吗？原来，皇帝是想用一个"福"字来诠释幸福啊！

据说，这块福字碑是乾隆皇帝的最爱，后来他将它赐给自己宠爱的大臣和珅。和珅呢，同样把它视为无价之宝。这块福字碑也终于不负和珅的期望，为这位王府最早的主人带来了数不尽的幸福，他因此官运亨通，财源广进，富可敌国。

花园中假山的造型像一条长龙，而龙的中央就是福字碑所在的位置。可以说，这座花园就是以福字碑为中心进行设计建造的。不仅如此，花园的设计者还利用“蝠”与“福”同音的特点，设计了南面的蝠池和北端的蝠厅，与福字碑相呼应，可以说构思十分巧妙。

清静之地

每到中秋节，或是某个月圆之夜，恭亲王会与家人及亲朋好友去“邀月台”赏月。邀月台是花园主山顶上的一个平台，也是全园的最高点，站在上面可以尽览园中美景。这座邀月台，小巧玲珑，额上题字“绿天小隐”，四周是矮矮的汉白玉栏杆。人站立其上，四望则树木苍翠，仰望则明月似触手可及，仿佛可以像中国古代诗人李白一样，“举杯邀明月”。

绿天小隐的东西两侧各有一条爬山游廊。游廊之上，彩画斑斓，上面绘制着各种蝙蝠图案，栩栩如生。这两条游廊曲曲折折，是顺着假山的走势搭成的，向东通往大戏楼，向西通往澄怀撷秀。

游廊在山下向南折转，连接着东西两座小厅，东厅为“退一步斋”，西厅为“韵花簃”。“韵花簃”是园中一个静心的好去处，向西可以静静欣赏方塘中的波光潋滟，向东可以望见滴翠岩上的苍翠欲滴。据说，当年每到夏秋时节，恭亲王奕䜣常来这里静坐，观山色，听水声，在风声、虫声、鸟鸣声中享受片刻清静。

奇异蝠厅

蝠厅（见图 5-7）是府邸中路最后一座建筑。这座建筑坐北朝南，长达十余间，前有出廊，后有抱厦。因为整座建筑的外形就像是一只展翅欲飞的蝙蝠，“蝠厅”由此得名。“蝠”与“福”同音，同蝠池一样，蝠厅的设计同样含有祈福的用意。

图 5-7　蝠厅

要是想好好欣赏一下这座建筑的奇异造型，最好的位置就是从主山上绿天小隐背面的山林间眺望蝠厅。你会发现，这座形似蝙蝠的建筑，其迷人之处不仅在于造型奇异，更在于屋顶样式的变化多端。你瞧，五间正厅为硬山卷棚顶，前后三间抱厦为歇山顶，两侧接出的三间耳房与正厅相接处为硬山顶，折曲处为庑殿顶，两端则为歇山顶。在一座建筑的屋顶中居然能展示出如此多样的变化，让人不由对建筑的设计建造者充满钦佩，其丰富的想象力和高超的建筑工艺，实在令人叹为观止。

蝠厅的外廊也值得驻足。廊中绘满彩画，从梁架到廊柱、墙壁，到处都是，不过主题只有一个，那就是形态各异的斑竹。这种建筑绘画的形式，称为“海墁”，即在大面积绘画中只表现某一主题。蝠厅外廊的绘画主题是斑竹，因此称为“海墁斑竹”。恭王府花园中，蝠厅外廊中的海墁斑竹，与大戏楼中的海墁藤萝，是中国海墁彩画的代表之作。

花园东路景点

曲径通幽

沿花园箭道向东走，经过西洋门，就是一道土岭，岭上花草遍布。沿土岭前行，就能见到花园东路的入口“曲径通幽”了。入口处，一条小路曲曲折折，两侧是高耸的山石，山上草木葱茏，能听到虫声鸟鸣。沿小路前行十数步，眼前豁然开朗，园中的山亭水榭、葱茏林木近在眼前。这个入口平时少有人至，非常幽静，名为“曲径通幽”实在恰当不过。

文人之乐

曲径通幽西面，正对戏楼南面垂花门的，是一片小小的菜地，名为“艺蔬圃”。“艺”是“种植”的意思。这里是主人种植蔬菜的地方，闲暇时恭亲王会亲自来这里劳作。贵为亲王，他不愁吃穿，之所以要在府中开辟菜地，其实不过是要体会一下播种、灌溉、除草、收获的乐趣。自古以来，耕读之乐，自然之乐，一直是中国文人士大夫的一种精神追求，当年的恭亲王也不例外吧。

王府之中，除了可以体验劳作之乐外，还有一处让恭亲王和亲友享受文人雅兴的地方，那就是“流杯亭”。在艺蔬圃东边，有一个八角形的小亭，亭中流水潺潺，曲曲折折，那就是“流杯亭”，灌溉菜园的水就来自那里。东晋著名书法家王羲之，曾在兰亭与朋友聚会。当时，他们把水杯中倒满酒，放在曲曲折折的流水中，大家则分散在水边各处，水杯漂到谁面前，谁就饮酒一杯，赋诗一首。人们把这种文人自娱自乐的做法称为“曲水流觞”，后代很多文人常仿效此法。当年恭王府的主人，就常在初春、盛夏和深秋时节，邀请客人来流杯亭中，曲水流觞，饮酒作诗，舒适而惬意。

垂花门

蓺蔬圃正北是一个清幽雅致的院落，颇具盛名的恭王府大戏楼就坐落在院落中央。

来到这个院落跟前，首先映入眼帘的是一道垂花门（见图 5-8）。垂花门是一种极富装饰性的门，也是一种极具特色的中国传统建筑样式。这种门被称为“垂花门”，是因为门朝外的一面，檐柱并不落地，而是垂吊在门檐下，只有短短一尺多长。而檐柱的柱头一般都雕成莲瓣、串珠、花萼云或石榴头等形状，色彩极为艳丽，像是一朵朵含苞待放的花。垂花门，从外边看，就像是一座华丽的门楼，而从院里看，则像一间小小的敞轩。恭王府花园中的垂花门，是东路最醒目的建筑。这座垂花门华美而精致，高高的门槛，绚烂的五彩莲花柱头，尽显王府之富贵。

图 5-8　垂花门

穿过垂花门，再经过一道圆圆的月洞门，就进入第一进院落——“竹子院”。这个院子中的八间东房，名为“香雪坞”，是恭亲王嫡福晋和侧福晋在园中游玩、听戏时的休息处。其中靠南的三间，自成一体，是恭亲王嫡福晋在园中的居室。据说，这位嫡福晋十分喜欢翠竹，曾将自己的居室命名为“听竹斋”，因此这个小院四角种的都是竹子。

香雪坞以北是垂花门内的第二进院落——“牡丹院”。这是一个长方形的院落，只东侧有五间房子，西边为回廊，与花园中路相通。院中种着很多牡丹，每年春末夏初，牡丹花盛开，香艳无双。在中国，牡丹代表富贵，是富贵之花，与恭王府的气派甚为相称。

垂花门内，正对月洞门的是一架高大的藤萝。这架藤萝如一道美丽的花屏，静静横在大戏楼前。绕过这道花屏，一座三卷长方形船坞式建筑扑入眼帘，这就是花园中路的主体建筑——恭王府大戏楼（见图 5-9）。

图 5-9 恭王府大戏楼

这座私家戏楼，奢华而典雅，建筑面积近 700 平方米，内部结构设计非常巧妙。戏楼南侧是一座四柱有顶盖的戏台。戏台坐南朝北，面积约 50 平方米，空间宽敞开阔，横楣和栏杆上雕刻着的花纹，与房屋门窗的式样相同。戏台上方悬挂着一块“赏心乐事”的篆字木匾，上下场门上，分别挂着“始作”“已成”匾额。台前的柱子不仅支撑着台顶，还能起到加固梁架结构的作用。观众席部分，柱子间的跨度很宽，空间十分开阔，充分考虑到观赏的需要。戏楼南侧抱厦里，设有化妆间、道具间，是演员准备演出的后台。戏楼北侧是一间间用隔扇隔出的休息室，那是王爷、贵宾及家眷看戏的包厢。大戏楼内部的天花彩绘是别具一格的“海墁藤萝”。站在戏楼中放眼望去，戏楼的顶壁、梁架和木柱上，到处都是盛开的藤萝，绿色的枝叶，紫色的花朵，清丽而淡雅，十分赏心悦目。那时，坐在这里看戏的人们，应该感觉像坐在藤萝架下一般悠然吧。

据说，在花园的各处建筑中，大戏楼是恭亲王奕䜣最喜爱的地方。每逢节日和他的生日，他都会在这里招待宾朋，请知名京剧演员登台表演，当年很多京剧大师如程长庚、谭鑫培、杨小楼等都曾在这座戏楼中演出过。当年的恭王府戏楼，一度盛况空前，令人向往。

花园西路景点

榆关

花园西路的入口，称为“榆关”，是仿照中国长城的样式建造的。长城长约万里，其东面的起点山海关，过去也被称为“榆关”。在中国，人们习惯将长城以南称为“关内”，长城以北称为“关外”。清朝的皇族为满族，最早生活在关外，后来从山海关进入中原，建立清王朝并一统天下。将花园入口建成榆关的样式，或许表达的是皇族对于故土的怀念吧。

方塘水榭

从榆关进入花园，首先映入眼帘的就是一个水波潋滟的方塘（见图 5-10）。这个方塘是人工开凿的，水面开阔，是花园西路的主体部分。方塘之中，水波清澈，夏季荷花盛开，游鱼自由自在。据说，每年夏天，花园主人恭亲王奕䜣，常亲自收取荷叶上的露珠，煮沸冲茶；也会泛舟湖心亭，垂钓赏鱼。

图 5-10　方塘水榭

方塘西岸立着数根石柱，倒影随波荡漾，为园中一景。

方塘东侧的南山脚下有一座木结构的亭子，形制独特，彩绘斑斓。亭子分上下两层，上层以八根柱子支撑，形状像一朵盛开的海棠花，名为“妙香亭”；下层为方十字形，原名“般若庵”，据说曾布置成佛堂。现在，这个亭子通称为“妙香亭”。此亭背靠南山，每年春天，山上的丁香与山下的桃花竞相开放，站在亭中如临花海，花香扑鼻，妙香亭因此得名。

方塘南岸，榆关以西，是一座坐南朝北的敞厅，名为“秋水山房”。该厅依山而建，正对方塘，这里树影婆娑，是主人盛夏之时喝茶、赏景、纳凉的地方。秋水山房西侧的建筑，名为“益智斋”，曾是主人的书斋。喝茶纳凉之后，去书斋中读一会儿书，应该是主人独享的一份生活乐趣吧。

方塘北岸，五间正房面水而建，名为“澄怀撷秀”。该建筑为硬山顶，前后出廊，檐上绘有苏式彩画。这里又名“海棠轩”，因当年此处曾种有十余株西府海棠树，在京城十分有名。西府海棠，香艳无双，是海棠中的上品。每年春天，海棠花开，灿若云霞，主人常会邀友前来，赏花饮酒作诗，一度成为当时京城中一件盛事。可惜，这十余株西府海棠今已不存，当年的盛景，我们再也看不到了。

神灵崇拜之所

一直以来，中国民间都保持着对于各种神灵的崇拜，也因此修建了很多各式各样的庙宇。虽贵为王府，恭王府中也曾有三处供人烧香祈愿的小庙。

一处是龙王庙，位于榆关之南偏西，是一座十分精巧的小庙，庙中供奉的是东海龙王。在中国，龙王庙是人们祈求风调雨顺的地方，天气干旱时则烧香求雨，久雨时则烧香求雨止。一处是山神庙，位于榆关之北偏东的土山之上，庙中供奉的是四位山林“大仙”，即狐狸、刺猬、黄鼠狼和蛇，都是山林中最常见的动物。据说原来王府的人经常在此烧香、磕头，尤其府中有人生病时，更要大摆贡品祈求平安康复。还有一处是花神庙，位于澄怀撷秀的西面，靠近原来的王府花房，里面供奉的是花神。在中国，种花的人常常会去花神庙中敬香，祈祷花神保佑人花两旺。

看来，恭亲王奕䜣虽地位尊贵，且愿意接受新鲜事物，但对于民间传统的神灵崇拜，亦不能免俗啊！

实践与互动

感受王府的华贵与优雅

来恭王府，你将感受到的是中国清代王府的华贵与优雅。

走进王府府邸，你会有机会感受大清王府的尊贵与气派。你可以在银安殿前伫立，看着殿顶绿色的琉璃瓦在阳光下闪闪发光，想象一下这里举行重大活动时曾经的盛况。你可以站在多福轩前那架古藤萝前，想象一下恭亲王曾经的胸怀天下。你可以走进锡晋斋，欣赏一下仙楼中巧妙的空间设计。

走进王府花园，你会有机会感受中国古代文人的精神追求。你可以像大多数人一样，从西洋门进入花园，在福字碑前驻足，辨认一下那上面的“多田多子多才多寿”；你可以在蝠池边漫步，静看片片榆钱飘落水面；你可以沿着爬山游廊向上攀爬，边走边欣赏其中的海墁斑竹；你可以在主山的山林间眺望蝠厅，想象一下蝙蝠振翅欲飞的样子；你可以登上邀月台，将园中风景尽收眼底。如果喜欢清静，你可以从曲径通幽进入花园，欣赏一下装饰华美的垂花门，看看竹子院中的竹影摇曳，看看牡丹院中的群芳怒放。你当然不会错过大戏楼，在漫天的藤萝花下，想象一下当初这里的乐音袅袅，高朋满座。喜欢清静的你，也别忘了在花园西路的方塘边走一走，春天时，你可以在妙香亭中站一会儿，嗅嗅这里的花香；夏日时，你可以在澄怀撷秀和秋水山房前坐一坐，在阵阵清风与荷香中体验一下沁人心脾的清凉。这座花园，实在值得你慢慢走，慢慢看。

参观紫禁城，可以一睹明清皇家建筑的雄伟与威严；参观恭王府，则可以阅尽清代王府的华贵与精美。这里的一砖一瓦，一山一石，一草一木，曾见证一个朝代的兴衰，也仿佛在诉说这里曾有过的热闹与繁华。虽然这里的不少建筑早已被毁，今天我们见到的多为原样复建，但王府的神韵却似乎一如当年。在恭王府，等着你的是一个又一个的惊喜。只要你肯来。

延伸阅读

恭王府的历史

恭王府，始建于清乾隆四十一年（1776），最初为乾隆皇帝宠臣和珅的私邸。当年的和珅权倾一时，既贵且富，有权有势又有财，其私邸自然豪华气派，非寻常官宦人家可比，时称“和第”。

嘉庆四年（1799），乾隆皇帝归天，和珅的靠山不在，嘉庆皇帝很快将和珅革职抄家。据说当年抄家时查获的财产总值，相当于清政府 15 年的财政收入。因此，民间流传着“和珅跌倒，嘉庆吃饱”的说法，可见当年和珅的经济实力之强。而据《嘉庆实录》记载，和珅被查抄家产的罪状之一，就是府第建筑“逾制”，也就是超过大臣府第的一般标准。比如，其楠木房屋和隔断的样式，是仿制紫禁城的宁寿宫乐寿堂；其花园中的装饰点缀，是仿制圆明园的蓬岛瑶台。

和珅很快被赐死，而这座宅院则被嘉庆皇帝赐给自己的弟弟庆王永璘。据说，庆王永璘得到这座宅院，与早年的一句戏言有关。那时，乾隆的儿子们曾私下议论谁会被立为太子，而永璘当时说自己不想当太子，但希望有朝一日能被赐“和第”。因为这句戏言，当和珅府邸被查抄后，嘉庆皇帝就真的将这座宅院赐给了永璘。不过，永璘得到的只是半座宅院，另一半由和珅儿子一家继续住着。这是为什么呢？原来，当年和珅的儿子娶的是乾隆皇帝的女儿和孝公主，也就是嘉庆皇帝的妹妹。嘉庆皇帝对妹妹很有感情，因此在和府被抄家后，特许妹妹仍居住在东侧的半座宅第中。

咸丰元年（1851），恭亲王奕䜣成为这里的第三代主人。奕䜣是中国近代史上最重要的政治人物之一，几乎参与了清朝后期所有重大的政治活动。当年的恭亲王，身兼议政王、军机领班大臣等要职，重权在握，显赫一时。接手这座府邸后，他开始着手对府邸部分进行修缮与改建，我们今天看到的恭王府的建筑格局，就是那时形成的。

从权臣和珅到恭亲王奕䜣，从乾隆皇帝到慈禧太后，恭王府目睹了大清王朝从鼎盛走向衰落的过程，是这段历史的重要见证。“一座恭王府，半部清朝史”，历史地理学家侯仁之先生的这一评价，可谓恰如其分。

第六章　北京的佛寺

导语

北京作为六朝古都，历代政权都与宗教有着千丝万缕的关系。在皇权的庇护下，佛教势力大肆扩张，兴建了许多规模宏大的寺院，北京佛寺最多时曾达2 000余处。

时至今日，大多数寺院都已在历史长河中湮灭，有的只留下地名，有的只剩下传说。幸运的是，虽几经兴衰，仍有些佛寺，如雍和宫、潭柘寺、云居寺、红螺寺等留存至今，成为一道道独特而珍贵的文化景观。

逐一寻访，你会发现，这些寺庙中的一切，建筑艺术、雕塑壁画、石板经藏、古树苗木、宗教音乐都是艺术瑰宝，都韵味无穷。一切，都值得你慢慢走，静静看，细细品。走进北京寺庙，就是与中国古老文明进行一次穿越时空的对话。

佛寺的基本规制

按照中国人的习惯，一般祭祀神灵的场所都统称为“庙”。不过，不同宗教的活动场所，名称是不同的。具体而言，道教的活动场所一般称为“宫观”，佛教的活动场所则一般称为“寺院”。“寺”最早是中国古代官署的名称，汉代佛教传入中国后，才逐渐成为佛教庙宇的名称。中国最早的寺院是建自汉代的洛阳白马寺。一个佛寺中，可以有几个院，后来那些建筑规模较小的佛寺也被称为“院”。而出家的女性佛教徒住的寺院，则多称为“庵”。①

佛教自汉代传入中国，至今已经有近两千年的历史。中国佛教寺院的发展，也经历了从无到有、从小到大、从简单到宏大壮丽的过程。

在中国，佛教寺院的布局大多呈平面方形，由一条中轴线贯穿。中轴线上，主要建筑前后呼应，左右的附属建筑则一般呈对称布局。中轴线上的主要建筑，依次是山门殿、天王殿、大雄宝殿和藏经楼。天王殿左右两侧分别建有钟楼和鼓楼，大雄宝殿左右两侧分别建有两座配殿，即迦蓝殿和祖师殿。其中，大雄宝殿是寺院中最重要，也是最宏伟的建筑。佛寺之中还常常能见到佛塔。隋唐以前的中国寺院，一般是以佛塔为中心建造的；隋唐以后，佛殿代替佛塔成为寺院的主体，而佛塔建在侧面或另辟塔院。

---

① 佛教徒有男性和女性之分，也有出家和在家之分。其中，出家的男性佛教徒称为“比丘”，在中国俗称“和尚”；出家的女性佛教徒称为“比丘尼”，在中国俗称“尼姑”。

山门殿是寺院的大门，因寺院多建在山林之中，因此称为“山门殿”。大多数寺院的大门，都是一座有三个门洞的牌楼式建筑，中间为大门，两侧各有一个小门，因此也称“三门殿”。山门殿的三个门象征佛教的“三解脱门”，正中的门为“空门”，左边的门为“无相门”，右边的门为“无作门”。[①] 山门殿内，左右两旁常各有一尊金刚塑像，称为两大金刚。他们手持金刚杵（印度古代最坚固的兵器），是充当侍卫保护佛的夜叉神，也称为“执金刚”。中国人常俗称两大金刚为“哼哈”二将，这一说法来自中国古代神话小说《封神演义》，佛教经典中其实并没有这种名称。

天王殿是三门内第一座大殿，殿中供奉的是弥勒菩萨。弥勒菩萨像的两侧，设有四尊高大威猛的塑像，即四大天王像。四大天王所持宝物不同，其中持琵琶的，为东方持国天王；持宝剑的，为南方增长天王；持赤龙的，为西方广目天王；持宝伞的，为北方多闻天王。中国人常将四大天王俗称为“四大金刚”，同样源自《封神演义》，而在佛教经典中天王与金刚是不可混淆的。弥勒菩萨像的背后，还有一尊面向北的塑像，称为“韦驮天”（也称“韦陀菩萨”），据说是南方天王部下一位周行天下、护助出家人的将军。

大雄宝殿是寺院的正殿，也称大殿，是寺院最核心的建筑，殿中供奉的是释迦牟尼佛[②]。“大雄”是古印度对佛祖释迦牟尼的尊称，意思是称赞佛祖威德高尚，法力无边。释迦牟尼佛像的两旁，一般还有两尊其弟子的立像，其中年老的弟子名为“迦叶尊者”，另一位年轻些的弟子名为“阿难尊者”。

有的大殿中，供奉的不是一尊，而是三尊佛像，称为“三身佛”，表示释迦牟尼的三种不同的佛身。正中为法身佛，名为“毗卢遮那佛”，是代表绝对真理的佛身；左边为报身佛，名为“卢舍那佛”，代表因证得绝对真理而享受法乐智慧的佛身；右边为应身佛，名为“释迦牟尼佛”，代表随缘教化众生的佛身。

有的大殿中，供奉的也是三尊佛像，是代表中、东、西三方世界的佛，称为“三世佛”。中间的释迦牟尼佛，代表我们生活的世界；左边的药师琉璃光佛，代表东方净琉璃世界；右边的阿弥陀佛，则代表西方极乐世界。还有一种“三世佛”，是以过去、未来、现在为三世。正中为代表现在的释迦牟尼佛，左边是代表过去的迦叶佛，右边是代表未来的弥勒佛。

藏经楼是寺院中存放佛教经文的地方，相当于寺院中的图书室。佛教的经书种类繁多，通常称为“三藏十二部”。三藏是指经藏、律藏、论藏。其中，经藏是佛祖所说的教义、理论、思想和方法，律藏是佛教信徒要遵守的戒律、规章，

---

① “空门”指皈依佛门要达到四大皆空；“无相门”指进入此门可以脱离表相认识，达到理性认识；“无作门”指进入此门可以扬善、防非、止恶。

② 在中国，人们常把释迦牟尼佛称为如来佛，其实是错误的，因为“如来”和“佛”在意思上是一样的，都是一切佛的通称。

论藏是佛学大师对佛祖所说的经文加以解释、论述和发挥的论文。十二部是依据经文的体裁和内容而划分的十二种类别。

除上述主要建筑外，佛教寺院的中轴线两侧，还有一些附属建筑及配殿，主要有以下几种：

钟鼓楼：一般位于天王殿左右两侧。东边是钟楼，内置一口大钟；西边是鼓楼，内置一面大鼓。寺庙中往往“晨钟暮鼓”，即日出时敲钟，日落时击鼓，因此钟楼在东，鼓楼在西。

伽蓝殿：通常设在大雄宝殿东侧，供奉的是波斯匿王、太子祇多及孤独长者。三人曾为佛陀建立佛教做出很多贡献，伽蓝殿即是后世为纪念三人的功德而建。

祖师殿：通常设在大雄宝殿西侧。禅宗寺院的祖师殿中，供奉的是禅宗初祖达摩禅师、六祖慧能禅师和百丈怀海禅师。其他宗派寺院的祖师殿中，供奉的是本宗祖师像。

此外，还有客堂（本寺接待客人的地方）、禅堂（僧人们坐禅、学习的地方）、斋堂（僧人们吃斋的地方）、寝堂（僧人们休息的地方）、西净（卫生间）以及放生池（山门外的一个大水池，供信佛的人们将鱼或龟等动物放生）等。

深山古寺，潭柘钟声

潭柘寺（见图 6–1）位于北京西郊门头沟区东南的潭柘山下，距阜成门 41 公里，是北京地区最早修建的一座佛教寺庙。此寺始建于西晋，名为嘉福寺，唐代改称龙泉寺，金代称为大万寿寺，明代时曾恢复龙泉寺和嘉福寺的旧称，清代康熙皇帝赐名为岫云寺。不过，因寺后有龙潭，山上有柘树，民间一直称其为“潭柘寺”。

图 6–1　潭柘寺

提起北京的寺庙，很多人首先会想到潭柘寺。原因之一，潭柘寺历史悠久。

这家寺庙已有 1 700 多年的历史，民间流传着一个说法，“先有潭柘寺，后有北京城”。原因之二，这里是皇家寺院。明朝永乐皇帝曾御驾亲临。清朝时，潭柘寺的恩宠更为天下独有。自康熙皇帝始，数位皇帝都曾来这里敬香礼佛，康熙皇帝曾亲自将紫袈裟赐予寺内住持，乾隆皇帝将这里辟为避暑之地，其御赐题匾和题碑则留存至今。在佛教界，潭柘寺一直占有重要的地位，从金代开始，在很长时间内，是汉传佛教禅宗之一临济宗的领袖，名僧辈出，香火鼎盛。因潭柘寺规模庞大，政治上具有强大的势力，经济上拥有庞大的庙产，在佛门有着崇高的地位，被誉为“京都第一寺”。

潭柘寺规模宏大，占地 2. 5 公顷，殿堂依山势而建，错落有致。据说明朝初年修建紫禁城时，就是仿照潭柘寺而建成的。现在，潭柘寺共有古建筑 600 多间，保持着明清时期的风貌，是北京郊区最大的一处寺庙古建筑群。整个建筑群充分体现中国古代的建筑美学原则，中轴贯通，左右对称，布局严整，主次分明。其中的建筑形式多种多样，有殿、堂、阁、斋、轩、亭、楼、坛等。寺外则有上下塔院、东西观音洞、安乐延寿堂、龙潭等众多景点，形式多样，各具情趣。

潭柘寺背靠宝珠峰。宝珠峰山势浑圆，植被繁茂。在小山的周围，有九座高大的山峰拱卫环护，围成了一个半圆的马蹄形，宝珠峰位于中心，仿佛九条巨龙在争抢一颗宝珠一般，被称为“九龙戏珠”，是潭柘寺的美景之一。

游览潭柘寺，不可错过猗玕亭。猗玕亭俗称流杯亭，位于行宫院内，是当年清代乾隆皇帝为得“曲水流觞”之趣而建。流杯亭内，地面铺砌着巨大的汉白玉，上面刻有蜿蜒曲折的水槽，巧妙地构成一幅南龙北虎的图案。泉水从亭东北角的石雕龙口中吐出，顺石槽水道流入亭内，左盘右转，缓缓流过。若有闲，你可闲坐亭边，效仿古人吟诗作对，曲水流觞。这里环境清幽，竹林茂密，古松挺立，是个消暑纳凉的好去处。

潭柘寺一年四季都有美景。春天，你可以在暖暖的春光中，站在寺前，静静地看看四周的群山，高低起伏，满目新绿。夏天，你可以躲开炎炎烈日，来这里感受浓荫下的阵阵清凉。秋天，山楂、柿子熟了，丹枫的叶子红了，漫山红遍，如火似霞。冬天，一场大雪过后，群山银装素裹，周围一片静寂。

1949 年后，潭柘寺成为森林古迹公园，1997 年初恢复为宗教活动场所，2001 年被列为全国重点文物保护单位。今天的潭柘寺，殿宇巍峨，庭院清幽，古迹众多，风景优美，已成为京郊一处著名的旅游胜地。

龙潜福地，皇家雍和

雍和宫（见图 6-2）位于北京市东城区北新桥雍和宫大街，占地面积约 6. 6

万平方米，是北京最大的藏传佛教寺庙，也是北京最著名的皇家寺庙。

图 6–2　雍和宫

雍和宫始建于清康熙年间，距今已有 300 多年历史，因雍正、乾隆两位皇帝出生在这里而成为“龙潜福地”。雍正皇帝驾崩后，其灵柩曾于此停放，从此，雍和宫的主要殿堂，由原来的绿色琉璃瓦改为黄色琉璃瓦。后来，为了促进民族团结，安定边疆，乾隆皇帝将这里改建为藏传佛教寺院。现在的雍和宫，黄瓦红墙，既有着皇家宫殿的金碧辉煌，又有着佛教古刹的庄严肃穆。

雍和宫主要由三座精致的牌楼和五进宏伟的大殿组成。

走进雍和宫，首先映入眼帘的是三座高大的牌楼。牌楼又称牌坊，为单体建筑，主要由基座、立柱、额坊和檐顶四部分组成。每座牌楼上均有匾额，上面的题字均为乾隆所书，各有寓意。北侧的牌楼，前面题字为“寰海尊亲”，寓意为宇宙众生尊佛奉佛；后面题字为“群生仁寿”，寓意为信佛者团结博爱、幸福长寿。东侧的牌楼，前面题字为“慈隆宝叶”，寓意为教人向善与内涵丰富的佛经；后面题字为“四衢净辟”，寓意为寺院是洁净之地。西侧的牌楼，前面题字为“福衍金沙”，寓意为幸福充满佛地；后面题字为“十地圆通”，寓意为菩萨修行的十个阶段相互贯通，达到理想的境界。

牌楼往北是一段长 200 米的辇道。辇道由长条石铺成，两侧遍植花木，深远而悠长。在清代，这条辇道只供帝王行走，喇嘛及王公大臣则跪在道旁恭迎圣驾。

经过昭泰门，便来到雍和门院中。一抬头，便能看见大门匾额上“雍和门”三字。这三个字，据说为乾隆皇帝手书。像雍和宫的其他各殿一样，雍和门的大门上装饰着金色门钉，每扇门上的门钉纵横各 9 个，共 81 颗，象征皇家至高无上的地位。

此院东西长，南北窄。院内有钟楼、鼓楼、东西碑亭等，旗杆、铜狮及古槐对称排列。昭泰门两侧，对称矗立着一对高15米的朱漆旗杆，旗杆下方的汉白玉石座上雕有莲瓣图案。旗杆东为钟楼，西为鼓楼。鼓楼下有一口大铜锅，直径2.5米，重约8吨，为清代雍和宫僧人熬腊八粥时所用。熬腊八粥的场所，设在雍和门院东面的宫门内，在东阿斯门的北院。因为这里有熬粥的厨房，所以此院又称铜锅院。

当年熬制腊八粥非常讲究，需要很多原料，有江米、小米等五谷杂粮，还有红枣、桂圆、核桃仁、葡萄干、瓜子仁、青红丝等。粥料和干柴备齐后，腊月初七一早就要生火熬粥。据记载，每锅要下小米十二石，杂粮、干果各一百斤，共熬六锅，前三锅放奶油和全份果料。粥熬成后，第一锅供佛，第二锅进宫，第三锅赏王公大臣和大喇嘛，第四锅赏文武官员和封寄给各省的地方大吏，第五锅分给雍和宫的众喇嘛，第六锅加上前五锅剩下的，则用来施舍。

雍和门左右有一对铜狮子，制作精美，神态活泼。在佛教中，狮子代表勇猛与威严。东侧为雄狮，前爪下有一绣球，西侧为雌狮，前爪抚一幼狮。铜狮下面的铜台座和汉白玉石座上，刻着寓意吉祥的莲花、如意等图案。

紧靠铜狮左右的，为两座重檐黄瓦的八角形御碑亭。东碑亭内的碑文，以满文、汉文书写，西碑亭内的碑文为藏文、蒙文书写，其中的汉文为乾隆御笔。四种碑文文字，内容相同，主要讲述藏传佛教的起源和发展，其中着重介绍藏传佛教格鲁派改革“灵童转世”的传承方式，实行“金瓶掣签”制度的缘由。

在御碑亭后，大雄宝殿前，是一座青铜铸造、下衬汉白玉底座的须弥山。须弥山是古印度神话中的名山，在佛经中被视为世界的中心。雍和宫大雄宝殿前东西两侧的石雕卧狮背上竖立着“嘛呢杆”，杆顶上悬挂着嘛呢幡，幡上写着六字真言“唵嘛呢叭咪吽”。据说，僧徒们常念六字真言，能驱邪镇魔，永保平安。

雍和门殿内，正中供奉着弥勒佛，袒胸露乳，笑容可掬。殿内两侧为四大天王像，西侧为东方持国天王和南方增长天王，东侧为西方广目天王和北方多闻天王。藏传佛教根据各天王所持法器，认为北方、西方、南方、东方四大天王分别是地、水、火、风的象征。

雍和门大殿后面，就是大雄宝殿，又称雍和宫大殿。大殿中供放着3尊高近2米的铜质三世佛像。这里的三世佛是以过去、未来、现在为三世，正中为代表现在的释迦牟尼佛，左边是代表过去的迦叶佛，右边是代表未来的弥勒佛。

大雄宝殿的东西两侧，设置讲经、密宗、药师、数学四殿，通称“四学殿”。在清代，“四学殿”是雍和宫的学术中心，是寺院中的僧侣修习藏传佛教经典的地方，建置形式与藏传佛教正规寺院相同。

穿过大雄宝殿，就能看到永佑殿。永佑殿又名“正寝殿”，是雍正皇帝胤禛在登基前做亲王时饮食起居的地方。雍正皇帝驾崩后，棺椁曾经停放在这里，当时叫“神御殿”，乾隆皇帝将其改称为“永佑殿”。

永佑殿内供奉着无量寿佛、药师佛和狮吼佛三尊佛像，均为白檀木雕，表面贴金。中间的是无量寿佛，汉传佛教称他为阿弥陀佛，是西方极乐世界的教主。西侧是药师佛，是东方净琉璃世界的教主；东侧是狮吼佛，汉传佛教中没有狮吼佛。

殿内东西墙上挂着两幅绣像，“白度母”和“绿度母”。度母又称救度母或多罗母，据说是观世音菩萨救苦救难的“化身像”。这里的“绿度母”是乾隆皇帝母亲钮祜禄氏用“堆绣”和“补绣”工艺亲手所绣，共用了4 000多块不同形状和颜色的绸子。

永佑殿的北侧是法轮殿。这里是雍和宫内最大的殿堂，也是喇嘛们集中诵经和做法事的地方。大殿平面呈“十”字形，是仿照故宫雨花阁的形制建造的。殿顶建有西藏风格的5座天窗和5座鎏金宝塔，5座天窗代表“五明”，5座宝塔代表“五方五佛”。法轮殿具有浓厚的藏传佛教建筑特色，是汉藏建筑艺术的结晶。

法轮殿内正中，端坐在一朵巨大莲花台上的佛像是藏传佛教格鲁派的创始人宗喀巴大师。其两侧的木雕高台，为达赖喇嘛和班禅大师在京讲经时专门设立的经台。大师背后则是著名的大型紫檀木雕——五百罗汉山。其中的五百罗汉像，分别用金、银、铜、铁、锡五种金属铸造而成，造型精美、千姿百态、栩栩如生，被誉为“雍和宫三绝”之一。

五百罗汉山前有一个鎏金铜盆，叫作鱼龙变化盆，盆外有紫檀盆托，一头是鱼，另一头是龙。寓意是在这个盆里洗过澡的小孩，可以由鱼变龙，含有飞黄腾达的意思。按照满族习俗，小孩子生下来第三天要洗浴，称为“洗三”。据说，乾隆皇帝出生第三天洗浴时，就是用的这个盆。

法轮殿东西墙上绘有《释迦源流图》，记载了佛祖释迦牟尼降生、学艺、出家、成佛、弘扬佛法、普度众生的生平事迹。西经座与西墙之间的玻璃柜中有著名的“坛城”。这是雍和宫的僧人每年阳历十月一日前，用各种矿物质颜料（五彩金刚砂）做成的“大威德金刚坛城”，每年更换一次，更新时还要举行“火供”仪式。

法轮殿后的万福阁是雍和宫内最高的一座殿宇，通高25米，中间主楼有三层。两阁飞廊与中间万福阁相连，三阁浑然一体，十分壮观。万福阁内供奉的佛像有一万尊之多，“万佛”与“万福”读音相近，乾隆皇帝赐名“万福阁”。万福阁内正中，供奉着白檀弥勒菩萨巨像，是雍和宫内最为著名的佛像，为“雍和宫三绝”之一。这座巨像矗立在汉白玉雕饰的须弥座上，体态高大，面容慈祥，制作艺术精湛。其头部接近阁顶，地上部分为18米，地下部分为8米，通高达

26 米，直径 8 米。据记载，造佛像用的白檀木是乾隆十五年（1750）西藏第七世达赖喇嘛为感谢乾隆皇帝派兵平息叛乱所送的礼物。这座佛像 1990 年被列入吉尼斯世界纪录大全。

万福阁前东侧是照佛楼，殿内供奉着释迦牟尼佛铜铸立像（旃檀佛），也叫照佛。供奉旃檀佛所有的佛龛是金丝楠木雕刻而成的珍品，艺术价值极高，也属“雍和宫三绝”之一。

漫步雍和宫，看着面前高大巍峨的皇家庙宇、精美绝伦的壁画雕塑，你会不由得被那种宏大与神圣的气势感染。夕阳下，殿顶金色的法轮和转经筒相互映衬，烟气氤氲中，不时有红衣僧人从你面前走过，目光澄澈，脚步轻盈，似乎在看着你，眼中却没有你。那一刻，或许在恍惚中，你会忘了自己是谁，身在何方。那一刻，俗世的执念或许会一下子无影无踪。游览完毕，你的内心将变得沉静而平和，或许这就是宗教的意义吧。

红螺仙女佑古寺

红螺寺（见图 6-3）位于怀柔区城北五公里的红螺山南麓，始建于十六国后赵时期，扩建于盛唐，原名大明寺，明正统年间改称“护国资福禅寺”。

图 6-3 红螺寺

红螺寺是北京最大的佛教丛林，千百年来一直是佛教圣地，民间素有“南有普陀，北有红螺”之说。在北京众多的寺庙中，红螺寺风格独特。这是一家十方常住寺，接纳来自全国各地来挂单的云游僧众，以高僧频出而名扬佛法界。金代高僧佛觉禅师、元代高僧云山禅师、清代佛教净土宗第十二代祖师彻悟禅师都曾在红螺寺讲经，而四方僧侣也多来此拜佛学经，红螺寺一时名声远播。

关于红螺寺，有一个美丽的传说。传说，天上玉皇大帝的两个女儿，趁父皇不注意，结伴悄悄地降落到人间游玩。她们来到一座大山前，见这里花木葱茏，景色优美，气候适宜，便喜欢上了这里。后来，她们在花丛中发现一座寺庙，古色古香，环境清雅，便决定留在寺中。白天，她们变成僧人，和寺中其他僧人一起打坐念经；晚上就化作一对红螺，生活在寺前的放生池中。夜里，红螺全身散发出耀眼的光芒，将寺庙映得亮如白昼，连山顶都映红了。两个仙女还经常帮助周围的百姓，利用法力为他们排忧解难。寺庙一带因此常年风调雨顺，百姓安居乐业。后来，两位仙女被迫回到天上，当地百姓感念其恩德，称她们为红螺仙女，并每天烧香拜佛，期盼仙女能够再次降临。此后，这座大山被称为红螺山，山上的寺庙则改称红螺寺。

红螺寺风景优美，景点众多。最值得参观的是御竹林、雌雄银杏和紫藤寄松三大绝景。

红螺寺大门前的巨型牌楼，为四柱三门式，气宇轩昂，雕梁画栋，庄重而典雅。进入大门，迎面是一座影壁，上面写着“须弥胜境”四字。经影壁东行，是一片苍翠茂密的竹林，林中一条小径曲曲折折，穿行其间，让人兴致盎然。这片竹林为元代云山禅师所植，距今已有600多年的历史。据《怀柔县志》记载：清康熙三十二年（1693），皇帝来此降香，看到这片翠绿的竹林后感觉新奇，即令随行官员清点竹子的数量，并叮嘱寺内僧人和当地官员对竹林善加保护，以便他再来观赏。后来，这片竹林被称为“御竹林”。现在，红螺寺的竹子共约百万株，常年青翠茂盛，成为“红螺寺三绝景”之一。

步入红螺寺的山门，首先迎接你的是四株古槐。这些挺拔的古槐树龄已有数百年，至今仍枝繁叶茂，如卫士一般守护着山门。进入山门后，首先见到的是天王殿。与其他寺庙一样，天王殿内供奉着弥勒佛和四大天王，两侧则是钟楼和鼓楼。

继续往里走，矗立眼前的是大雄宝殿前的两棵千年银杏树。站在两棵古树前，你会被深深震撼。东边的雌树清秀矮小些，西边的雄树则高大粗壮。雄树高30多米，树围达7米多，树龄已超过1 100年，但生机不减。每年春天，雄树开满淡黄色的小花，秋天却不见果实；而雌树，每年春天不见花开，秋天却果实累累。人们觉得，它们就像一对珠联璧合的夫妻，因此也称之为“夫妻树”。中国有句俗话“独木难成林”，而红螺寺中的千年银杏树却已“独木成林”，其根部已长出十个笔直向上的枝干。据说，这十个枝干非常神奇，每换一个朝代，银杏树的根部就长出一个新的枝干，现在已经有十个枝干了。春天古树发芽，夏天枝繁叶茂，秋天满树金黄，在古树的映衬下，大雄宝殿显得更为辉煌壮观，雌雄银杏也成为“红螺寺三绝景”之一。

红螺寺正殿——大雄宝殿，掩映在银杏古树的浓荫中。大殿面阔五间，高大雄伟，红色门窗，精雕细刻。正门横匾上“大光明藏”四个大字，为清代开国亲王多尔衮①手书。殿内正面供有三尊佛像，当中为佛祖释迦牟尼，面容沉静，栩栩如生；左侧为药师佛，右侧为弥勒佛，东西两侧为十八罗汉。

佛经上说，人在生理上有老、病、死三种病，心理上有贪、痴、嗔三种病。而药师佛手中的净水，能治疗人心理上的疾病，解除人身心上的各种苦痛，消灾延寿，使人永葆健康。因此，药师佛在中国民间非常受推崇。在佛教中，罗汉是指那些修行达到消除一切烦恼、掌握一切智慧、得到大自在的觉者，也是人世间修行到最高境界的觉者。他们本来已能涅槃成佛，但因受佛的嘱托，舍弃佛国乐土的圆满，留在人世间弘扬佛法，为世人解除痛苦，行大功德。佛教寺庙中，十八罗汉一般都在大雄宝殿两侧接受供奉。

大雄宝殿内，东侧悬挂着一口大铜钟，是红螺寺保留下来的一件重要文物。此钟为明代天启六年（1626）皇帝御赐，名为“天启大铜钟”，已有近400年的历史。大钟为青铜材质，高171.6厘米，口径为103.6厘米，重约一吨，双龙钮莲瓣罩顶，底边有八卦方位图。大钟表面铸有整部《金刚经》，楷书字体，清晰规整，布局严谨。铜钟为整体一次浇铸而成，铸造技术高超，上面的文字及纹饰图案，线条流畅，钟壁曲线适度，音色纯正浑厚，是明代铸造工艺中的精品。

大雄宝殿佛山后面，供奉着一尊自在观音像。观世音菩萨一足下垂，一足盘膝，手拿柳枝，姿势逍遥自在，是32种观音像中的一种。两边侍者为龙女和善财童子。据传，龙女是20诸天护法神之一的娑婆竭罗王之女，八岁时，听文殊说法后顿悟，去灵鹫山礼拜佛祖，从而成就佛道。而善财出生时，传说有多种珍宝从屋内地下涌出，所以名为善财。善财拥有财富，却看破红尘，发誓修行成佛，参拜53位名师，历尽千辛万苦，最终成佛。

红螺寺的第三座大殿为三圣殿，殿内供着观音、普贤、文殊三位菩萨的塑像。这里也是禅堂，僧人平时就在此念经。三圣殿前的院落西侧，有“红螺三绝景”之一的紫藤寄松。紫藤寄松由一棵松树和两棵藤萝构成。平顶松树，高约6米，枝分九杈，平行地伸向四面八方；两棵藤萝，如碗口粗，爬满松树枝头，松藤并茂，形成一把天然巨伞，遮阴面积近300平方米。每年5月初，满架的藤萝花开，像一串串紫色的玛瑙缀满枝头，浓郁的花香飘满整个寺院。中国民间有句俗话，“藤缠松，松难生”，而红螺寺中的松藤却和睦相处800多年，相伴相生，令人叹为观止。

红螺寺的三层主殿两侧，皆有东西配殿，其结构造型均与正殿相仿，只是规

---

① 多尔衮为清太祖努尔哈赤第十四子，清太宗皇太极之弟，清初杰出的政治家、军事家，出生于赫图阿拉，是清朝入主中原的重要功臣。

模不如主殿宏大。配殿两侧东院为宾客室和厨房，西院为退居寮和十方堂，供禅师、方丈等高级僧人居住。南侧为气功练习场，据说此处是北路武功的发祥地。最西为塔院，建有和尚骨灰堂、和尚塔及红螺塔。

古往今来，红螺寺高僧频出，佛法超凡，为全国其他寺院培养了大量方丈、住持，成为历代佛教圣地。因此，红螺寺远近闻名，香火极盛，四方学者云集，香客络绎不绝。如果你有幸来此，即便没有皈依佛门，但见过古槐的世代对视，看过雌雄银杏的千年相守，看过紫藤与古松的相伴相生之后，当会感受到真诚与良善，体会到宽容与守候。那时的你，会变得言语温和，目光恬静，一心想多行善事，而在你的一念菩提中，世界便开始慢慢展示人世间的诸般美好。

石经藏云居，天下安太平

云居寺（见图 6-4）位于北京西南房山区境内，距市中心 70 公里。该寺建于隋末唐初，始称“智泉寺”，后改称“云居寺”。云居寺以佛舍利和石经而闻名于世，在金石、书法、绘画艺术及民族史、佛教史等方面具有极高的历史文化价值，在中国佛家寺庙中占有重要地位。

图 6-4　云居寺

云居寺坐西朝东，形制宏伟，占地面积 7 万多平方米，由五大院落六进殿宇构成。该寺依山而建，每层院落逐步升高，正殿两侧有配殿、帝王行宫和僧房客舍，南北两座佛塔分居左右。加之环山面水，山门前泉水淙淙，垂柳依依，云雾缭绕，自然环境优美，因此被誉为“北方巨刹”。

云居寺的佛教经籍，尤其石刻佛经，名扬天下。其中，石刻佛经始刻于隋代，后经唐、辽、金、元、明，历时一千多年，现存刻经 1 122 部，3 572 卷，刻石 14 278 块，分藏于石经山中的九个藏经洞和云居寺地穴之中。除石经外，这里还保存着木刻《龙藏经》7.7 万多块，以及明代纸本经书 2 万多卷。石经、纸经、木经，三种材质的经本被统称为“世界经本三绝”。

佛教传入中国以后，大批佛教僧侣和信徒开始投入佛经翻译工作中，译写了大量的经书。不过，写在竹简、纸张、绢绸及木板上的佛经，不易久存，极易遭受损毁，历史上两次“法难”期间大量手写佛经化为灰烬，给寺院带来毁灭性灾难。与之命运不同的是山东、河北等地的摩崖石刻经籍，虽然同样经历战火，却得以保存下来。为保存重要的佛教经典，隋代幽州僧人静琬最早开始在云居寺刻制石经。云居寺所在的房山，盛产汉白玉石，同时远离幽州城（北京），静琬在此创建石经山藏经洞和云居寺，从此开始了一项艰巨工程，刻经于石，藏经于洞。他立志刻制十二部石经，从隋代一直刻到唐代，历经 30 年，每刻完一批石经，就在山上凿洞封存起来。静琬去世后，其后世弟子继承他的遗愿，继续主持刻经，先后刻经一百多部，开凿藏经洞九个，将石经分别存放在各藏经洞中。

雷音洞是九个藏经洞中最大的一个，也是唯一开放的藏经洞，静琬最初所刻石经 146 块，其中一部分嵌于雷音洞的四壁上。雷音洞长宽各约十米，洞前有门可以进出，洞中有四根八角形的石柱支撑洞顶，石柱上雕有小佛像 1 000 多尊，因此也称“千佛柱”。其他八个藏经洞，洞门都是封闭的。为更好地保护这些石经，避免风化剥蚀，云居寺的石经已于 1999 年 9 月 9 日 9 时 9 分 9 秒，全部重新封存于地下。

如此大规模的佛经刻制，堪称壮举。现在，这些石经成为珍贵的文化遗产，对于研究中国古代文化、历史、艺术以及佛教历史都有重大价值。由于这些石经是原刻石板，对于后世佛经版本的校勘具有极高的价值。同时，这里发现的辽金时期的石经，完好保存了《契丹藏》的原本，同时还保存着 50 多种现有《大藏经》版本中未见的经籍。此外，这些石经也是中国书法雕刻艺术的精品，很多经文后附刻的题记，则为研究历代政治、经济、文化以及民风民俗提供了宝贵的资料。

云居寺还供奉有静琬于隋仁寿年间从隋文帝处得到的佛舍利。佛舍利于 1981 年在雷音洞内地下发现，密封于层层套装的五个石函、银函、玉函中。一号白玉石函，函盖上刻有 172 个字，函内还刻有 83 字铭文。这些文字记述了明万历二十年（1592）间，在石经山首次发现隋代所藏佛舍利的情况。二号青石函，比外层白玉石函稍小，函盖上刻有“大隋大业十二年岁次丙子四月丁巳朔八日甲子，于此函内安置佛舍利三粒①，愿住持永劫”36 字铭文，说明佛舍利在这里已珍藏了 1 400 多年之久。三号汉白玉石函，有楔状抽斗盖，上有“佛舍利”以及上下款共 26 字。四号镀金银函，四周有青龙、白虎、朱雀、玄武四种刻线图案，盖上有花卉图案，内有木质彩绘香珠 1 颗、珍珠 11 颗。五号白玉函十分精巧，长

① 现存二粒，另一粒遗失。

宽各 12 厘米，高 17 厘米，里面放有两粒赤色小米粒大小的佛舍利，旁边还伴有两颗珍珠。佛舍利现在寺内安置，供游人瞻仰拜谒。

来云居寺一定要看的，还有寺庙周围的石塔和砖塔。这里的佛塔共六座，石塔建于唐代和辽代，砖塔则建于辽代。六座佛塔互相拱卫，成为一道特殊的佛教人文景观。其中，唐代石塔是北京地区现存最早古塔，是研究唐代幽州地区文化和佛教历史的珍贵实物资料。这些唐代石塔呈方形，由汉白玉石雕刻而成，分单层和密檐式两种，正面为尖拱形门，塔内两侧的金刚武士，身披甲胄，生动而逼真。其中一座石塔内两壁上所刻的供养人，圆目隆鼻，形象与中原地区的汉族人明显不同，反映出唐代各民族之间和睦相处、交流频繁。北塔则是一座辽代砖砌的舍利塔，也称“罗汉塔”。这座砖塔高 30 多米，造型非常奇特，集楼阁式、覆钵式和金刚宝座三种形式于一身，塔的下部为八角形须弥座，上面建有两层楼阁式砖塔，上面置覆钵和“十三天”塔刹。这种造型的辽塔极为少见，具有很高的艺术和史料价值。

雪后初霁是游览云居寺的绝佳时节。踩着积雪拾级而上，四望白雪皑皑。转入雷音石洞，忽觉暖意扑面，身上寒气一下子驱散不少。那四根千佛柱上姿态各异的佛像，那些石经、纸经、木经与佛舍利，那些石塔和砖塔，似乎在这清净之地等了你千百年。有幸相见，你定会满心欢喜吧！

法海真源在法源

法源寺（见图 6-5）位于北京宣武门外教子胡同南端东侧，是中国佛学院和中国佛教图书文物馆所在地，也是全国各地僧众学习佛学知识、研究佛教文化的梦想之地。

图 6-5　法源寺

北京城内现存的名刹中，法源寺的历史最久。法源寺始建于唐贞观十九年（645），当时唐太宗为纪念征辽阵亡将士，下诏在此地修建寺庙。唐高宗时期重新修建，直到武则天时期才竣工，赐名“悯忠寺”，“悯忠”的意思是悲悯逝去的忠魂。这座寺庙曾历经磨难，唐代和辽代曾遭受火灾和地震，后经修复，明代修葺后改称“崇福寺”，清代雍正年间重修后改称“法源寺”。

清雍正十二年（1734），法源寺被定为律宗寺庙。律宗是唐代道宣大师所创的一个宗派，当年道宣大师在终南山创设戒坛，制订佛教受戒仪式，创立律宗学说。律宗学说的主要观念是“心识戒体论”。“戒体”是指弟子从师受戒时授受的做法，具有从心理上防非止恶的功能。律宗把“戒”分为止持和作持两门，“止持”是“诸恶莫作”，规定比丘250戒、比丘尼348戒；“作持”是“众善奉行”，包括受戒、说戒和衣食坐卧的种种规定。清朝时在法源寺设戒坛，定其为律宗寺庙，其用意应该在于宣扬“诸恶莫作”“众善奉行”的律宗教义，从而实现对信教民众的心理控制。乾隆皇帝御书“法海真源”匾额，至今仍悬挂在大雄宝殿上。“法海真源”的意思是弘扬佛教，要追本溯源，内心存诚才是“真源”，而戒律不过是“流”，并非“真源”。

1949年后，法源寺成为中国佛学院所在地。“文化大革命”期间，寺内所藏佛经、佛像等珍贵文物被毁，寺院被占，损失惨重。1980年，中国佛教协会将寺院收回，并进行大规模整修，从全国各地选调佛像、法物重新庄严法源寺，恢复中国佛学院，并搜集国内佛教艺术品与善本书籍，设立中国佛教图书文物馆，使这座千年古刹恢复了昔日的庄严。如今的法源寺，不仅是一座闻名于世的千年古刹，还是中国汉传佛教的最高学府和佛教文物艺术展览中心，每年吸引大量国内外的佛教学者和信徒前来参访朝礼。

法源寺规模宏大，布局严谨，是北京城内保存相对完整的寺庙古建筑群。寺院占地面积6 700平方米，与其他寺庙一样，建筑布局为中轴对称格局，共七进六院，主要建筑由南往北依次为：山门、钟鼓楼、天王殿、大雄宝殿、观音殿（即悯忠台、悯忠阁）、净业堂、大悲坛、藏经阁等。

法源寺历史悠久，文物众多，寺内保存着很多历代佛像，还有千百年来流传下来的经书、石刻、碑记、经幢等。来到法源寺，最不应该错过的是那些风格迥异的明代佛教造像。进了天王殿，你便会看见弥勒菩萨化身——袒胸露怀的布袋和尚铜像，弥勒佛背后是勇猛威严的护法神——韦驮坐像。两侧是铜铸四大天王像。大雄宝殿正中供奉“华严三圣”，即毗卢遮那佛、文殊和普贤菩萨像。华严三圣为木胎贴金罩漆，为明代遗存，宝相庄严，雕制精美，属于珍贵的历史文物。大殿两侧的十八罗汉坐像，木胎贴金，为清朝制品。

寺内环境清幽，有苍松翠柏、古槐银杏点缀其间。清冷的冬日里，你不妨带一本李敖的历史小说《北京法源寺》来此，边读小说，边在这里的殿宇间流连。

那时的你，一定会满怀悲怆，因为古老的法源寺承载了太多的历史悲情。宋钦宗赵桓被金人俘获后囚禁于此；南宋遗臣谢枋得抗元失败后，在此绝食身亡；变法维新代表谭嗣同，在刑前也曾到法源寺一游。

千年的古寺，千年的见证，千年的憾恨与宁静，交织错落。走进法源寺，低头青砖墁地，抬眼槐枝狰狞，耳畔寒鸦数声，你会不由得缅怀那些为大唐盛世战死疆场的将士，缅怀那些曾经历国破家亡的故主遗臣，缅怀那些曾慷慨赴死的殉道者。他们不肯低头屈服，不愿用新朝钱币，不肯为变法而逃亡！虽然这里已经不再叫悯忠寺，但曾经的阴郁和苍茫、遗恨与悲怆、荒芜与凄凉，还是会一下子闯入你的心间。

闹中取静广济寺

广济寺（见图 6-6）又称弘慈广济寺，位于西四阜成门内大街，是北京著名佛教古寺之一，现为中国佛教协会所在地。

图 6-6　广济寺

广济寺创建的历史可追溯至金代，经金、元战火后，成为废墟。明天顺初年(1457)，山西普慧上人偕弟子圆洪等人发愿复兴古刹，并得尚衣监（官署名，掌管皇帝服饰）廖屏的大力捐助，在遗址上重建寺庙。两年后，廖屏上奏朝廷，皇帝赐名弘慈广济寺，并授圆洪僧录司右觉义之职。广济寺所处位置为皇帝御驾出城的必经之地，清代时逐渐受到皇家重视，数位皇帝都曾亲临此寺，或赏赐匾额，或题诗立碑。从此，广济寺地位日渐上升，最终发展成北京一所重要寺院。

1931年广济寺失火，主要建筑几乎全被焚毁，后经住持现明募化重建，1935年竣工后规模更加宏伟。1952年再度修缮后的寺院焕然一新。1953年中国佛教协会成立，开始在广济寺办公。“文化大革命”期间，广济寺遭到严重破坏。1972年，中国佛教协会恢复日常工作，对寺中殿宇进行大规模修复，并从其他寺庙调来大量佛像法物以庄严道场，广济寺由此焕然一新。

广济寺坐北朝南，占地35亩，寺中的主要建筑布局采用中轴对称样式。中轴线上自南向北依次为山门、天王殿、大雄殿、圆通殿、藏经楼，中轴线两侧分别为钟楼、鼓楼、御赐石碑、知客寮、讲经堂、图书室以及玉雕戒坛等建筑。其中，最值得一看的有如下几处：

天王殿顶有一个法轮，掩映在古槐之下，金光闪耀，摄人心魄，是中国寺院中极为少见的。对面的大雄殿殿脊上有一个香水海（又叫“华藏世界海”），由水、莲花和一个梵字构成，呈山形，象征永恒世界，不生不死之意。法轮与香水海相对，为广济寺增添了几分神秘与庄严。

大雄殿前石座上的那座铜制香炉，为乾隆五十八年（1793）铸造，上面所刻的佛家八宝，清晰而精美。“佛家八宝”是八件佛前供器，藏文称为“八吉祥相”，由宝伞、金鱼、宝瓶、吉祥结、胜利幢、莲花、金轮、白海螺八件供器组成。八件供器各有含义：宝伞寓意至上权威，佛教以伞象征遮蔽魔障，守护佛法；金鱼象征解脱，又象征着复生和永生；宝瓶象征着吉祥、清净和财运，又象征着福智圆满、永生不死；吉祥结象征永恒之爱；胜利幢寓意解脱烦恼和孽根；莲花象征着最终目标，即修成正果；金轮象征佛法像轮子一样旋转不停，永不停息；白海螺象征名声远扬三千世界，也象征着达摩回荡不息的声音。

大雄殿后壁上有一巨幅指画，是画家傅雯奉旨于清乾隆九年（1744）用手指所绘，名为《胜果妙音图》。此画高5米，宽10米，是国内现存最大的一幅描写佛祖说法情景的壁画，也是一件佛教艺术珍品。

这里的藏经楼称为“舍利阁”，其中有许多珍贵的藏经，却没有佛舍利。原来，20世纪五六十年代，曾将西山八大处原灵光寺辽代画像千佛塔遗址中发现的佛牙舍利移此供奉，藏经楼因此改称“舍利阁”，后来佛牙舍利移回原址，这里却仍称舍利阁。舍利阁西边有一座小院，院中正殿内砌有一座汉白玉石雕成的戒坛，是清康熙三十七年（1698）广济寺住持恒明的弟子湛佑所置，雕刻精美，保存完好，是北京城内唯一的戒坛。东侧配殿内则设有讲经堂，时常会有一些高僧在此讲经说法，教化众生。多年来，广济寺因其特殊的地位，每年都会接待大批来访的海内外佛教徒与游客，许多重大的会务活动、法务活动和外事活动在这里举行。

炎炎夏日里，当你从熙来攘往的阜成门内大街走进广济寺，一进山门，便会感觉豁然开朗。环顾四周，偌大的院内，洋槐、国槐遮天蔽日，钟楼、鼓楼左右相衬，迎面两个石狮子蹲踞在天王殿两侧，灰砖灰瓦，素朴而庄严，你会顿觉暑热尽消。第二进院子内，古槐更加繁茂，在大雄宝殿前洒下丝丝清凉。拾级而上，眼前几位香客，或双手合十，或匍匐跪拜。或许，你不知道他们在祈求什么，但在擦身而过的刹那，那份虔诚是你绝对不忍打扰的。转过大雄宝殿，一阵诵经声隐隐自东厢房传来，抬眼看，人群黑压压一片挤坐在佛堂外，不知是哪位高僧在此讲经布道。一只大黄猫从你面前走过，一步一踱，悠闲而从容；另一只白花猫似乎更加超脱，躺在蒲团上懒洋洋地打着盹，舒适而惬意。或许是受佛法浸染而得道，或许是与大师日夜相处而悟禅，几只肥猫自顾自地悠闲，似乎根本不曾留意到你。那一刻，你或许会觉得，它们的日子才算是真正的生活吧。

大都地标白塔寺

从广济寺出来，往西沿阜成门内大街走不远，经过历代帝王庙，便能远远看到一座高耸的白塔，那就是白塔寺（见图 6-7）。白塔寺始建于元代，是北京最早的藏传佛教寺院，也是典型的汉藏结合式寺院。寺中巨大的藏式白塔，是中国现存最古老、规模最大的藏式佛塔。

图 6-7 白塔寺

白塔寺的历史就是围绕这座白塔而展开的。早在辽寿昌二年（1096），这里曾建过一座佛塔，供奉佛舍利以及香塔、佛经等佛教圣物，后来毁于战火。元至元八年（1271），元世祖下令在原塔遗址上重新建造一座喇嘛塔。当年负责主持白塔设计和施工的，是一位在元朝入仕的尼泊尔匠师阿尼哥，至今寺内仍有阿尼哥的立式雕像。经过八年的设计和施工，白塔终于建成，随即迎请佛舍利藏入塔中。同年，元世祖下令以塔为中心兴建一座“大圣寿万安寺”，而寺院范围是根据从塔顶射出的弓箭的射程确定的，面积为 16 万平方米。这座寺院是当年元代大都城营建中的一项重要工程，至元二十五年（1288）寺庙建成，因位于大都城西而称作“西苑”。从此，这里成为元朝的皇家寺院，是元朝皇帝举行祭祀、祈福活动的地方，同时也是百官习仪和译印蒙文、维吾尔文佛经的重要场所。当年，这座皇家寺院规模宏大，殿宇众多，据记载曾供养僧众达 7 万多人。不幸的是，元朝末年一场雷火烧毁了寺院所有的殿堂，唯有白塔幸免于难。明代对寺庙进行重建后，改名为“妙应寺”，但面积只有 1.3 万平方米，范围只限于元代佛寺的中部地带。进入清代，藏传佛教再次受到推崇，数位皇帝投入巨资对寺院进行修复。乾隆皇帝曾命人在塔内放置一批镇塔之物，均为佛教的稀世之宝，彰显了清朝皇室和蒙藏首领在宗教文化上的亲近与融合。

白塔寺坐北朝南，主要殿宇集中在中路，从南向北依次为山门、天王殿、大觉宝殿、七佛宝殿，最后面为塔院。除了常见的寺庙建筑外，寺庙大殿中的展览也很值得一看。

1976 年，白塔被地震震歪，1978 年大修时乾隆时期藏入白塔的大批珍宝被发现，现在这些镇塔之宝就在第一座大殿——天王殿内展出。来到这里，你将见到镶嵌着 44 颗红宝石的赤金舍利长寿佛，见到 7 000 余卷的《大藏经》，见到缀有上千颗珍珠、珊瑚、宝石的五佛冠和袈裟，以及乾隆皇帝御书的《般若波罗蜜多心经》和《尊胜咒》。而那 33 颗珍藏在黄檀木观音像下的佛陀舍利，洁白晶莹，更是难得一见的无价之宝。

第二座大殿为大觉宝殿，是白塔寺的正殿，檐下悬挂的“意珠心镜”匾额为乾隆皇帝所赐。现在大殿中设有“藏传万佛造像艺术展”，展出藏式佛像近万尊，数量庞大，种类繁多，年代久远，地域广阔，艺术风格多样，是一座举世罕见的藏式佛像艺术殿堂。大觉宝殿后面，就是七佛宝殿，里面曾供奉着释迦牟尼及其以前的六位佛祖。

来白塔寺，自然得好好欣赏一下这里的白塔。白塔就耸立在寺中七佛宝殿后面的塔院中。一眼望去，高高的白塔直插云霄，在蓝天白云的映衬下，显得雄伟异常。这座白塔的形制，源自古印度，属于窣堵坡（stupa）式佛塔，也称为覆钵式塔。白塔高 51 米，由塔基、塔身、塔刹三部分组成，三个部分各代表一种构成世界的主要元素。其中，塔基为方形折角须弥座，上面为莲花瓣形状，代表着构成世界的元素之一——“地”。塔身为覆钵式，像一只倒扣的僧人化缘用的钵盂，代表构成世界的另一种元素——“水”。塔身上部有 13 个项圈，称为“相轮”，也称为“十三天”。13 层相轮的佛塔是最高等级的佛塔，里面供奉着释迦佛的舍利，代表构成世界的另一种元素——“火”。“十三天”之上是直径近 10 米的铜制华盖，周围垂挂着 36 片铜质华幔，上面雕刻着佛字和佛教八宝。华幔下边则垂着风铃，微风吹来，清脆悦耳。华幔代表“风”，又象征佛张开伞盖，庇护众生。华盖上面托着一个铜质镏金宝顶，为覆钵式塔刹，高 4 米多，重约 4 吨，用 8 条粗壮的铁链固定在一个铜盘上。

北京有句老话，“无影白塔塔无影”，说的就是妙应寺白塔无论在日光还是在月光下都没有影子。有人说，因为这是喇嘛塔，所以它的影子在西藏。其实这是因为塔身高大且又呈圆锥形，塔身底层小于其上部，所以无论是在日光还是月光下，塔的影子只能是一个局部，加之周边都是狭窄的胡同，塔的影子往往隐没于胡同两侧墙壁的投影之中，因此无论从任何角度，人们都不可能看到白塔完整的影子。

现在的白塔寺残存着辽代和元代的遗址，基本保持着明代的格局，而内部的主要建筑则为清代所建。尤其是寺中的白塔，承载着大量有关元大都城的历史文化信息，具有特殊的历史地位和文物价值，1961 年 3 月白塔被列为全国第一批重点文物保护单位。“文化大革命”开始后，寺内喇嘛被遣散，大门和钟鼓楼被拆除改建为商场，寺内的其他地方也被机关单位占用，大量文物遗失或损毁。1997 年，寺内东西两侧的殿堂、僧舍、山门、钟鼓楼得以重建。2003 年白塔寺西路恢复，寺院焕然一新，重现当年的风貌。

若有机会来白塔寺，你一定会感受到一种难得的精神享受。在这里，时间似乎静止了，世界静谧而美好。瓦蓝的天空下，红色的院墙，灰瓦的屋顶，白色的塔刹。几棵粗大的古槐，一角殿宇掩映在浓荫中，白塔更显端庄、纯洁和神圣。微风拂过塔尖，悬铃清脆，惊起一群灰色的鸽子，鸽哨在空中回荡。几个上了年纪的妇女，一圈，一圈，围着白塔转圈圈，她们双手合十，口中念念有词，不用说，那是在转塔祈福。而白塔寺周边，胡同狭仄，却处处能见到市井生活的自在与闲适。你刚侧身让过一位赤膊摇扇哼着小曲遛鸟的胖大爷，拐角的宽敞处没准又会遇见一位下残棋的老者。西侧不远处，鲁迅博物馆几步之遥，当年这位享誉文坛的作家客居此处，晚饭后与朋友们信步闲逛时，一定没少参访白塔吧。

四海修禅属戒台

戒台寺（见图 6-8）位于北京门头沟区的马鞍山上，历史悠久，因寺内有一座全国最大的佛教戒坛，在民间被称为戒坛寺。

图 6-8　戒台寺

戒台寺始建于隋开皇年间（581—600 年），原名慧聚寺。隋朝的开国皇帝隋文帝杨坚崇信佛教，广修寺院，慧聚寺是其在北京（当时称幽州）地区兴建的佛寺之一。唐代时，因皇家排佛曾荒废 200 多年。辽咸雍六年（1070），道宗皇帝命高僧法均在此设立戒坛传戒。明正统五年（1440），英宗皇帝赐名“万寿禅寺”并亲题寺额，此后这里成为一处“造佛场”，四方僧众都来此受戒。明清两代对戒台寺都有修缮和扩建。1982 年，戒台寺经大规模整修后正式对外开放。

戒台寺建筑样式基本为辽代风格，建筑格局独特，是中国北方保存辽代文物最多、最完整的寺院，其佛塔、经幢、戒坛等更是罕见的辽代艺术珍品。

戒台寺坐西朝东，建筑布局与其他寺院不同，有两条南北中轴线。南侧中轴线上的主要建筑，基本与其他寺院相同，依次是山门殿、钟鼓楼、天王殿、大雄宝殿、千佛阁（遗址）、观音殿等。北中轴线上的主要建筑有山门、戒坛殿、大悲殿及两侧的罗汉堂。

来到戒台寺，首先映入眼帘的是山门门楣上“万寿戒台禅寺”几个大字，而检票口两侧的楹联则说明了这座寺院曾经的辉煌。上联为“混沌初开五朝秉敕无双地”，意思是寺院地位尊贵，备受皇家恩宠；下联为“乾坤始奠四海修禅第一坛”，意思是寺院声名远播，影响深远。

山门殿是戒台寺南中轴线上的第一座殿堂。此殿面阔三间，单檐庑殿顶，上覆灰瓦，四角挂着风铃，门额上悬挂着“山门殿”金匾。山门前一对石狮子，雕刻风格古朴，身上已留下不少岁月的痕迹，让人顿时感受到戒台寺独有的那份古老与庄严。山门殿前有一棵千年古槐，相传为辽代高僧法均大师所植，高大而粗壮，上面挂满信众祈福的红飘带，或许在大家心目中，这棵古槐在享尽千年香火以后已修炼成佛了吧。而当冬天来临，槐叶落尽，槐枝张牙舞爪，古槐就如同寺院中的一位护法神将一般。迈上六级石阶，你便进入了山门殿。殿内前后贯通，两侧的护法神（哼哈二将）怒目而视。你看上两眼，心下一紧，不由地加快了脚步。

穿过山门殿，迎面便是天王殿。天王殿与山门殿建筑风格相似，单檐庑殿顶，不过上覆绿色琉璃瓦，门额上悬着“天王殿”金匾。殿内正中供奉着一尊大肚弥勒坐像，两侧为四大天王，背后为护法神韦驮。殿前有钟楼和鼓楼，与传统佛教寺院格局无异。

天王殿后的大雄宝殿，建在两米多高的月台上。门额上高悬着一块雕龙横匾“莲界香林”，为乾隆皇帝的御书。御书笔法遒劲，尽显皇家气象。横匾左右为一幅金色楹联：“禅心似镜留明月，松韵如篁振午风。”殿内屋顶上有三个木雕藻井，上圆下方，井内各雕有一条团龙。正面汉白玉石雕须弥座上端坐着铜铸的三世佛，中间为释迦牟尼佛，南侧为阿弥陀佛，北侧为药师佛。这三尊佛像高3.2米，重5 000公斤，均为明代铜铸精品。

再往后走，便是千佛阁遗址。千佛阁始建于辽咸雍年间，原为三重檐庑殿顶楼阁式木结构建筑，阁内供有毗卢遮那佛铜像。阁内两侧的砖墙上镶满琉璃壁饰和阁龛，每个龛内都供有一尊高10厘米的木雕小佛，共计1 680尊。可惜的是，因年久失修，千佛阁已于多年前被拆除，我们只能在现存遗址上追想其当年的风采。

千佛阁北侧有一座环境清幽、景色秀美的花园式庭院，因院内遍种牡丹，被称为牡丹院。这个院落坐北朝南，共两进院落，以垂花门隔开，门额上的“慧聚堂”匾额为晚清恭亲王奕䜣所题。院内遍植花木，绿树成荫，花香袭人，几块太湖石点缀其间，回廊连转，雕梁画栋，既有北京四合院的庄重大方，又具南方园林的温婉秀美。牡丹院为清代恭亲王奕䜣出资所建，据说当年他曾因朝廷内部的权势倾轧，在此处“养疾避难”达十年之久。

戒坛大殿，建在戒台寺西北的戒坛院内。此殿始建于辽咸雍五年（1069），虽几经修复，至今仍保持着辽代建筑的风格。大殿平面呈正方形，长宽各26米，殿顶为重檐盝顶与四角攒尖顶的结合样式。殿顶正中的正方形平台上，是一个铜质鎏金宝顶，四角各有一座葫芦形镀金小塔。宝顶高5米，下面为铁质的八角束腰须弥座，上面为铁质仰莲瓣，塔身为铜质覆钵式，上面有佛珠造型的纹饰和梵语，最上面是鎏金塔刹。殿顶的上下檐之间有风廊环绕，两层檐角挂着上圆下方的风铃，风吹铃响，余音不绝。

大殿正门上方高悬着一块漆金大匾“选佛场”，据说为袁世凯所书。殿内的天花板为金漆彩绘，殿顶正中是一个“斗八藻井”，上圆下方，井口内壁上雕有许多小天阁，每阁内都雕有佛龛，龛内供着的金装小佛宝相庄严。戒台大殿内供奉着释迦牟尼坐像，像前摆放着十把雕花木椅，是和尚受戒时“三师七证”的座位。

戒台寺因戒台而得名，大殿内的戒台自然是我们观赏的重点。戒台位于大殿正中，平面呈正方形，由大青石砌成。戒台分为三层，每层的造型与雕饰图案相同，上下枋处雕有流云藩草，中间束腰处雕有佛龛，每个佛龛内都供奉着一尊泥塑彩绘的戒神像。戒台上的戒神像共 113 尊，神形各异，栩栩如生，有的威武雄壮，有的面目狰狞，有的顶盔贯甲，有的仙风道骨，是难得一见的艺术珍品。这座戒坛是中国现存规模最大、等级最高的戒坛，号称“天下第一戒坛”，与杭州昭庆寺、泉州开元寺戒坛并称“中国三大戒坛”。戒坛是佛家为学有所成的僧侣颁发戒牒的地方，相当于今天取得学位证书前进行的论文答辩，当年只有修为很高的僧人才有资格在戒台寺受戒。

除了戒台以外，寺院内最重要的文物，是建于辽代的佛塔和经幢。这里的佛塔有两座，位于后花园西北侧，佛塔的主人是首位在戒台寺开坛传戒的高僧法均大师。两座墓塔都是八角密檐式实心砖塔，北边那座七层砖塔为大师的墓塔，南边那座五层砖塔为大师的衣钵塔。经幢也有两座，立于戒坛院的山门外，为八面石柱形，也是为纪念法均大师而立的。

清代诗人赵怀玉曾有诗句：“潭柘以泉胜，戒台以松名，一树具一态，巧与造物争。”戒台寺内的古松也是一绝，不但姿态奇妙，而且有着神奇的传说。其中最负盛名的有五棵：活动松、自在松、卧龙松、九龙松和抱塔松。这些古松历尽沧桑，却依然枝繁叶茂，微风徐来，松涛阵阵。来戒台寺，不可不看古松，不可不听松涛，也不可不听几个神奇的传说。

“九龙松”是一棵白皮松，为唐代种植，至今已有 1 300 多年的历史。这棵松树高 18 米，主干分成 9 股，像九条神龙腾空而起，守护着戒坛；而白色树皮上遍布的褐色斑点，则像是一片片斑驳的龙鳞。

“活动松”是一棵高达 25 米的油松，相传是元代时的住持月泉高僧手植。这棵松树的奇特之处是，只要用手摇动其任何一枝干，树身上所有的枝干都会摇动起来，所谓“引一枝而全身发”。传说，清代的乾隆皇帝每次到戒台寺，都要摇动活动松，以此为乐。“活动松”的名字就是乾隆皇帝起的，他还先后三次为它题诗，并刻碑立在松树旁，至今这些诗碑仍在呢。

“抱塔松”为金代所植。传说，这棵松树本是天上的一条神龙，被玉帝派下凡来守护法均大师的墓塔。在一个风雨交加的夜晚，龙松怕墓塔被雷电击毁，就扑身过去，伸出的两条大枝像人的双臂那样抱住古塔。此后，墓塔安然无恙，龙松的双臂却再也没有松开，一直精心护佑着墓塔。可惜的是，20 世纪 80 年代初复修墓塔时，为施工方便，不得不锯掉一个抱塔的大枝。现在，我们只能看到古松单臂抱塔的姿态了，这不能不说是一种遗憾。

“卧龙松”植于辽代，长达 10 米的主干横生，上面鳞片斑斑，犹如一条横卧的巨龙。当年恭亲王奕䜣在戒台寺隐居时，所住的牡丹院恰好与“卧龙松”相对。据说，当年奕䜣常以卧龙自比，期待再次腾飞，实现自己的远大抱负。有一天，他在一块石碑上写下“卧龙松”三字，并把石碑支撑在树干下方。一位高僧看见连连摇头说：“这块石碑好比一把斩龙剑，您把剑插在自己的肚子上，恐怕气数将尽了。”果然，后来奕䜣虽被召回朝廷，却很快就病逝了。

“自在松”高达25米，也是辽代所植。这棵古松矗立在大雄宝殿前，姿态舒展有致，显得逍遥自在。田树藩在《西山名胜记》中有这样的诗句：“松名自在任欹斜，随意生来最足夸。世态炎凉浑不管，逍遥自在乐天涯。”这首诗虽是赞美古松，却也是高僧们无意功名，满足于平淡生活、自由自在的写照。

除五大名松外，这里还有菊花松、莲花松、龙松、凤松、凤尾松等上百棵古松。如有机会逐一欣赏，你便会不由得感叹大自然的造化神奇。

实践与互动

感受佛寺的清净与肃穆之美

北京遗存的佛寺，各具特色，有的曾是弘法宝地，有的曾御驾礼佛，有的以古建闻名于世，有的以壁画惊艳世人，有的珍藏着稀世的古代经藏，有的供奉着珍贵的佛骨舍利。这些佛寺曾几经灭毁，屡次重建，见证着中国古代文明前行的脚步，也见证着中原和异域文化的融合与交流。

或许，你并不信佛，但只要放慢脚步，用心去听去看，从你踏进山门的那一刻起，便将开启一场时空穿越，开始一次与自己心灵的对话。欣赏中国寺庙的建筑之美，一定不能只看单座建筑，你应让目光越过殿宇的屋脊，将远处的青山与近处苍翠的古木一并收入眼帘，听着松涛阵阵，闻着草木清香，感受一份寂静的美与和谐。

在宗教的庄严与肃穆中，你的心灵或许会被寺庙的清净空明浸染，俗世间的一切烦恼，无论是爱恨情仇，还是功名利禄，都于瞬间忘却。

延伸阅读

禅宗小故事

禅宗是中国佛教的一大宗派，在中国佛教各宗派中流传时间最长，对中国文化的影响也最大。禅宗强调人自身的心灵体悟，认为人的心性本来都是纯净的，佛性其实就在每个人的心中，因此一个人只要有纯净的心性就能成为佛。很多在中国流传已久的禅宗小故事，都充满禅宗特有的人生智慧，细细品来，耐人寻味。

送你一轮明月

有位禅师，多日来一直在山中修行，住在一间简陋的茅屋里。一天晚上，他在山中散步回到茅屋时，发现里面有个陌生人在四处翻找东西。禅师知道，那人肯定是来偷东西的，却不想进门惊动他，就一直站在门口等着那人出来。

小偷在茅屋里没找到什么值钱东西，刚想转身离开，一抬头正好看到站在门外的禅师。小偷一脸惊慌，正想匆忙逃走的时候，禅师说："你走了那么远的山路来看我，总不能让你空手而回呀！"说着，他脱下了自己身上的外衣，"夜里很凉，你穿上这件衣服再走吧。"禅师说完，就把那件衣服披在小偷身上。小偷没想到禅师会这么做，一时不知所措，站在那里一动也不动。过了好一会儿，他一句话也没说，低着头悄悄溜走了。禅师看着小偷的背影，轻声说了一句："可怜的人呀，但愿我能送一轮明月给你！"

第二天清早，禅师推开房门，看到自己昨晚披在小偷身上的那件外衣就放在门口，叠得整整齐齐的。禅师脸上露出微笑，自言自语道："我终于送了他一轮明月。"

心境

宋代有一位非常有名的文学家，叫苏轼。他有一位非常要好的朋友，叫佛印，是一位禅师。苏轼和佛印两人彼此欣赏，经常一起喝茶聊天，无所不谈。

有一天，苏轼去佛印禅师那里拜访，两人席地盘腿而坐，边喝茶边聊天。聊到高兴时，苏轼问佛印："你看我现在像什么？"佛印说："我看你像一尊佛。"苏轼大笑起来，边笑边说："我看你像一堆牛粪。"他以为，佛印禅师听了这话一定会很生气，可是没想到禅师只是笑笑，什么都没有说。

苏轼很是得意，一回到家就跟妹妹谈起这件事。没想到，妹妹却说："哥哥，从这件事看来，你的修养远远不如禅师！正因为禅师的心像佛那样宽容美好，所以他看你像一尊佛；而你的心像一堆牛粪那样肮脏污秽，所以你看禅师当然就像一堆牛粪。"苏轼听后，顿时面红耳赤，羞愧不已。

礼物

有位禅师，一次外出修行时，碰到一个不喜欢佛教的人。一连好几天，这人一有机会就对着禅师大骂，用各种难听的话侮辱他。可是每次，禅师都只是安静地听着，从来不说什么。

几天后，禅师要离开此地时，再次碰到那个经常大骂他的人。禅师听他骂完，轻声问了一句："如果有人送你一份礼物，但你拒绝接受，那么，这份礼物最终该属于谁呢？"那人回答："属于最初要送礼的那个人。"

禅师笑着说："没错。你看，如果我不接受你送我的这些谩骂，那它们就属于你了。你骂我，其实就是在骂自己啊。"那人听了，顿时哑口无言。

第七章　北京的道观

导语

道教是中国的本土宗教，产生于公元 2 世纪，距今已有 1 800 多年的历史。道教对于中国古代的政治、哲学、文学、艺术、医药等方面，都产生过深刻的影响。一般认为，中国道教的创立者为张道陵（尊称“张天师”），道教奉老子[①]为始祖，将老子所著《道德经》奉为主要经典，其活动场所一般称为道观，道观中的神职人员称为道士、道人或真人，也被尊称为道长。

道教有过很多不同的派别，其中对后世最有影响的有两派：全真道和正一道。白云观为全真派道观，也是北京最有名的道观，现在这里是中国道教协会所在地。东岳庙则是道教正一派[②]在华北地区最大的道观，现为北京民俗博物馆所在地。道观中的建筑，风格与佛家寺庙不同；其中供奉的神灵，更具人间烟火气，也更具中国特色。走进这两家道观，将会有另一番体验等着你！

全真圣殿白云观

白云观（见图 7-1）位于北京西城区西便门外白云观街，是北京最有名的道教活动场所，也是中国道教协会的所在地。

白云观始建于唐代，最早名为天长观，是唐玄宗奉祀老子的地方。[③] 金世宗时期扩建后，更名为“十方大天长观”，金末改称太极宫。宋末元初，道教全真派道长——长春真人丘处机奉成吉思汗之命入驻这里，掌管全国道教，从此这里改称长春宫。1227 年，丘处机去世，其弟子尹志平在长春宫东侧建立道院，取名白云观。从此，白云观成为中国北方的道教中心，有着“南有龙虎山，北有白云观”的盛誉。此后，白云观几经战火损毁，又几经重建。

白云观坐北朝南，中轴对称布局，由中、东、西三路及后院四部分组成，占

① 老子姓李名耳，与孔子齐名，是春秋战国时期的重要思想学家之一，所著《道德经》是最具影响力的中国古代哲学经典。汉代道教兴起时，主要有两支，一是张道陵创立的五斗米道，一是于吉等创立的太平道。其中，五斗米道将老子奉为始祖，以《道德经》为主要经典。

② 南宋和金代时期（12 世纪），道教内部形成很多派别，其中对后世影响最大的有两派，即全真道与正一道。两派的主张，差别较大。全真派道士，必须出家修道，不能食荤，注重修养心性；正一派道士可以有家室，不忌荤，以画符念咒、驱鬼降妖为主，不重修行。

③ 唐朝时，为显示家族出身显耀，皇帝将与家族同姓的老子奉为祖先，将道教奉为国教，道教一时兴盛，全国各地出现了很多奉祀老子的皇家道观。

图 7-1　白云观

地面积超过 1 万平方米，其主要建筑——山门、灵官殿、玉皇殿、老律堂、丘祖殿、三清阁等，都位于中路所在的中轴线上。

从外观来看，白云观的建筑与皇家宫殿的风格类似。这是因为道教认为人间的一切都是天上的反映，道观中的殿堂是天上诸神的住所，自然要与人间皇帝的宫殿相似。同时，道教是多神教，且等级制度严明，讲究上下尊卑，这点也体现在白云观建筑上。这里中路建筑中奉祀的神明往往身份尊贵，是道教中的尊神，比如三清四御、玉皇大帝、全真教的教祖等；[①] 而东西两路的建筑中，供奉的多是民间传说中的神仙，比如雷神、八仙等。因此，无论是外观还是殿内陈设、殿前院落，中路的建筑都更为高大华贵，更为庄严肃穆，相当于皇家宫殿的正殿；而东西两路的建筑，风格更像是民间的四合院，带有浓浓的人间烟火气。

中路建筑是白云观的主体部分。山门外，神路的前端是一座高大华美的棂星门（见图 7-2）。这座棂星门建于明正统八年（1443），原来是观中道士观测星象的地方。这座四柱七层木结构歇山式牌坊建筑，飞檐斗拱，雕梁画栋，气派非凡。前面的题字为“洞天胜境”，后面的题字为“琼林阆苑”，意思是说这里是人间仙境。正对棂星门的是一座长长的砖砌照壁（也称影壁），壁心琉璃雕砖上的“万古长春”四个金字，精美而华丽，为元代大书法家赵孟頫所书。

---

① 道教尊奉的神，又多又杂，其中“三清”是地位最高的三位尊神；“三清”之下的“四御”，是四位天帝，其中玉皇大帝位列第一。道家尊奉的神还包括：日月五星、四方之神；民间的自然神，如风神、雨神、雷神、电神等；与民间日常生活相关的门神、灶神、土地神、药神等；与道教有关的神仙，如西王母、八仙等。

图 7-2　棂星门

从棂星门往里走，便是山门。这座拱券石门建于明代，共三个门洞，顶部为单檐琉璃瓦歇山顶样式。在中国，道观的山门一般都有三个门洞，分别象征道教诸神的三个等级，也称“三界”，即天神、地祇、人鬼。跨进山门，就意味着跳出“三界”。山门檐下的题字为“敕建白云观”，其中“敕”字表明这是皇家道观，身份显贵。如果有时间，你不妨留意一下山门石壁上的雕刻，上面的流云、仙鹤、花卉等图案，造型非常精美。中间券门东侧的浮雕中，隐藏着一个巴掌大小的石猴，据说用手抚摸这只石猴能带来好运，你不妨找找看。

山门内的第一座建筑是灵官殿。这座宫殿面阔三间，进深一间，里面供奉着王灵官的神像。王灵官是山门的护法神，掌管着人间和天上的纠察之职。这尊神像高约 1.2 米，形象生动，造型精美，为明代作品。王灵官红脸虬须，怒目圆睁，左手掐诀，右手执鞭，看起来十分威猛。左右两侧供奉着道教的四大护法元帅，左侧为赵元帅和马元帅，右侧为温元帅和岳元帅。[①] 灵官殿后，东西两侧的钟楼和鼓楼，皆为二层方形建筑。不过特别的是，这里的鼓楼在东侧，钟楼在西侧，建筑布局与其他钟鼓楼相反。据说，这是因为明初重建长春观时，是以处顺堂（今丘祖殿）为中心，保留原来的钟楼，而在钟楼东侧新建鼓楼，因此才形成今天见到的布局。

灵官殿正北便是玉皇殿。玉皇殿坐落在高大的台基之上，面阔五间，顶部为歇山式，上覆灰色筒瓦。殿内供奉的是玉皇大帝的木雕神像。神像塑于明代，高约 1.8 米，头戴冕冠，身着法服，手捧玉笏，端坐在龙椅上，看起来高大威严。玉皇大帝左右两侧，有六尊铜像，为明代万历年间铸造，分别为玉皇大帝阶前的

---

① 护法四元帅，为道教中四位十分有名的护法神，不过民间说法不一，这里只采用其中一种说法。

四位天师和两位侍童。殿内还挂着八幅工笔彩画，上面画着南斗星君、北斗星君、三十六帅和二十八宿，是明清时期的作品。

玉皇殿的东配殿称为三官殿，里面供奉的是天、地、水“三官大帝”。“三官大帝”职责不同，据说天官能赐人福气，地官能赦人罪过，水官能解人厄运。玉皇殿的西配殿为财神殿，里面供奉着三位财神，中间为春神青帝，左侧为武财神赵公明，右侧为武财神关羽。武财神赵公明是中国民间供奉最多的财神，其主要职责是迎祥纳福，保佑经商之人生意兴旺，财源滚滚，民间很多人家在家中或店中供奉的财神塑像或画像就是赵公明。另一位武财神关羽，也被称为关圣帝君，在中国民间也广受信仰，据说他既可以治病除灾、驱除邪恶、诛罚叛逆，也可以保佑官运亨通、招财进宝，庇护经商之人。

玉皇殿正北是老律堂（见图 7-3）。老律堂，原名七真殿，清代王常月道长曾奉旨在此主讲道法，开坛传授戒律，从此道教风气一时大振。后世为纪念这一盛事，将七真殿改称“老律堂”，意思是这里为传授戒律的殿堂。老律堂内供奉着全真道祖师王重阳七位弟子的塑像，中间为丘处机，左边依次为刘处玄、谭处端、马钰，右边依次为王处一、郝大通、孙不二。殿内悬挂的横匾，题字为“琅简真庭”，为清代康熙皇帝的御书，意思是这里是奉祀真人的祖庭。老律堂建筑面积较大，殿内较为宽敞，现在是观内道士念经和举行宗教活动的主要场所。每天早晚，道士们都会来到这里诵经；每逢道教节日或祖师寿辰，会在这里设坛举行法会。

图 7-3　老律堂

老律堂后就是白云观的中心建筑——丘祖殿。丘祖殿始建于金代，原名处顺堂。大殿面阔三间，灰筒瓦歇山顶，里面供奉着丘祖，即全真龙门派始祖长春真人丘处机。殿内正中摆放着一个巨大的“瘿钵”，钵身深棕色，口嵌金边，置于一个刻满花纹的汉白玉云水座上。据说，丘处机 80 岁去世后，就安葬在丘祖殿的“瘿钵”之下。此钵由一段古树根雕制而成，相传为宋代遗物，为清朝雍正皇帝的御赐。民间流传着这样一种说法，当年白云观中的道士一旦生活窘迫，就会抬着此钵到皇宫去，每次都能得到施舍，皇帝的御赐之物果然非比寻常啊！

丘祖殿后是一座面阔五间的二层建筑，上层为三清阁，下层为四御殿，是白云观中路的最高建筑。三清阁中供奉的是道教中等级最高的三个尊神：玉清原始天尊、上清灵宝天尊和太清道德天尊。这里的三清像是明朝宣德年间塑造的，高约 2 米，神像神态安详，色彩鲜艳，富丽而不失古朴。四御殿中则供奉着四位大帝的泥塑神像，即昊天金阙至尊玉皇大帝、勾陈上宫天皇大帝、中天紫微北极大帝和承天效法后土皇地祇，神像金漆沥粉，均为清代中期造像。

三清阁的东西两侧各有一座转角翼楼，东侧为藏经楼，西侧为望月楼。值得一提的是，这座藏经楼中原来收藏着明版《道藏》，包括正统十年（1445）编写的《正统道藏》和万历三十五年（1607）编写的《万历续道藏》，共 5 000 多卷，是道教经典的总集。当初，每年农历六月初一至初七，白云观都要举行晾经会，将经书都搬出来，放在通风处翻晒，以防书蠹。不过，现在此处保存的是复印本，原版则保存在国家图书馆。如果有时间，你还可以好好欣赏一下院中的那座鎏金铜鼎炉。这座香炉是明代嘉靖年间铸造的，造型浑厚，上面雕铸的 43 条云龙工艺精美，现在已被游人摸得闪闪发亮。

三清阁后面是白云观的后院，称为云集园（见图 7-4）。云集园位于白云观的最北端，始建于清光绪十三年（1887），园中环境清幽，有如仙境一般，有曲折的游廊，有层层叠叠的假山，有葱茏的花木，有玲珑的山亭，因此也被称为“小蓬莱”。园中的主体建筑为戒台和云集山房。这座戒台建于清光绪十六年（1890），雕梁画栋，尤其精美，是白云观中举行传戒演教的地方；云集山房则是全真道长向受戒弟子讲经说法的地方。全真道有着严格的戒律，传戒即传授戒律，是道教的一项重要活动。戒律是道士生活、修行的规范和准则，按照规定，只有经过受戒仪式，接受过传戒教育，才能成为合格的道士。

白云观东路，由北向南分布着雷祖殿、真武殿、罗公塔、慈航殿、三星殿等建筑。

雷祖殿建于明正统三年（1438），奉祀主神为九天应元雷声普化天尊，陪祀的是风、雨、雷、电四位天神。真武殿建于清朝乾隆年间，奉祀真武大帝。慈航殿，清朝时称为“火祖殿”，奉祀火德真君，2000 年重修后改为“慈航殿”，奉祀慈航天尊（即佛教中的观音菩萨）。三星殿，清朝时称为“华祖殿”，奉祀神医华佗，重修后改为“三星殿”，奉祀福、禄、寿三星真君。

罗公塔（见图 7-5）位于真武殿东侧的塔院内。该塔建于清代雍正年间，为

图 7-4 云集园

三层八角形砖石结构，造型古朴庄重，雕花刻工细腻。罗公塔因罗公而得名。罗公为江西人，康熙年间来北京，常住白云观，雍正五年（1727）去世，被雍正皇帝敕封为“恬淡守一真人”。现在这块敕封石碑仍嵌在罗公塔上，字迹有些模糊，但仍可辨识。传说，最早的剃头理发工具和按摩手法就是罗真人发明的，当年传入皇宫后，曾受到雍正皇帝的赞赏。因此，以前中国民间理发行业的人，一直尊奉这位罗真人为祖师爷。

图 7-5 罗公塔

白云观中路各殿中供奉的神都是道教中地位最尊贵的，但白云观中香火最旺的却是东西两路的各殿。因为这些殿中供奉的神往往与普通百姓的生活息息相关，在民间更受信奉。白云观西路分布着祠堂院、八仙殿、吕祖殿、元君殿（见图 7-6）、文昌殿、元辰殿等建筑。

图 7-6　元君殿

祠堂院位于最南端，建于清康熙四十五年（1706），是供奉白云观历代方丈神位的地方，里面奉祀着全真龙门派第七代律师王常月的坐像，堂下则埋藏着大师的遗蜕。来到这里，你一定要看的，是堂内墙壁上所嵌的石刻。石刻的内容为《道德经》和《阴符经》，为元代大书法家赵孟頫所书，是白云观的镇观之宝。

祠堂北面有一个动物铜像，远看像马，仔细看却不完全像马。这个动物名叫“神特”，据说是清代康熙皇帝为纪念自己的坐骑而铸造的，原来放在东岳庙，后来才移至此处。传说，这个神特非常神奇，能祛病免灾，头疼的人摸摸它的头，就不头疼了；腹痛的人摸摸它的肚子，就不腹痛了。若是感兴趣的话，你不妨试试。

祠堂院往北便是八仙殿和元君殿。八仙殿建于清嘉庆十三年（1808），殿内奉祀汉钟离、吕洞宾、张果老、曹国舅、李铁拐、韩湘子、蓝采和、何仙姑八位道教仙人。“八仙”在中国民间一直广受爱戴，关于他们的故事也多有流传。吕洞宾是八仙中影响最大、传闻最广的一位仙人，周游天下，化度世人。穿过八仙殿，就是吕祖殿，殿内奉祀的就是吕洞宾祖师。吕祖殿建于清朝光绪年间，其绿色琉璃瓦顶是白云观中仅有的。

元君殿，又称娘娘殿，坐南朝北，为观中唯一的倒座殿。该殿建于清乾隆二十一年（1756），殿内奉祀着道教女神天仙圣母碧霞元君，左侧为催生娘娘和送子娘娘，右侧为眼光娘娘和天花娘娘。过去，女人最担心两方面的事，一是自己不育、难产，二是孩子出天花、闹眼病、夭折或残疾。而这里的四位娘娘正好掌管这一切，因而香火旺盛，来烧香祈愿的女人特别多。

元君殿北面的文昌殿，同样香火旺盛。殿内正中奉祀的是掌管人间科考功名的文昌帝君，两侧则为中国古代思想家孔子和朱熹的神像。[①] 当年很多想考取功名的读书人，都会来这里上香祷告；现在来这里上香的人，则是希望自己在中考、高考乃至研究生考试中考出理想的成绩。

文昌殿的北面是元辰殿，俗称“六十甲子殿”。殿里供奉的是六十甲子神和斗姥元君。六十甲子源于中国古代的干支纪年法。这种纪年法是用十天干（甲、乙、丙、丁、戊、己、庚、辛、壬、癸）与十二地支（子、丑、寅、卯、辰、巳、午、未、申、酉、戌、亥）循环相配，由甲子起，至癸亥止，一个周期刚好为六十年，故名“六十甲子”。六十甲子神为六十位星宿，他们轮流值班，掌管一年之事。值年神，又称太岁神，一个人出生在哪一年，那一年的值班之神就是他的本命神（也称“本命太岁”）。[②] 这六十甲子神都各有名号，比如甲子年出生的人，本命神为“甲子太岁金辨大将军”。相传，礼拜本命之神可以保佑一生顺利、吉祥如意，所以很多人都会在这里找本命神拜一拜，你也想试试吧？

白云观被称作“全真第一丛林”，是道教全真派的三大祖庭之一，观内建筑大多保存完好。过去，每年春节前后这里都要举行盛大的庙会，特别是正月十九的“燕九节”，更是吸引众多的信徒和游人。相传，正月十九日是全真道祖师丘处机的生日，当年弟子们每逢此日，都会为他祝寿。后来，这慢慢成为一种民间习俗，白云观庙会也成为道观里最热闹的一天。传说，每年正月十八晚上，丘处机都会化身为士族、官吏、游人、妇女、乞丐等重返故居，谁有运气碰到这位神仙，就能健康长寿呢！

泰山行宫东岳庙

东岳庙（见图 7-7）位于北京朝阳门外大街，始建于元延祐六年（1319），是道教正一派在华北地区最大的道观，现为北京民俗博物馆所在地。东岳庙主要奉祀的是泰山神东岳大帝及众神。

东岳庙最早为元朝正一派宗师——张留孙、吴全节筹资修建。张留孙是元代皇帝亲封的“玄教大宗师”，但他刚买好地不久即辞世，后续工程由其弟子吴全节完成。元至治三年（1323）竣工后，这里被赐名东岳仁圣宫。元泰定二年

---

① 另有一种观点认为，文昌殿两侧供奉的其实不是孔子和朱熹，而是三国时期的军事家诸葛亮和南宋抗元英雄文天祥。（见颐和吴老的新浪博客）

② 在中国民间，有的地方也把“六十甲子神”称为“本命守命星君”或“本命元辰”。

图 7–7　东岳庙

(1325)，鲁国大长公主建后殿，赐名昭德殿，作为东岳大帝的行宫。元末，此庙在战乱中严重受损。明代改名东岳庙，明正统十二年（1447）英宗皇帝命重修庙宇，并亲自撰写《御制东岳庙碑》。此后，明清两代多次进行维修和扩建，尤其清代，东岳庙住持马宜麟筹资扩建东西两院，形成现在正院、东院和西院三部分的规模，现存的建筑大多为清代遗存。

东岳庙坐北朝南，占地 6 万多平方米，共有七进院落，主要建筑都集中在正院南北中轴线上，自南而北依次有牌楼、山门（已拆除）、棂星门、瞻岱门、岱宗宝殿、育德殿和后罩楼等。

东岳庙的牌楼（见图 7－8）为砖石琉璃牌楼，始建于明万历三十五年(1607)，是当年皇宫内的太监们捐资修建的。此牌楼为三间四柱七楼歇山顶样式，正脊两端有鸱吻，正中饰火焰宝珠；南北两面各有一匾，北面的题字为“永延帝祚”，南面的题字为“秩祀岱宗”，意思是希望皇权永固，相传为明代权臣严嵩所书。琉璃牌楼的东西两侧，原来还各有一座彩绘过街木制牌楼，一东一西横跨朝阳门外大街，为三间四柱七楼庑殿顶式，是明清时代规格最高的木结构彩绘牌楼。但不幸的是，1950 年因附近火药厂爆炸，两座木牌楼被震毁，随后拆除。

琉璃牌楼往北便是山门，原为东岳庙的正门，1988 年因拓宽朝外大街而被拆除。不过，现在山门内的东西两侧钟鼓楼尚存，鼓楼立额上题“鼍音”，钟楼立额上题“鲸音”。[①]

① 鼍音与鲸音：鼍（tuó），鳄鱼一类的动物，据说其叫声像击鼓，所以用鼍音来表示鼓楼。至于鲸音，则是因为撞钟的木杆是鲸鱼形状的，因此用鲸音来表示钟楼。

图 7–8　东岳庙牌楼

棂星门为第二道门，山门拆除后便成为正门，原来悬挂在山门处的康熙帝御书的“东岳庙”横匾也移到这里。现在，正门东侧悬挂着“北京民俗博物馆”的牌子。大门前有两块石碑，石碑两侧各有一根十余米高的旗杆，每到节日期间，旗杆上会悬挂巨大的“风调雨顺”“国泰民安”旗幡，以渲染节日氛围。

进了正门，便可望见瞻岱门（见图 7–9）。瞻岱门是一座庑殿顶的过厅式殿堂，面阔五间，又称瞻岱殿。大门内三间为穿堂，边上两间则供着哼哈二将和十太保。按照中国民间的说法，哼哈二将是守护寺庙的两位门神，威武凶猛，身怀奇术。哼将叫郑伦，据说他只要鼻子一哼，对手就会被哼出来的两道白光震晕。哈将叫陈奇，据说只要他张口一哈，对手就会被哈出来的黄气熏得没有知觉。瞻岱门两侧的楹联为“阳世奸雄违天害理皆由己，阴司报应古往今来放过谁”，意思是恶有恶报，做坏事的人一定会受到惩罚。东岳庙中，很多殿宇门前的楹联，都表达的是类似内容，即善恶有报，提醒人们要多做善事，少做恶事。

图 7–9　瞻岱门

出瞻岱门，一条笔直的御道直通东岳庙主殿——岱岳殿，被称为“福路”。福路两侧的栏杆上层层叠叠地挂满红色的福牌，那是人们参加庙会时挂上去祈福的。福路的两侧还有两座碑亭，顶覆黄色琉璃瓦，里面放置的是清代康熙和乾隆皇帝御笔亲题的石碑。两座碑亭前分别放着一对玉马和神特，相传是文昌帝君的坐骑，不过，原放此处的神特已被移至白云观，这里放的是新制的。

福路和碑亭的东西两侧各有一组回廊，里面供着七十六司的神像。传说，东岳大帝统御下的幽冥地府，共有 76 个办事机构，称为七十六司（见图 7-10），各司皆有其主，称为判官。回廊各殿中，展示的就是各位判官审理官司的场景。据说，想做坏事的人看了这些，就再也不敢做坏事了，不知是不是真的。需要提醒一下，来这里参观前，你一定要有些心理准备，因为有些回廊中的塑像样子比较吓人。另外，回廊中殿堂数量不足，有些殿里是两司合署办公的，因此，七十六司共占用殿堂 68 间。这里每间门楣上，都挂有所敬神司的横匾，两侧柱子上贴有楹联。楹联的内容，既说明所供神祇的职责，也体现出中国人善恶报应的思想。

图 7-10　七十六司之一的飞禽司

福路最北端是岱岳殿（见图 7-11），也称岱宗宝殿。这里是东岳庙的主殿，面阔三间，单檐庑殿顶，绿剪边琉璃瓦屋面。殿前出轩三间，梁柱间绘有金龙和玺彩画，正面檐下悬挂“岱岳殿”匾额，匾额四周雕饰着盘龙，包有金叶。两侧楹联为当代书法家刘炳森所书“枢要专司握万化阴阳之道，仁威自在统群生封陟之权”，是称颂东岳大帝法力无边。大殿前建有月台，摆放铜香炉和石五供。

岱岳殿内所悬“岳宗昭贶”匾额，是清乾隆帝的御笔。该殿主祀的是东岳大帝。东岳大帝又称泰山神、五岳君，为五岳之首。相传，东岳大帝为盘古第五代孙，掌握人们的魂魄，主掌世人生死、贵贱和官职。在中国，人们对于东岳大帝的信仰，源于古人对泰山的崇拜。泰山是中国“五岳”之首，不只风景优美，更具有浓厚的社会政治色彩，很多古代帝王都曾前往泰山封禅。唐宋之后，由于皇帝的推崇，泰山神的地位逐步提高，对社会生活的影响也越来越大。大殿两侧的朵殿中，设有三茅真君祠、吴全节祠、张留孙祠、山府君祠以及蒿里丈人祠等；东配殿为阜财殿和东太子殿，西配殿有广嗣殿和太子殿，配殿前廊的斗拱上有替木，排列形制为元代风格。

图 7-11　岱岳殿

从岱宗宝殿往北，一条长廊直通育德殿。育德殿又名寝宫，庑殿顶，面阔五间，前出抱厦，内饰龙凤天花，悬挂着“玄妙赞化”匾，与岱宗宝殿相呼应，其建筑布局属典型的元代建筑风格。这里原本供奉着东岳大帝和淑明坤德帝后的神像，现改为三官九府像陈列厅。

东岳庙中路的末端是一座二层的后罩楼，现已改为北京民俗博物馆的展厅。西边楼下有三间御座房，供皇帝来庙祭祀或去东陵祭祖路过休息时使用。

除中路的正院外，东岳庙还有东西两座跨院。东院以居住为主，建筑较为分散，生活气息较浓。其中“御座房”是当年慈禧太后去河北遵化清东陵祭祖时，出京城后第一处休息的地方。西院则由供奉各路神祇的小型院落组成，有东岳宝殿（祠堂）、玉皇殿、三皇殿、药王殿、显化殿、马王殿、鲁班殿、三官殿、瘟神殿、阎罗殿以及判官殿等。这些建筑规模都不大，多由民间人士出资修建。

东岳庙以“三多”著称，即神像多、楹联多、碑刻多。神像多，自不待言，七十六司塑像栩栩如生，构成一幅幅生动的中国民间信仰画卷。除东岳大帝和七十六司神像外，这里还供奉着其他众多的神灵。据 1928 年的统计，当时庙内神像 1 300 多尊，涉及人们生活的各个方面，生老病死、衣食住行、福禄寿喜、各行各业等。而每处殿堂大门两侧，都能见到与殿中所供神像相关的楹联。至于石碑，当年北京民间有个说法“东岳庙的碑数也数不清”，可见庙内原有碑刻数量之多（见图 7-12）。东岳庙内的碑刻散布各处，规格不一，虽经历“文化大革命”破坏，但仍有大量碑刻遗存下来，目前中路正院共有石碑 89 通。在众多碑刻中，最著名的是元代书法家赵孟頫撰写的《大元敕赐开府仪同三司上卿玄教大宗师张公碑》（俗称《道教碑》），全碑 2 700 多字，书法风格古朴遒劲，具有极高的艺术和史料价值，为东岳庙的镇庙之宝。此外，赵世延的楷书《昭德殿碑》、虞文靖的隶书《仁圣宫碑》等也属书法精品。

图 7-12　东岳庙碑刻

东岳大帝掌管世人的生死祸福，各路神祇也各有分工，护佑着人们生活的方方面面，在民间广为信奉，所以东岳庙一直香火旺盛。相传，农历三月二十八日是东岳大帝的寿辰，每年这一天东岳庙都会举行祭典。明清两代，东岳庙的东岳大帝祭典属于国祀，规模宏大。每年从三月十五日至二十八日，东岳庙里都会举行庙会。这一风俗延续了数百年，1949 年后中断，2002 年才得以恢复，不过庙会的时间已改为春节期间。

实践与互动

感受道观中的人间烟火气息

如今的白云观，神仙荟萃，仙气十足。除了全真道教奉祀的神仙以外，民间传说中的八仙、药师、送子娘娘以及十二生肖、六十甲子等各路神仙，都在这里享有一席之地，凡是能够保佑老百姓平安幸福、吉祥如意的神祇，这里似乎都不会拒绝。这里环境清幽，庄严肃穆，有历史的厚重，也有文化的底蕴，与外面的喧嚣恍若两个不同的世界。不管你有什么心事，有什么心愿，在这里都能找到那个愿意倾听你的神仙。在这里走一走、拜一拜，体验体验道教的宁静无为，感受一下各路神仙的指点，想一想丘处机道长“一言止杀”的无量善功。或许在那一刻，对于丘处机所言“自心真性，无欠无余，修心见性，炼妄存正，积累功行，久而久之，一念不生，功行圆满，道心自成”，你会有更多的感悟吧！

与其他寺庙的清幽静谧不同，东岳庙里似乎一直很热闹。每年春节庙会期间，这里往往人头攒动。来这里，你可以吃些小吃，买点儿杂货，听听小曲，看看杂耍，玩几个游戏。你可以摸一摸这里的石马，祈求祛病消灾；可以跨一跨小金豆子，期望来年兴旺发财；或者在八百年老寿槐上挂上父母长辈的名字，为家里老人祈寿延年；或者在福路上走一走，挂个福牌，为全家祈福纳祥。你还可以数一数庙内的碑刻，认一认各殿的楹联，在烟气氤氲中拜一拜各路神仙。一面尽享口腹之欲，一面尽情体验北京古老的民俗风情，这样的经历一定令人难忘。

延伸阅读

八仙过海的故事

中国有句成语“八仙过海，各显神通”，意思是遇到问题或麻烦时，不同的人可以凭借自己的本事，用不同的办法去解决问题和麻烦。这个成语，与中国民间流传的八仙过海的故事有关。

八仙是八位道教神仙，他们的名字是汉钟离、吕洞宾、张果老、曹国舅、李铁拐、韩湘子、蓝采和、何仙姑。其中，吕洞宾是八仙的核心人物，道教称之为吕祖，很多道观，尤其全真道观中常设有吕祖殿。

八位仙人形象不同，各具特点；本领不同，各有所能。汉钟离习惯袒胸露乳，手摇一把大蒲扇，宝扇一扇就会出火；吕洞宾背着一把宝剑，据说只要说出坏人的名字和地址，宝剑就会自己去杀人并带回人头；张果老手举一把渔鼓，喜欢倒骑毛驴，据说他手摇渔鼓时能占卜人生；曹国舅身穿官服，腰系玉带，手持一块檀香云阳板，遇上人间婚丧喜庆，就敲檀板；李铁拐瘸着一条腿，拄着一根铁拐，背上背着一个装满酒的葫芦；韩湘子手持一只洞箫，可以吹箫降雨；蓝采和手拿花篮，里面装满各种兰草；何仙姑是八仙中唯一的女性，手持一枝荷花。八仙所持的檀板、扇子、洞箫、渔鼓、宝剑、葫芦、荷花、花篮等八件宝物，被称为“八宝”。

与道教许多神仙不同，八仙都来自人间，得道之后才成为神仙。八仙中，有男有女，有老有幼；得道之前的出身也不同，有将军，有皇亲国戚，有叫花子，也有道士；有人出身富贵，有人出身贫贱。像凡人一样，八仙也会有些缺点，比如汉钟离性情猛悍、吕洞宾个性轻佻、李铁拐酗酒成性等。这样的出身和性格，与百姓较为接近，因此在民间很受爱戴，一般道教寺院都有供奉八仙的地方，有的还独立设置八仙宫，神明庙会中也有八仙出现。此外，八仙也常出现在年画、刺绣、瓷器、花灯及戏剧作品之中，“八仙祝寿”“八仙过海”是中国民间艺术中的常见题材。

八仙性格不同，但喜欢聚在一起，四处游玩，除暴安良，扶危济困，因此在中国民间广受爱戴。有关他们的故事和传说很多，其中之一就是八仙过海的故事。传说有一天，八仙要去东海游玩。他们相约过海时不坐船而是各人用各人的办法。于是，八仙各显神通，汉钟离站在蒲扇上，吕洞宾把宝剑高高举起，张果老翻身爬到毛驴背上，曹国舅两脚踏在檀板上，李铁拐抱着葫芦，韩湘子骑在洞箫上，蓝采和手举花篮，何仙姑脚踩荷花，最后八仙凭着各自的本事，一个个轻松越过东海。

第八章　景山公园：

五方亭中览胜景

导语

从故宫北门出来，你不妨去街对面的景山公园看一看。

景山公园位于北京城南北中轴线的中心点上，西面是北海公园，南与故宫隔街相望。公园中心的景山，曾是明清时期北京城的最高点。明清时期，景山是供皇族休闲游览的御苑，也是明清皇帝和皇后祭祖追思的重要场所。现在的景山公园，既是国家文物保护单位，又是国家 AAAA 级景区。

景山公园内，古树参天，花草繁茂，环境优美。景山之上，五座方亭秀美华贵。站在位处中央的万春亭之上，可以将北京城的古老与现代尽收眼底。向南可以俯瞰故宫全景，感受紫禁城的金碧辉煌与中轴对称的布局神韵；向北可以将京城新貌尽收眼底，感受高楼林立与车水马龙中的现代气息（见图 8-1）。

图 8-1　景山北望

公园历史

景山公园因景山而得名。不过，景山不是一座天然形成的山，而是堆土而成的。在元代、明代和清代，景山多次更名，曾被称为青山、万岁山、镇山、煤山等。

元代，这里还是一座小土丘，被称为“青山”，是皇家御苑的一部分。明代初年修建紫禁城时，将挖掘筒子河和南海时挖出的泥土在这里堆积成山，并种植花木，修建殿宇，这座山从此改名“万岁山”。中国古代皇帝被臣下称为“万岁”，这座土山位于皇宫后苑之中，因此得名。另外，据说当初修建紫禁城时，曾在这里堆过煤，所以民间又称之为“煤山”。同时，由于景山的位置位于北京城的中轴线上，好像是皇宫北边的一道屏障，所以又被风水术士称为“镇山”。

清顺治十二年（1655），万岁山被改名为“景山”。有人说，景山这个名称包含三层意思：一是高大。汉语中“景”有高大之意，“景山”即为高山。二是风景，“景山”是皇帝皇后登高赏景的地方。三是景仰，“景山”是皇帝和皇后祭祖追思，表达自己对祖先景仰之情的地方。

清光绪二十六年（1900），八国联军占领北京，景山受到严重破坏。1928 年经修复后，景山正式成为公园，对公众开放。1949 年后，景山公园内的重点建筑又经历多次修缮，1955 年景山公园重新开放。

景山公园坐北朝南，占地面积 23 万平方米，四周黄瓦红墙环绕。主要建筑包括：三座园门、绮望楼、五方亭、寿皇殿建筑群、兴庆阁、永思殿、观德殿等。

南门与绮望楼

景山公园有三座园门，其中南门是公园的正门，位于北京城的中轴线上，与故宫神武门隔街相对，是来往紫禁城和景山的通道。

这座大门，气势宏伟，面阔五间，进深三间，为单檐歇山顶，上覆黄色琉璃瓦，檐下为单昂三踩斗拱，上面绘有旋子彩画①，悬挂“景山门”匾额。东门和西门则比南门稍小些，形制相同，皆面阔三间，进深一间，为单檐歇山顶，上覆黄色琉璃瓦，檐下为单昂三踩斗拱，上面绘有旋子彩画。东西两门，分别悬挂“山左里门”和“山右里门”匾额。

景山南门正对的一座二层建筑，就是久负盛名的绮望楼（见图 8-2）。“绮望”的意思是，登高远望时，美景如锦绣。明代时，这里曾建有一座五开间的大殿，称为山前殿。清代康熙年间，这里是皇帝宴请宾客的宴会厅，皇帝经常在这里宴请各地来京朝贺的文武官员、部落首领及各国公使等。

清乾隆十五年（1750），皇帝命人拆除山前殿，在原址上兴建绮望楼。绮望楼坐北朝南，依山而建，面阔五间，进深三间，分为上下两层。绮望楼的建筑等级较高，为重檐歇山顶，上覆黄色琉璃瓦，斗拱上装饰着彩画，明间檐下悬挂

① “旋子彩画”的等级仅次于“和玺彩画”，属于皇家建筑装饰画中第二等级的画种。

图 8-2　绮望楼

“绮望楼”匾额。绮望楼前建有三出陛的月台，四周环绕汉白玉石栏杆。清代时，这座楼内供奉着孔子牌位，是官办学堂中的学生祭拜先师孔子的地方。

五方亭

去景山公园，一定要看的，是景山之上的五方亭。

五方亭是景山上五座亭子的总称，建在景山山脊的五座山峰上。站在亭中，可以欣赏紫禁城和北京城全景。这五座亭子从东到西分别是观妙亭、周赏亭、万春亭、富览亭、辑芳亭。五方亭建于清乾隆十五年（1750），当年每个亭中都曾供奉着一尊佛像，分别为佛教密宗金刚界中的五方佛之一，因此称为“五方亭”。不过，万春亭中所供的原佛像已于 20 世纪 60 年代被损毁，现在的佛像是后来重塑的，2000 年才开始对外开放。另外四座亭中的佛像，1900 年被入侵北京的八国联军劫去，至今未归。

景山为皇家御苑，因此五座亭子的建筑规制都较高。

万春亭（见图 8-3），建在景山正中的最高峰上，曾是北京中轴线上的最高点。这座亭子高 15 米，平面呈方形，建筑面积近 300 平方米，是五座方亭中面积最大的。这座亭子不仅面积最大，其建筑等级也是五个方亭中最高的。亭子顶部为三重檐四角攒尖顶样式，中间为琉璃宝顶，上面覆盖黄色琉璃瓦，绿色琉璃瓦剪边。其中，上檐和中檐均为九踩三昂斗拱，下檐为七踩重昂斗拱，檐上绘有旋子彩画。万春亭内供奉的是“毗卢遮那佛”，也称“大日如来佛”，是释迦牟尼佛的法身。

周赏亭与富览亭相对而建，东数第一座亭子为周赏亭，西数第一座亭子为富

图 8–3　万春亭

览亭。两座亭子的建筑形式和彩绘完全相同，亭高约 12 米，建筑面积约 76 平方米，顶部为重檐圆形攒尖顶，上面覆盖蓝色琉璃瓦，紫色琉璃瓦剪边，上檐为重昂七踩斗拱，下檐为单昂五踩斗拱。周赏亭内原来供奉的是宝生佛，富览亭内原来供奉的是不空成就佛，皆为铸铜镏金佛像。

观妙亭与辑芳亭相对而建，东数第二座亭子为观妙亭，西数第二座亭子为辑芳亭。两座亭子亭高、面积、建筑样式和彩绘图案，皆完全相同。亭高约 12 米，建筑面积约 90 平方米，顶部为重檐八角攒尖顶，上面覆盖绿色琉璃瓦，黄色琉璃瓦剪边，上檐为重昂七踩斗拱，下檐为单昂五踩斗拱。观妙亭内原来供奉的是阿閦佛，辑芳亭内原来供奉的是阿弥陀佛，皆为铸铜镏金佛像。

寿皇殿建筑群

2018 年 11 月 23 日《北京晨报》上的一则新闻，引起了很多人的关注——“景山公园寿皇殿即日起免费开放”。寿皇殿是北京中轴线上规模仅次于故宫的建筑群，但自 1955 年起一直作为北京市少年宫，2013 年底少年宫撤出，在经过长达 4 年的修缮后，人们终于有机会一睹其风采。

寿皇殿是清代皇家举行祖先祭祀活动的场所，也曾作为皇帝停灵和存放皇帝遗像的场所。清代雍正皇帝继位后首开先河，将其父康熙皇帝的画像存放于寿皇殿中，此后寿皇殿便成为存放皇帝和皇后遗像的场所。清代的皇帝每年都会按照相关规定，在特定节令和祭日时来寿皇殿祭祀祖先。据史料记载，其中乾隆皇帝和光绪皇帝来此处亲祭祖先多达数百次。1900 年庚子事变前，寿皇殿珍藏有大批绘画等文物。按清朝祖制规定，已故皇帝及其后妃御容像及印玺必须供奉于寿皇殿内。八国联军进占北京后，这里的文物被劫掠一空。

寿皇殿始建于明代，原址在景山东北，清乾隆十六年（1751）将其移建于山后的中轴线上，其规模和建筑等级都远超明代。2018 年修缮后，寿皇殿基本恢复乾隆时期的历史原貌。寿皇殿建筑群由内外两层院落组成，总占地面积 2 万余平方米，是仿照太庙的规制而建的，属于中国古代等级最高的建筑形式，风格富丽堂皇。主要建筑有牌楼、山门、寿皇门、寿皇殿等。

寿皇殿外院的正门，称为“山门”。山门由三座牌楼式拱券门组成，顶部为单檐庑殿顶样式，上覆黄色琉璃瓦，重昂五踩斗拱，门口安放一对石狮子。山门外，东、西、南三面各有一座三间四柱九楼式牌楼，称为“九举牌楼”，是中国建筑等级最高的牌楼。三座牌楼面阔约 16 米，皆为单檐庑殿顶，上覆黄色琉璃瓦，斗拱上绘有金龙枋心旋子彩画。三座牌楼坊上的题字，皆为乾隆皇帝的御笔。南牌坊南北两侧的题字分别为“显承无斁”和“昭格惟馨”；西牌坊东西两侧的题字，分别为“旧典时式”和“世德作求”；东牌坊东西两侧的题字分别为“继序其皇”和“绍闻祇遹”。三个牌坊上题字的内容，皆为称颂祖先遗德，并表达予以继承的心意。

寿皇殿内院的正门，称为“寿皇门”，也称“戟门”。寿皇门面阔五间，进深三间，为单檐歇山顶，上覆黄色琉璃瓦，重昂五踩斗拱，上绘和玺彩画。寿皇门的四周，有汉白玉石栏杆，八级踏步，中间为御路。大门两旁的侧门为庑殿顶，上覆黄色琉璃筒瓦，1981 因火灾被毁，现为原样复建。寿皇门东西两侧分别建有配殿和井亭。

寿皇殿的正殿，面阔九间，进深三间，前后带廊，为建筑等级最高的重檐庑殿顶，上覆黄色琉璃筒，上下檐为重昂七踩斗拱，上绘和玺彩画。前面的月台绕以汉白玉护栏，前、左、右各有 12 级踏步，前正中有御路，上面雕刻着二龙戏珠图案。明间檐下悬挂满汉两种文字的“寿皇殿”匾额。殿内中龛匾曰“绍闻天下”，左龛匾曰“对越在天”，右龛匾曰“同天光被”，为嘉庆皇帝御书，意思都是称颂祖先的功德无上。

寿皇殿的两侧还有两座朵殿①，衍庆殿在西，绵禧殿在东。两座朵殿形制相同，皆面阔三间，进深一间，前后带廊，四周有石护栏，顶部为歇山顶样式，上覆黄色琉璃筒瓦，重昂五踩斗拱，上面绘有旋子彩画。

寿皇殿前东西两侧各有一座配殿，皆面阔五间，进深一间，殿顶为悬山顶样式，上覆黄色琉璃瓦，斗拱上绘有旋子彩画。

此外，作为皇家举办祭祀活动的场所，这里与祭祀活动相关的建筑也一应俱全，有井亭、碑亭、宰牲亭，也有神库、神厨、燎炉等。

目前，寿皇殿内“景山寿皇殿历史文化展”为常设展览。殿内的布置按照

---

① 朵殿：是位于大殿东西两侧的侧堂。朵殿与配殿不同，配殿是建在大殿前东西两侧的。

清代光绪年间的史料记载，复原了紫檀插屏、神龛、云龙大柜等部分陈设，参观者可以有机会一睹皇家祭祀的盛况。

寿皇殿东面为永思殿，是历代皇帝死后停灵的处所。“永思”即“永远追思”，殿名表达的是对先世祖先的追思与怀念之意。

该建筑群始建于明代，是寿皇殿建筑群的重要组成部分。明清时期在寿皇殿为皇帝举行追悼仪式的时候，永思殿则是继位皇帝为先帝守灵时休息的地方，历史上在永思殿曾经多次停放皇帝灵柩，并在这里进行祭祀活动。清乾隆十四年（1749），开始在中轴线上重建寿皇殿时，仍然将明代的永思殿作为祭祀先祖的场所。

永思殿建筑群自成一院，坐北朝南，占地面积为 5 000 平方米。永思殿为正殿，另有东西配殿两座。正殿面阔五间，进深三间，内部所用木料均为名贵的金丝楠木，后因年久失修而毁损，现已无存。现在，我们仍能见到的是院落大门和东西配殿。大门称为永思门，面阔三间，进深一间，歇山顶，上覆绿色琉璃筒瓦，黄色琉璃瓦剪边，单昂三踩斗拱。东西配殿各三间，顶部为悬山顶建筑，檐下斗拱上绘有旋子彩画。

护国忠义庙

护国忠义庙又称关帝庙，位于观德殿建筑群东墙外。该庙始建于明代，原为供奉武圣关公而设立，是清朝最高等级的皇家道观。

护国忠义庙为前后两重院落，主要包括前殿、后殿和东西配房。前后殿都是面阔三间，硬山顶，上覆黄色琉璃瓦。殿内供奉关帝圣像和左右从神，梁柱上装饰着代表清朝皇家最高等级的金龙和玺彩画，且保存完好。

关帝文化是一种中国民间信仰。关帝（或称“关公”），即三国时期蜀国的名将关羽，因勇敢忠义著称于世。后来，关羽被中国历代统治者树立成一种精神榜样，予以宣扬与称颂。因此，历朝历代的中国人，无论是王侯将相，还是普通百姓，都对关羽顶礼膜拜。有史料记载，元代时“义勇武安王祠遍天下”。明代时，全国各地很多州府都建有关帝庙。清代满族人入关前，就非常崇拜关羽，把他当作“战神”。入关后，为维护民族安定和国家统一，关羽被视为国家提倡的道德榜样，成为“忠义仁勇”诸项美德的代表。清康熙四年（1665），皇帝尊关羽为“夫子”，与孔子并称。雍正八年（1730），皇帝追封关羽为“武圣”，与孔子并称为“文武两圣人”。在皇家御苑景山中修建关帝庙，显示的是清代帝王对于关羽的推崇。

崇祯自缢处

从景山公园东门入园，左行，你会见到山脚下有两块石碑，一块石碑上写着

"明思宗殉国处"（见图 8-4），另一块石碑上写着"明思宗殉国三百年纪念碑"。前者是 1931 年所立，后者是 1944 年所立。石碑上所说的明思宗，就是明代的崇祯皇帝。1644 年 3 月，李自成率领的农民起义军攻入北京，当年在位的崇祯皇帝感觉自己愧对祖先，选择以自缢的方式结束生命。他选择自缢的地点，就是景山观妙亭下的一棵歪脖槐树。这棵普通的槐树也因此出名，出现在后世的各种史料中。现在，我们在此处仍能见到一棵古槐，不过是后来从别处移植而来的，当年那棵槐树在 50 年前不幸被砍掉了。

图 8-4　崇祯自缢处

至于这两块石碑树立的原因，则与当时的中国国情有关。1931—1944 年的中国，正处于多灾多难的时期，中华民族面临生死存亡，追思三百年前殉国的明思宗，其目的应该是为了弘扬一种爱国精神和民族气节。

观德殿与兴庆阁

景山公园里还有两处值得参观的景点尚未开放，一是观德殿，一是兴庆阁。

观德殿建筑群位于景山东门北侧，占地面积近 6 000 平方米，始建于明代万历年间，是园内仅次于寿皇殿的第二大建筑群。不过自建园起，这里一直大门封闭，院落前为景山牡丹园。

"观德"，即"瞻仰祖先遗德"，明清两代时，这里是皇家办理丧事和追悼祖先的场所。观德殿前也曾是明清时期的皇家演武场，皇帝常在这里欣赏皇子的骑射表演。有史料记载，清代的康熙皇帝曾通过演武的方式选拔人才，而当年的骑射活动大多安排在景山观德殿前举行。康熙、雍正两位皇帝还曾在观德前为皇子们进行骑射示范。

观德殿正殿，面阔五间，进深三间，殿顶为歇山式，上覆黄色琉璃瓦，四面外檐上绘有旋子彩画。值得一提的是这里的“枋心画”。传统的古建筑中，檐下两柱之间的横梁称为“额枋”，而绘制在额枋中心的画，称为“枋心画”。枋心画的题材内容多为花鸟虫鱼、山水楼台等，可观德殿外檐上的 12 幅枋心画中，有 10 幅的题材具有“文化大革命”时期的特色，当为那时修复时绘制，非常少见。

兴庆阁位于景山公园西北部。该建筑面阔三间，进深三间，为重楼四角攒尖顶，上覆黄色琉璃瓦，绿色琉璃瓦剪边。建筑的上层，四周为木质回廊，下层为砖石结构，东西两侧设有石券门。这座建筑的特别之处是没有阶梯。因此，若想去往上层回廊，需要先在外面搭设梯子。

元代时，景山中设有皇帝躬耕处，而兴庆阁就是配合皇帝躬耕所建的一处带有象征性的谷仓。现在我们看到的建筑是明代时在原址上重建的。像古代皇家粮仓一样，该建筑的墙壁很厚，是中国古代皇家粮仓的一种特殊样式。

园中古树

景山公园中古树林立，其中最有名的要数“虬龙柏”“母子槐”“二将军柏”了。

虬龙柏位于景山北麓万春亭山道东侧。这棵柏树之所以有名，源自一个美丽的故事。传说，明朝嘉靖皇帝曾养过一只可爱的狮子猫。这只小猫特别善解人意，因此深得皇帝喜爱。后来小猫死后，皇帝十分伤心，将小猫埋葬在万岁山这棵柏树下，并取“化狮为龙”之意，为小猫立碑纪念，题作“虬龙冢”。这棵柏树也因此被称为“虬龙柏”。

母子槐位于景山公园东北，永思殿前。这棵老槐树高大而粗壮，树围 6 米多，树高约 20 米。从远处看，古槐高大挺拔，枝繁叶茂。走到近处看时，你会发现古槐的神奇之处，原来其主干内部早已朽空，只靠一圈苍老的树皮支撑着树冠。而更为神奇的是，在老槐朽空的树干中，还长着一株小槐树。这棵小槐树沿着老树的内部，弯弯曲曲地向上生长，已经长到近 10 米高，而且其树冠已从老树的树洞里伸出，与老树的枝干慢慢长在一起。两棵槐树，一老一少，长在一起，就像是一对关系亲密的母子，因此被人称为“母子槐”。

二将军柏位于景山公园牡丹园的东侧，护国忠义庙的前面，是两棵并立的高大而苍劲的古柏。明清时期，这里是皇家演武场，皇帝常在这里欣赏皇子的骑射表演，而当时皇帝所骑的御马就拴在这两棵柏树东面的御马圈中。为了提倡忠勇仁义的精神，康熙皇帝将这两株并立的古柏命名为“二将军柏”。

实践与互动

感受皇家御苑的如烟过往

景山公园不大，作为曾经的皇家御苑，这里各处建筑的规制却较高。

来这里，你可以欣赏一下高贵气派的公园南门；也可以在绮望楼前驻足，想象一下当初学子们祭拜先师孔子时的一脸虔诚；还可以在崇祯皇帝自缢处沉思，想象一下当年这位君主的绝望与羞愧。

景山不高，你不妨到山上转转，逐一观赏五方亭。你一定记着要登上万春亭，站在亭中放眼四望，在北京城曾经的制高点上，看看中轴线上的飞檐斗拱，感受一下北京的传统韵味，也看看中轴线外远远近近的林立高楼，感受一下北京的现代气息。

新近开放的寿皇殿建筑群，实在不容错过。你可以在宫门外那三座高大的"九举牌楼"前驻足，看看上面的题字；也可以在寿皇殿前，好好感受一下大殿的庄严与恢宏，想象一下当年皇帝祭拜祖先时的肃穆与虔诚。

景山公园中的花木更是给这座曾经的皇家御苑带来勃勃生机。神奇的母子槐、苍劲的二将军柏、温情传说中的虬龙柏，同牡丹园中盛开的鲜花一起，让园中的一切都变得鲜活而生动。

来景山公园看看吧！在这里，你将感受到历史与现实的交融；在这里，你能一睹皇家御苑的华贵风采，也能在游人如织中感受平常的人间烟火；在这里，凝固的建筑与蓬勃的花木，也会静静向你诉说这里如烟而逝的种种过往。

延伸阅读

关羽的故事

景山的护国忠义庙，与各地的关帝庙一样，里面供奉的是"武圣"关羽。

关羽是三国时期蜀国的名将，因勇敢忠义著称于世，不只在民间受到百姓膜拜，也为历朝历代统治者所推崇，被称为"武圣""关帝"。中国很多地方都曾建有关帝庙，可以说，关帝文化早已成为一种中国民间信仰。

关羽的故事不只在民间流传，史书之中也有记载，还出现在中国古典文学四大名著之一的《三国演义》中。其中，《三国演义》中的故事流传最广。

关羽武艺高强，“温酒斩华雄”的故事可以说明。故事中，华雄是董卓麾下的一员猛将，已轻松斩杀讨董联军的两员大将，当众将畏惧不敢应战时，关羽挺身而出。有人劝他先喝杯热酒再去杀敌，他却说杀了华雄回来再喝，说完提刀上阵。很快，关羽提着华雄的人头回来，而杯中的酒尚有余温。

关羽铁骨铮铮，尽显英雄本色，“刮骨疗毒”的故事可以说明。故事中，关羽在一次作战中受伤，被一支毒箭射中右臂，当时的神医华佗被请来为他疗伤。华佗说，必须用刀把骨头上的毒刮去，才能保住右臂。关羽身旁的人听后，一个个吓得面色如土，而关羽却在疗伤时，一边饮酒，一边下棋，脸上没表现出一丝痛苦之色。

关羽重情重义，“千里走单骑”的故事可以说明。故事中，关羽与结义兄弟刘备、张飞失散，单枪匹马保护着刘备的两位夫人。为两位嫂子的安全考虑，关羽无奈之下投到曹操帐下，但他一直保持着英雄气节，不受官爵、钱财和美女的诱惑。而一旦得知刘备的消息后，他就毫不犹豫地抛开眼前的舒适生活，怀着对朋友的义气、对故主的忠心，单骑千里，一路艰辛，赶回刘备身旁。

《三国演义》中，关羽的故事还有很多，他身上所表现出的种种品质，勇敢、坚强、忠烈、重情重义，一直是中国文化所推崇的，他的故事也因此打动了很多人。

第九章 北海：

琼华塔影映太液

导语

“让我们荡起双桨，小船儿推开波浪，海面倒映着美丽的白塔，四周环绕着绿树红墙……”这首歌的名字是《让我们荡起双桨》，是 1955 年拍摄的一部儿童电影《祖国的花朵》的主题歌。这首歌唱出了孩子们边划船边唱歌时的开心与快乐，已传唱了半个多世纪，很多人耳熟能详。

孩子们划船的地方就在北海，歌中的白塔就是有名的北海白塔。北海（见图 9-1）位于景山以西，故宫的西北侧，北连什刹海，与中海、南海合称三海。北海始建于金代，至今已有 850 余年的历史，是中国现存最古老、保存最完整、最具代表性的皇家园林。这里水面开阔，湖光塔影，犹如仙境；这里有苍松翠柏，花木芬芳；这里有亭台楼阁，绚丽多姿。明清时期，这里是皇家御苑，1925 年起成为向公众开放的公园。

图 9-1　北海公园

北海公园的历史与布局

早在辽金时期，北海是皇帝的离宫[①]。金世宗完颜雍灭辽后，将燕京改名为“中都”，并仿照北宋都城汴梁艮岳园的样式，在中都修建大宁宫，重修广寒殿

① 离宫是古代帝王在都城之外的宫殿，也泛指皇帝出巡时的住所。

等建筑，挖土为海，称为“西华潭”，堆土为山，称为“琼华岛”。元朝时期，元世祖忽必烈三次扩建琼华岛，重建广寒殿，利用修建元大都的机会，将北海建成一座豪华壮丽的皇家御园。明初萧洵所著《故宫遗录》中记载，“虽天上之清都，海上之蓬瀛，犹不足以喻其境也”。

明、清两代，皇家对此处进行多次重建。清代顺治年间，为促进民族和睦，巩固边疆，在广寒殿的废址上建成一座藏式白塔。乾隆时期，国力强盛，乾隆皇帝利用 30 年时间对北海进行大规模修葺，将江南园林的精华引进皇家宫苑，增建亭台、殿阁，先后建成静心斋、画舫斋、濠濮间等“园中之园”，基本形成如今的规模。

北海公园（包括中南海）是按照古代“三山一池”格局建造的。北海和中南海的“三山”是指琼华岛、团城和瀛台，“一水”则是指北海、中海和南海。“三山”是中国神话中位于东海的三座仙山，即蓬莱、方丈、瀛洲，传说山上的仙人因服用长生不老之药而长寿。历代皇帝都在宫殿附近建“一池三山”，北海也是依此传统而建的，其间的很多建筑也与神仙信仰有关。琼华岛上的亭台楼阁以及仙人承露盘，均与求仙的传说有关；而琼华岛顶端的广寒殿，则表明这里和天上的月宫①相连，人们来到这里，就如临仙境。

现今的北海公园，环境优美，古迹众多，是北京人休闲娱乐的一个绝好去处。全园分为团城、琼华岛、东岸和北岸四大景区。

团城景区

进北海公园之前，不妨先进团城看看。团城位于北海公园南门西侧，处在故宫、景山、中南海和北海之间，三面环水，四周筑墙，自成一体，享有“北京城中城”之称。团城原是太液池中的一个小岛，是金代大宁宫的一部分，元代称圆坻，也称瀛洲。团城近似圆形，景色宜人，面积仅有 4 500 平方米，但城的元素无一不备，有城墙、城门，有亭台、殿廊，有山石、花木，“麻雀虽小，五脏俱全”，这里堪称“世界上最小的城”。

团城中心的主体建筑名为承光殿（见图 9-2），是一座正方形大殿，坐北朝南，面阔三间，进深三间，四面各出抱厦，平面呈十字形，结构精巧，是北京宫殿中少见的形式。承光殿为重檐歇山顶，上覆黄色琉璃瓦，飞檐斗拱，雕梁画栋，异常精美。殿前的楹联“九陌红尘飞不到，十洲清气晓来多”为清代咸丰皇帝的御笔，后面的楹联“七宝庄严开玉镜，万年福寿护金瓯”则为慈禧太后

① 中国古代有一个传说，相传有一位人间女子，名叫嫦娥，因服用仙药飞到月亮上，一个人孤单地生活在一座宫殿中。这座宫殿名叫广寒宫，也叫月宫。北海广寒殿与月宫同名，所以会让人感觉如临仙境。

的御书。殿内供有一尊白玉佛，高 1.5 米，以整块玉石雕刻而成，佛像面容慈祥，全身洁白光润，袈裟及顶冠上镶有宝石，光彩夺目。据记载，这尊玉佛为清代嘉庆时期西藏所进贡品，其左臂的刀痕是 1900 年八国联军攻入北京时留下的。

图 9-2　承光殿

承光殿南有玉瓮亭一座，玉瓮亭中陈列着一件元代玉雕精品——“渎山大玉海”，俗称玉瓮。玉瓮为元代制作的巨型酒器，相传为元世祖忽必烈的心爱之物，是用一整块黑质白章的大玉石雕刻而成。这尊玉瓮体积巨大，口呈椭圆形，通高 0.7 米，周长近 5 米，重约 3 500 公斤。玉瓮周身雕刻着海龙、海马等海兽以及波涛汹涌的大海，工艺精美，气势磅礴。当年，元世祖曾将玉瓮放置在琼华岛广寒殿中，用以盛酒大宴群臣。明代广寒殿坍塌后，玉瓮曾一度遗落于西华门外的真武庙中，被道士们当作腌菜缸使用。清代乾隆皇帝命人“以千金易之，仍置承光殿中”，后又修建玉瓮亭，将玉瓮置于亭中，并配上汉白玉雕花石座，这才有了今天的模样。

团城之上，古树参天，遮天蔽日。其中最为有名的是两棵已有八百多年树龄的松树，一棵白皮松，一棵油松。白皮松位于团城南侧，树皮洁白，枝干粗壮，因此当年被乾隆皇帝封为“白袍将军”，据说后来嘉庆皇帝每年都会专门拨出一笔经费用于此树的保护。油松位于承光殿东侧，树形遒劲，树冠好似一把撑开的巨伞。据说有一年夏天，乾隆皇帝来游北海，到团城时正值正午，闷热难耐，于是就在这棵油松树下休息。松荫之下，阵阵清凉，暑汗全消，皇帝非常高兴，就把这棵油松封为“遮荫侯”。几百年来，这两棵松树形如两位将军一般，静静地守护着团城。

琼华岛景区

团城北端有一座桥与琼华岛相连。这座桥称为“永安桥”，长 85 米，已有 800 多年的历史，三曲桥身，两侧汉白玉雕栏，是进入琼华岛的第一道风景。永安桥两端各有一座五彩牌坊，南侧的名为“积翠”，北侧的名为“堆云”，永安桥因此又名“堆云积翠桥”。永安桥南端还是与北海白塔合影的最佳角度，可别错过啊！

永安桥两头各有一对石狮子，像卫兵一样把守着石桥，桥南的一对头朝南，桥北的一对则头朝北，正对永安寺大门。中国古代建筑前的石狮子，一般都是坐北朝南，背对建筑大门，而永安桥北的这对石狮子却坐南朝北，正对永安寺大门，形制有些特别。过去老北京有句谚语“永安寺的狮子头朝里”，说的就是这一情况，用来指处理问题或办事与众不同，不过常常含有贬义。

过了永安桥，就来到琼华岛景区。琼华岛，简称琼岛，意指这里是人间的蓬莱仙岛。琼华是琼树之花（“华”即“花”），传说生长在蓬莱仙岛上，人吃了可长生不老。元代时，这里称为万寿山、万岁山；清代时，在山顶建白塔，改称白塔山。琼岛高 30 余米，岛上建筑精美，依山势分布，高低错落，掩映于苍松翠柏之中。琼岛的中心是白塔，南部的中心建筑为永安寺。永安寺周围建有长廊、漪澜堂、悦心殿、阅古楼等建筑，沿中轴线依次排列着法轮殿、正觉殿、普安殿、善因殿。

琼岛中心的白塔是北海的最高点，也是北海的标志性建筑。北海白塔（见图 9-3），又称永安寺白塔，建于清代，为藏式白色喇嘛塔。白塔建在元代广寒殿的遗址上，高约 36 米，为砖、木、石结构的覆钵式大白塔。塔身的正南题为“时轮金刚门”，门上所绘红底金字的藏文图案有“吉祥如意”之意。这座白塔为须弥座塔基，三层圆形基座逐渐收缩，钵形塔瓶饱满硕大，曲线内收平直，肩部较高，具有 16 世纪晚期佛塔的特征。塔瓶上为塔刹，由十三个叠在一起的轮盘组成（称为“十三天”），下部轮盘半径比刹座略宽，是清代大菩提塔较为通行的做法。“十三天”上面为白塔最上端，称为宝顶，有铜铸镏金华盖。华盖自上而下由燃烧的心、太阳、半月、天盘、地盘几部分组成。其中，天盘上所铸浮雕图案——轮、螺、伞、盖、花、瓶、鱼、结，称为“佛家八宝”，各有寓意；地盘下面有 4 根粗大的牵杆，将整个华盖与塔身牢固地连在一起。华盖下面挂有 16 个六角形铜制风铃，外面铸有六字箴言，风吹铃响，悦耳动听，每一声铃响都意味着功德圆满、广积功德。

白塔前有座小巧精致的善因殿，为上圆下方的重檐结构，含“天圆地方”之意。善因殿四壁外墙贴面为 455 尊无量寿佛像琉璃砖，华美而庄重。殿内供奉

图 9-3　北海白塔

着藏传佛教格鲁派的护法本尊大威德金刚像（俗称“千手千眼佛”），传说是北京城的保护神。殿内藻井是铸铁的，上面绘制着佛教的唐卡图案，与下面所供奉的佛像相呼应。善因殿前的 72 级青砖台阶，也是有讲究的，这些台阶象征人世间各种业障的 72 地煞，人们沿台阶走下来，就是将 72 地煞统统踩在脚下。

琼华岛东部建筑不多，但林木成荫，景色幽静，别具一格，是金代“燕京八景”之一，称为“琼岛春阴”。现在见到的“琼岛春阴”碑，立于清代乾隆年间，碑上题字及碑侧诗文为乾隆皇帝的御书。

琼华岛北部，沿岸是一排双层临水延楼游廊。游廊呈半圆形，共 60 间，长 300 多米，像一条彩带将整个琼岛拦腰束起，东头为倚晴楼，中部为碧照楼，西头为分凉阁。山腰中有一个“铜仙承露盘”，一位铜制仙人双手高举托着一个铜盘，站在高高的蟠龙石柱上。在古代，人们一直相信天上的神仙可以降露人间，用仙露服药能长生不老，汉武帝就曾命人制造铜制的仙人承露盘来求取仙露。北海的仙人承露盘铸于清代，相传是乾隆皇帝仿汉武帝的故事而铸造的，不过其目的或许已不再是为求取仙露，而只是用来装点园中景致吧。

琼华岛西北侧湖畔是一座由两个半圆合围而成的椭圆形二层建筑，名为阅古楼。除了形制特别之外，这座建筑中还保存着不少珍贵的石刻。楼内墙壁上嵌有 495 方石刻，涵盖了从魏晋时期至明末 135 位著名书法家的 340 件楷书、行书、草书等作品，共约十万字。这些石刻，书法、刻法精美，被称为“双绝”，是中国现存最完整的古代书法石刻集成，极为珍贵。

东岸景区

北海东岸景区主要由先蚕坛、画舫斋、濠濮间组成。

老北京的皇家祭坛共有九个，即天坛、地坛、日坛、月坛、社稷坛、祈谷坛、太岁坛、先农坛、先蚕坛。其中，先蚕坛就建在北海公园内。先蚕坛建于清乾隆七年（1742），位于北海东北角，是皇家祭祀蚕神的场所。清朝时，每年农历三月，皇后亲自或派人来此祭祀蚕神①。其中主要建筑有观桑台、亲蚕殿、后殿、先蚕神殿、神厨、蚕署、井亭、牲亭、桑园、浴蚕池等，是北京现存最完整的皇室祭祀场所之一。

画舫斋又称水殿，是一座以方形水池为中心的庭院，院内回廊环绕，环境幽静。主体建筑坐北朝南，以池水为中心，南为春雨林塘殿，东西分别是镜香、观妙室，其中“画舫斋”三字为乾隆皇帝的手迹。

濠濮间建于清乾隆二十二年（1757），是乾隆皇帝六次下江南后，仿照江南私家园林而建造的一处园中之园。“濠”“濮”二字均为中国古水名。进入濠濮间，首先映入眼帘的是一座小巧精致的石牌坊。石牌坊两面各有联额，写尽此处美景的清妙。南面为“日永亭台爽且静，雨余花木秀而鲜”，横额是“山色波光相罨画”；北面为“蘅皋蔚雨生机满，松嶂横云画意迎”，横额是“汀兰岸芷吐芳馨”。濠濮间为三间水榭建筑，三面土山环抱，北面先蚕坛的浴蚕河水经由画舫斋缓缓流入，水池、曲桥、回廊、山石，营造出一个波光云影、雅致清幽的世界，是北海公园中不容错过的一处景点。

北岸景区

北岸景区主要是静心斋、西天梵境、快雪堂、五龙亭和小西天等一系列宗教建筑。

静心斋建于清乾隆二十二年（1757），为一座小巧别致的园中之园，以前曾经是乾隆皇帝及皇子们读书的所在，又称乾隆小花园。这座小园布局优美、风光秀丽，园中的主体建筑镜清斋，前后临水，取“临池构屋如临镜”之意。园内还有一座桥廊式建筑，称为沁泉廊，跨水而建，下有梯形滚水坝，夏天来到此处会倍觉清凉。

静心斋以西为西天梵境（见图9-4），又称大西天。西天梵境正对南面的琼

① 先蚕是中国古代传说中教百姓养蚕的神。采桑养蚕与农耕是中国古代社会最主要的生产活动。相传两千多年前的周代就有制度，每年春季由王后亲自祭祀先蚕神，以劝勉蚕桑之事，后世多沿袭此制。

华岛，明代为大西天经厂，是翻译、印刷佛经的地方，后来改为西天禅林喇嘛庙，清代重修扩建后改称“西天梵境”。西天梵境前方是一座四柱七楼的琉璃牌坊，牌坊南面额题为“华藏界”，北面额题为“须弥春”。“华藏界”的意思是说，从牌楼下穿过就意味着已进入佛门。“须弥春”的意思是说，来到这里就意味着已到达“须弥山”这个佛家最神圣的境界。

图 9-4　西天梵境

琉璃牌坊后面是三座券门组成的山门，为彩色琉璃仿木结构，中间门额上写着“西天梵境”。山门后为天王殿，里面供奉着佛教四大金刚。值得一看的是天王殿外东西两侧的两座石幢。石幢为八角形，石座为四方形，掩映在一片茂密的竹林之中，东边石幢上刻的是《金刚般若波罗蜜经》，西边石幢上刻的是《佛说药师如来本愿经》。天王殿后为大慈真如殿。此殿为西天梵境的主体建筑，建于明万历年间，重檐庑殿顶，通体用金丝楠木建成，外观为棕褐色，最大特色是不施彩绘，暗香扑鼻，显得庄重典雅，为明代建筑精品。大殿上檐匾额为“大慈真如宝殿”，下檐门额上书“华藏恒春”，两侧抱柱上的楹联为“龙象护庄严满多宝藏；人天洽欢喜遍恒河沙”。殿内悬额为“恒河演乘”，楹联为“无住荫慈云，葱岭祇林开法界；真常扬慧日，鹫峰鹿苑在当前”。北向楹联为“日月轮高，昞七宝城如依舍卫；金银界净，涌千华相正现优昙”。这些楹联，皆为清代乾隆皇帝所书，内容皆与称颂佛法有关。

快雪堂是座庭院式建筑，共有三进院落，分别为澄观堂、浴兰轩、快雪堂。院内的垂花门、观景窗等小巧精致，又有回廊、抄手廊与各大殿相连，四季常青，幽静怡人。快雪堂的得名与清代乾隆皇帝有关。乾隆四十四年（1779），皇帝得到元代书法家赵孟頫临摹晋代王羲之《快雪时晴帖》石刻后，欣喜若狂，在帖前写下

“天下无双，古今鲜对”八个小字，并特意用金丝楠木修建一座庭院，名为快雪堂。现在，快雪堂中陈列有历代著名书法家的作品及石刻，在书法界享有很高的地位。

五龙亭是北海西北岸的五座亭子，建于清顺治八年（1651）。这五座亭子主次分明，曲桥连缀，好似游龙戏水，故称五龙亭。五龙亭的中亭名为“龙泽”（见图 9-5），上圆下方，重檐攒尖圆顶，上覆黄色琉璃瓦，内有金龙藻井。中亭两侧建有四座对称的亭子，左边两亭名为“澄祥”“滋香”，右边两亭称为“涌瑞”“浮翠”。当年的五龙亭是皇帝皇后钓鱼、乘凉、赏月的游乐之处，现在的五龙亭是游人眺望白塔、欣赏北海湖光山色的绝佳去处。

图 9-5　五龙亭

小西天位于北海西北侧，建于清乾隆三十三年（1768），为乾隆皇帝给母亲祝寿祈福所建，主体建筑为方殿，俗称“极乐世界”，是中国最大的四角攒尖顶宫殿式建筑。大殿呈方形，总面积达 1 200 平方米，横梁跨度为 13.5 米，殿堂四面的门窗上镶嵌着镂空雕花，工艺精美。殿内正中悬挂着“极乐世界”金匾，为乾隆皇帝的御笔；殿顶的八角穹窿团龙藻井，庄严而精美。

殿内有一座巨大的泥塑须弥山，象征南海普陀山，山间祥云缭绕，226 尊罗汉佛像遍布其间，因此也称为“罗汉山”和“海岛”。山上有山石瀑布，有佛亭宝塔，有仙鸟神兽，有奇花异草，是一个奇幻的世界，象征佛界普陀胜境。山下还有一条曲折的小路可达山顶，你若有兴趣，可以登上顶峰，或是礼佛祈福，或是近距离欣赏一下殿顶的盘龙藻井，以及乾隆皇帝题写的“极乐世界”匾额。可惜的是，我们今天看到的不是清代的原物，而是 1993 年重塑的。方殿四面流水环绕，东西南北各有一座琉璃牌坊，四角为经亭，正南是一道月牙河，河上有一座雕栏石桥，整体建筑雄伟而壮观。

北海九龙壁（见图 9-6）位于太液池北岸御膳堂后的土山北面，建于清乾隆二十一年（1756），是大圆镜智宝殿的影壁。这是中国现存的三座古代九龙壁之一，也是其中唯一的双面九龙壁。这座九龙壁高约 6 米，厚 1.6 米，长 25 米多，两面皆用七色琉璃砖砌成，上面共有大小蟠龙 635 条，每面各有 9 条红黄蓝白青绿紫七色琉璃大蟠龙在波涛和朵云之间戏珠，造型生动，色彩明丽，栩栩如生。据说，明代神宗皇帝的生母李太后笃信佛教，因此在宫里修建了很多宗教建筑供奉佛像，还在北海建大西天经厂用来翻译和印制经书。当年建造这座九龙壁就是为了镇住火神，预防经厂失火。如今，当年的大圆镜智宝殿已不在，唯有九龙壁尚存。

图 9-6　九龙壁

除了九龙壁以外，北海北岸还有一座铁影壁，为元代遗物，极为罕见。这座铁影壁高约 2 米，长 3.6 米，通体棕褐色，是由中性火山岩雕琢而成，因颜色和质感很像铸铁，故称铁影壁。铁影壁上雕刻着云纹异兽，刻工精湛，古朴生动。

实践与互动

感受皇家御苑的气派与秀美

来北海公园，你将有机会感受皇家御苑的气派与秀美。

来到这里，你不必着急进门，不妨先去大门左侧的团城看看。看看这座“世界上最小的城”是什么样子，看看豪华气派的承光殿，以及守护着团城的“白袍将军”和“遮荫侯”。走进公园大门后，先向左走，你可以停下欣赏一下“堆云”“积翠”牌坊。之后走过永安桥，踏上琼华岛，走近著名的北海白塔。端详一下白塔的倩影，听一听铜风铃的清响，再沿善因殿台阶走下来，体会一下将72地煞统统踩在脚下的感觉。在东岸景区，你可以在先蚕坛想象一下当年皇后祭祀蚕神时的盛大场景，去画舫斋感受一下宁静与清幽，去濠濮间欣赏一下江南园林的秀美。之后，再去北岸景区感受一下宗教氛围，走过西天梵境的琉璃牌坊，想象自己已入佛家圣境；远远望向五龙亭，想象一下五龙上下腾跃的样子；在小西天的须弥山前，感受一下奇幻的佛家奇境。

在北海公园，大自然每个季节都有一份特别的体验等着你。春天，这里是踏春的首选，你可以一边赏柳，一边划船，一边放歌。夏天，你可以去寻遮荫侯，体味一下乾隆皇帝当年坐在参天古木下摇扇乘凉的惬意。秋天，满眼红叶黄叶，海棠、山楂垂挂枝头，大自然的成熟与收获之美，在等着你。冬天时，你可以来此，在古木石雕之间，在阵阵寒风中，感受一份特有的冷峻与萧瑟。

作为曾经的皇家御苑，北海实在令人百逛不厌。

延伸阅读

后羿射日与嫦娥奔月

北海的广寒殿与天上的广寒宫相对应。在中国流传着两个非常有名的神话传说，一个是后羿射日，一个是嫦娥奔月。这两个传说都与天上的广寒宫有关。

传说，远古时代，天上突然出现了十个太阳。人间一下子遭了殃，地上的庄稼被烤死了，河里的水被烤干了，老百姓眼看生活不下去了。这时候，有一个名叫后羿的英雄，是个神箭手，决定为百姓造福，把多余的太阳射下来。后羿登上高高的昆仑山，拉弓射箭，一口气射下九个太阳，只留下一个太阳温暖大地。此后，大地重现生机，老百姓重新过上了安定的生活。

天上的王母娘娘知道后羿的壮举后，决定送他一包长生不老药。据说，服下此药就能立即升天成仙。后羿拿到这包药后很高兴，却没有马上吃下去，因为成仙虽好，但他舍不得离开自己美丽的妻子嫦娥。于是，他回到家后，悄悄把药藏了起来。

后来，有一天，嫦娥独自在家时发现了这包药。看到药包上的字，她兴奋极了，想试试这种药是否有效。结果她刚服下药，身子就变得轻飘飘的，开始慢慢向天上飞去，一直飞到月亮上。从此，嫦娥成为月宫仙女，生活在广寒宫中。

原来一心想成为仙女，现在愿望实现了，嫦娥自然非常开心。可是没过多久，她就开始后悔了，因为独自一人在月宫生活实在太寂寞了。只是，后悔也没有用，从前的幸福生活再也回不来了，等待她的，是广寒宫中一个又一个的漫漫长夜，冷寂而凄凉。唐代诗人李商隐曾有诗句“嫦娥应悔偷灵药，碧海青天夜夜心”，说的就是嫦娥的这段经历。

第十章　长城：一条巨龙万里长

导语

如果问一个中国人，哪个名胜古迹最能代表中国，你最有可能得到的回答是“长城”。中国有句俗话“不到长城非好汉”，意思是说，只有到过长城的男人才是真正的男人，可见长城在中国人心目中的地位。

长城是世界上最长的古代防御性建筑，是中国人的骄傲，也是人类建筑史上的奇迹。1987 年，联合国教科文组织将长城列入《世界文化遗产名录》。

现在，北京地区保存下来的长城，大多是明代修筑的，其中最著名的几段是延庆的八达岭长城（见图 10-1）、怀柔的慕田峪长城和密云的司马台长城。

图 10-1　八达岭长城入口

中国长城的历史

历史上的中国长城如一条巨龙，贯穿中国北部，蜿蜒曲折，气势磅礴。长城是什么时候修建的？是谁修建的？怎么修建的呢？还有，中国人常常说“万里长城”，有一首中文歌中也唱道：“万里长城万里长……”那么，长城真的有一万里长吗？

岁月悠悠两千载

中国最早的长城建于春秋战国时期，距今已有两千多年的历史。那时，中国还不是一个统一的国家，而是分割成很多小的国家，称为诸侯国，其中最大的有七个。为防御北方游牧民族的袭扰，或防御其他诸侯国的侵扰，当时各诸侯国都在边境地区修筑长城，比如，地处现在北京境内的燕国、地处河北境内的赵国、地处陕西境内的秦国、地处山东境内的齐国和地处湖北境内的楚国，都修建了自己的长城。不过，由于是各国分别修建，这些长城只是一段一段的，并没有连接在一起，其长度也没有万里。

真正的万里长城出现在秦始皇统一中国以后。公元前 221 年，秦国凭借强大的军事实力灭掉其他六国，统一天下。在中国，长城沿线是一条民族和生活方式分界线，汉族人主要生活在长城以南的平原地区，主要从事农业生产，过着定居生活；而北方的游牧民族主要生活在长城以北的地区，主要从事畜牧业生产，过着逐水草而居的游牧生活。秦朝时，北方的游牧民族主要是匈奴，他们经常南下侵扰农耕地区，劫掠财物。为抵抗匈奴的侵扰，秦始皇派人将此前各国修筑的长城连接起来，并加固、延长。秦代的长城，西起临洮，东到辽东，绵延一万余里，史称秦长城。

汉代时，不但加固、延长原有的秦长城，还在秦长城以北修筑了一条长度接近的外长城。此后的很多朝代都继续修葺长城并加以使用。

中国历史上最后一次大规模修筑长城是在明朝。为了加强边防，防御蒙古人的残余势力，明朝建立后即开始大修长城，历时 150 多年终于大功告成。明长城东起山海关，西到嘉峪关，全长 1.2 万多里，这就是我们现在见到的万里长城。

艰辛而浩大的工程

长城长达万里，且建筑在崇山峻岭之间，因此，建造工程艰辛而浩大。长城的修筑过程融入了各朝各代无数劳动者的汗水和智慧。

据史书记载，秦朝时全国五分之一的人口都参与了筑城，其中有囚犯，有俘虏，有士兵，还有无数的普通百姓。明代修筑长城时，小型的砖石是通过“手递手”的方式一块一块自山下传到山上，石灰及黏土是用山羊和驴等驮运上山，筑城用的大石条则是通过在条石下放上滚木，利用山体的自然斜坡拖上山的。当时的筑城工艺也很独特，人们将糯米汤和石灰粉搅拌在一起作为黏合剂，然后将其填补在砖石的空隙中。用这种方式修筑的长城，历经 500 多年而依然牢固，让人不得不赞叹。

长城的构造与功能

长城的构造

长城不只是一道坚固的城墙，更是一套完备的防御体系。其防御体系由四部分组成，除了城墙以外，还包括关城、城台和烽火台三个部分。

城墙的外侧设置着很多垛口，远远看去，这些垛口像一个个方形的锯齿。垛口上面还有一些小孔，有的是瞭望孔，有的是射击孔，守护长城的兵士就是通过这些小孔瞭望和射击敌人的。

关城是屯兵、屯粮及守关将领居住的地方，一般设在险要且易守难攻之处，正所谓“一夫当关，万夫莫开”。明长城的关城有 1 000 多座。

城台是城墙上修建的一些堡垒式的高台，一般每隔一段就有一座，有的地方密集些，有的地方稀疏些。城台有两种，一种为墙台，一种为敌台（又叫敌楼）。墙台比较低，高度与城墙差不多，设施也简单，四周是巡城守卫的军士暂时避风、御寒的地方。敌台则结构复杂一些，一般分为上下两层，上层供守城兵士瞭望，有时也燃放烟火；下层既充当仓库，用来储存粮草、弹药，同时也是守城兵士的住处。无论墙台还是敌台，当时驻军都有固定的员额编制，且纪律严明。

烽火台是用于传递军情的建筑，一般建在长城两侧。遇有军情白天燃烟，即我们通常所说的狼烟。为何称之为狼烟呢？据说是因为当时长城周围有狼群出没，兵士们就用狼粪燃烟，用狼粪燃的烟又黑又直，直冲云霄，且经久不散，是极好的燃烟原料，故称之为狼烟。晚上燃烟看不到，便点火，叫作烽火。

可是，下大雨的时候既不能燃烟，又不能点火，要是发现敌情，守城兵士又该如何传递军情呢？不用担心，他们自有办法。既然不能用眼睛，那就用耳朵吧——下大雨时，他们会开炮，用炮声来传递军情。当然，有时候为了能及时传递军情，兵士们不仅燃烟，同时也放炮。据记载，敌人的人数不同，燃烟和放炮的次数也不同。如果敌人人数为 100—500 人，则燃一堆烟，放一次炮；若敌人为 500—1 000 人，就燃两堆烟，放两次炮；然后依次类推。

长城的防御体系完整，设施完备，不愧为世界奇迹。

长城的功能

多年以来，人们一般都认为长城是一套防御体系，其主要功能是用于防御。

的确，在春秋战国时期，长城主要用于诸侯国之间的相互防御及防御北方游牧民族的扰掠；而从秦代开始，各朝各代修筑长城主要是用于防御北方游牧民族的扰掠。

不过，除此之外，长城还有另外一种功能，即用于传递讯息和保护沿线商旅的往来。长城自东向西延伸，是保证沿线地区交通畅通的重要设施。秦代时长城沿线各郡之间都有大道相通，各郡之间的文书传递、商旅往来都有赖长城的安全保障。汉代以后，通往西域的交通大道打通，这条被称为“丝绸之路”的中西交通大道将中原政权与西域各国联系在一起。各国之间开始进行政治、经济和文化方面的沟通与交流，其间各国使节和商旅往来借助的就是长城这条安全通道。

因此可以说，长城沿线修筑的烽燧是防御工事，更是“丝绸之路”的安全保障设施。

居庸雄关

居庸关的历史

在去往八达岭长城的路上，两边都是山，来往车辆就在两山之间的夹沟中行进。这条沟称为关沟，长 40 里，是北方少数民族从蒙古高原进入中原地区的必经之路，也是中国古代的军事要地。早在春秋战国时代，燕国就派重兵控制这个军事要塞，而辽代的契丹人、金代的女真人、元代的蒙古人都是从关沟进入北京并建立政权的。

关沟地势险要，易守难攻，从汉代开始，长城上一座重要关城——居庸关就建在这里。不过，汉代时，居庸关只是一座独立的关城；直到南北朝时，关城建筑才与长城主体连在一起。关于居庸关的得名，现在一般认为与秦始皇有关。相传当年秦始皇修筑长城时，将一些囚犯、士卒和强征来的民夫徙居于此。因为这些修筑长城的人都是社会地位很低的普通人，也就是所谓的庸徒，后取“徙居庸徒”之意，将这座关城命名为居庸关，并代代沿用。

居庸关是长城的一个重要关口，也是古代北京西北的重要屏障。然而，这座历史悠久的关城在漫长的岁月中历尽沧桑，毁损极为严重，清末以后，关城建筑逐渐荒废。1994 年，居庸关长城修复工程开始启动，历时四年修复完成后正式对游人开放。

现在的居庸关（见图 10-2）主要恢复的是明代长城关城的形制，其重要看点有四个：一是这里层峦叠嶂的美景，二是高大雄伟的关城，三是云台上的精美石雕，四是京张铁路。

图 10-2　居庸关

美景与雄关

居庸关的关口两侧高山耸立，层峦叠嶂，山间花木葱茏，犹如层层起伏的绿色波浪，风景极为优美。早在 800 多年前的金代，这里就被列为燕京八景之一，称为“居庸叠翠”。

来居庸关游览，除了欣赏其美丽的自然风光以外，还要好好欣赏一下这座关城。

居庸关的外围有南北两个关口，南边的称为南口，北边的称为北口，也称八达岭口。居庸关的关城就设在南口北侧的峡谷中。

居庸关关城设有南北两座城门，南门筑有瓮城，南北两门之间有一条贯通通道。关城为一座圆周封闭形建筑，其墙体内侧低、外侧高，这样的设计可以有效地抗击敌人。城墙依地形和山势而建，因此各处的宽窄、高低变化很大，最宽的地方有 16 米多，最窄的地方只有 1 米多，而最高处与最低处则相差 370 多米。

居庸关的建筑结构形式多样，是整个长城建筑的精华。这里的防御性建筑主要有南、北券城，城楼，水门，水闸，敌楼，铺房，烽燧，角楼，炮台等。居庸关城楼南北各有一座，高大雄伟。城楼高 21 米，下面的城台高 10 米，其顶部为三重檐歇山式屋顶样式，绿色琉璃瓦剪边。城楼是指挥作战中心，守卫将领站在高大的城楼之上，可以一目了然，统览敌情。关城南门外筑有瓮城，城台下面有券门与瓮城相通，从而增强了关城的防御能力。而长城上的敌楼、烽燧、铺房等，则是作为战时掩体和士兵居住的地方。

精美云台

在居庸关关城的中心有一座汉白玉筑成的高台。这座高台称为“云台”，是元代建成的，原为建筑物的台基，台上曾先后建过街塔、泰安寺。云台上的浮雕雕刻工艺精美，具有极高的艺术价值与历史文化价值。

云台上的浮雕主要集中在券门和券洞内。券门的两侧雕刻着金刚杵及各种兽类，券门的正中雕刻有金翅鸟王；而券洞内壁上则为精美的四大天王浮雕，以及汉文、藏文、梵文、维吾尔文、西夏文、八思巴蒙古文等六种文字刻写的《陀罗尼经咒》和《造塔功德记》；券洞顶部则雕刻着精致的曼陀罗花及小佛像。

为什么元代时要在此处建云台、刻经咒呢？这是因为元朝的最高统治者是蒙古人，每年夏天，皇帝要从首都北京返回老家，也就是蒙古草原去避暑，而关沟是由北京通往蒙古高原的必经之路。当时，没有现代化的交通工具，从北京到蒙古草原去，一天是到不了的，所以要在途中修建行宫，作为皇帝的临时住所。元代时，云台北面的大明寺便是皇帝出关前的临时住处。由于当时山路崎岖而危险，并且时有野兽出没，在云台上雕刻四大天王和经咒，就是为了保佑皇帝及过路者一路平安。

八达岭长城

八达岭的历史

八达岭长城（见图 10-3）位于北京市延庆区军都山关沟古道北口，是明长城的一个重要隘口，也是居庸关的重要前哨。八达岭长城在明长城中保存最好，也最具代表性，因此是最早向游人开放的地段。1953 年，经过修复的八达岭关城和部分城墙被辟为游览区。1961 年八达岭长城被确定为第一批国家级文物保护单位，1987 年被联合国教科文组织列入《世界文化遗产名录》。

图 10-3　八达岭长城

八达岭长城地势险要，因此古代有一种说法——“居庸之险不在关而在八达岭”。由于地势险要，这里历来是兵家必争之地。现在东关门内侧的山崖上有一块凿平的崖壁，上面仍能见到清代人所刻写的“天险”二字。

关于八达岭得名的原因有多种说法，其中为大多数人所接受的一种说法是明代《长安客话》的解释，“路从此分，四通八达，故名八达岭，是关山最高者”。八达岭的地理位置优越，自古以来就是通往山西、内蒙古、张家口的交通要道，可谓四通八达，因此是古代重要的交通要道和防卫前哨，有“京北第一屏障”之称。

经过多次整修，现在的八达岭长城可供游览的地段长近 4 000 米，共有敌台 16 座。主要保留的是明代长城的形制，其重要看点有四个：一是这里层峦叠翠的美景，二是高大雄伟的关城，三是宽阔平坦的城墙，四是各具特色的敌楼。

玉关天堑与雄伟关城

八达岭长城四周，群山巍峨苍翠，风景秀丽，明代时被称作“玉关天堑”，为明代居庸关八景之一。

八达岭长城的关城，建于明弘治十八年（1505），后代曾有修葺。整座关城高大雄伟，城高 7.5 米，厚 4 米，呈东窄西宽的梯形。关城有东西二门，东门额题为“居庸外镇”四字，刻于明嘉靖十八年（1539）；西门额题为“北门锁钥”四字，刻于明万历十年（1582）。东西两门，都为砖石结构，券洞上为平台，平台上南北各有通道，连接关城城墙，台上四周砌垛口。

宽阔城墙与特色敌楼

八达岭长城的城墙平均高 7.8 米，顶宽 5.8 米。大部分城墙顶部宽阔而平坦，据说可以“五马并骑，十人并行”；城墙的内外两侧高度不同，外侧墙高，内侧墙低。城墙外侧有垛口，高约 2 米，下有射击孔，墙面上还有排水沟、出水口等；内侧为女儿墙，高约 1 米。

八达岭长城上共有敌楼 43 座。在已修复的敌楼中，值得一看的有这样几座。

八达岭关城的南、北两峰上，南、北各有 4 座敌楼，是 20 世纪 50 年代修复的，也是八达岭长城最早开放游览的地段。由于两峰之间的高度相差较大，坡度较陡，远远看去，这些敌楼由低到高依次峙立，遥相呼应。

目前已修复近 20 座敌楼。北五楼是其中券洞最多的敌楼。从券门进入一层，可以看到其中的许多券洞，四面墙上共有 30 多个券洞托起敌楼的第二层。北六楼是其中面积最大的敌楼，底层面积约 100 平方米，顶部为一个四方形的廊形券道。券道的中间部分留空，成为长方形天井，兵士可从天井登梯上到楼顶。北八楼是八达岭长城海拔最高的敌楼。这座敌楼海拔 888 米，又名观日台，是俯瞰长城的最佳处。另外，这座敌楼的一层有 6 个箭窗可供射击，是所有敌楼中箭窗最多的。而北十楼和南六楼的特色在于，在这里，游人能见到二层楼上的兵士的铺舍及硬山顶、雕窗红柱。

慕田峪长城

慕田峪的历史

慕田峪长城（见图 10-4）位于北京怀柔区境内，距北京城区 70 多公里。这段长城全长 5 400 米，以秀美的风景和样式多变的敌楼而闻名，是体味长城古韵的好去处。现为国家 AAAAA 级旅游区。

图 10-4　慕田峪长城

早在南北朝时期，这里就筑有长城。现在我们见到的慕田峪长城建于明洪武年间（1368—1398），是由明初大将徐达率兵在北齐长城遗址上建成的，后世曾进行整修，是明长城的精华。

这段长城东连古北口，西接居庸关，地理位置十分重要，被称为“危岭雄关”，是明代拱卫京师和明皇陵的重要关口之一。因此，与其他各处的长城相比，这段长城的防御功能也更加完善。首先，这里的敌楼非常密集。从慕字一台至慕字四台不到 500 米，就设有敌楼 4 座；从慕字一台至慕字二十台，长仅 3 000 米，就有敌楼、墙台等建筑 25 座。这样的建筑密度在长城其他路段是不多见的。其次，这段长城上的垛口形式独特，为双面垛口，而其他段长城多在长城外侧设置垛口。而且，慕田峪长城上的垛口不是常见的长方形开口，而是呈锯齿状；垛口下方的射洞，也不是常见的圆形孔，而是顶部呈弧状的方形孔。垛口墙是守城将士御敌的掩体，两面垛口墙意味着可从两侧对敌作战。此外，慕田峪城墙外侧还挖掘有挡马坑，险要之处修有炮台，这些都使长城的防御功能更加完善。密集的敌楼、双面垛口及其完善的防御设置，足以说明这里的战略地位之高。

秀美的风景

在北京各段长城中，慕田峪长城的风景是最美的。这里山峦起伏，林木葱郁，植被覆盖率达 90%以上，一年四季景色不同。长城蜿蜒其间，或陡或缓，或曲或直，变化多端，蔚为壮观，因此享有“万里长城，慕田峪独秀”的美誉。

独特的建筑

除了美景以外，慕田峪长城的关台建筑和大角楼也是这里的两个亮点。

慕田峪的关台建筑较为独特，与长城上其他关口，如居庸关、山海关、嘉峪关等不同。其正关台，也称慕田峪关，长 40 米，宽 30 米，高 20 米，由三座连通在一起的空心敌楼构成。中间的敌楼较大，两侧的敌楼较小，敌楼上建有三座望亭。关台的门不设在正中，而是设在关台东侧，两侧的敌楼设有进出关台的门。这种关台建筑样式是长城上极为罕见的。慕田峪关分上下两层，底层相通，被分隔成多间小室，有的用于囤粮，有的用于驻扎兵士。

大角楼（慕字一台）是慕田峪长城中一个较大的敌楼，也是慕田峪关东侧的制高点。这座敌楼，三面都有长城，一条向西与八达岭相连；一条向东，与古北口相连；一条向南，为内支城。这样，从任何一个角度看都像是一个城角，因此被称为“大角楼”。这里山势险要，峭壁如刀削，直上直下；这里视野开阔，站在上面，长城内外风光可尽收眼底。

慕田峪之险

此外，如果你体力好、胆子大，不妨沿慕田峪长城往西走，大概走三公里，就可到达箭扣长城。在这里你能见到北京长城最险要的路段之一——鹰飞倒仰。“鹰飞倒仰”的意思是，即使是能展翅高飞的老鹰，飞到这里后也会向后倒仰，由此可见这段长城的险峻。这里的城墙墙体全部建在岩石裸露的悬崖峭壁上，坡度大都在 50 度左右，有的甚至接近 90 度，几乎是垂直而上，而且台阶仅有几寸宽。若非胆量过人，一般人是不敢轻易涉足的。

司马台长城

司马台的历史

司马台长城（见图 10-5）位于北京密云区与河北滦平之间，是长城中最险要的一段，也是我国唯一一处保留明代原貌的长城。1987 年司马台长城被联合国教科文组织确定为“原始长城”，并被列入世界遗产名录。

图 10-5　司马台长城

司马台东起望京楼，西至后川口，全长 5.4 公里。这段长城始建于明朝初年，后经数次整修加固，现存建筑为明朝时所建。明朝初年，为防止北方蒙古人袭扰都城北京，加强长城的防御功能，明朝政府在密云境内设立军营和重要关口，在长城各段设计和修建关隘和敌楼，形成一套系统的防御工事。

与其他段的长城相比，司马台长城的城墙更高、更宽、更厚，敌楼和烽火台等防御设施更密集，建筑形式也更为多样。这段长城将中国长城的雄伟、险峻和奇特融为一体，同时又保留了明代长城的古貌。

司马台之雄伟

司马台长城的所在位置山势陡峭，地势险峻。这里的山势像一只五指并拢的人的手掌，呈双向阶梯状，长城则依山势而建。因此，登长城的人往往会产生这样一种奇妙的错觉，即当你从西面开始登长城时，向东看去，前面只有一座山峰。但当你登上第一个峰顶的敌楼，再次东望时，你会发现，前面又有一座山峰。而当你登上第二个山峰的敌楼，再次东望时，会发现，前面又有一座山峰等着你；而低头往下望时，第一座山峰上的敌楼已被掩住，不见了踪迹。直到登上第四座山峰上的敌楼，你的眼前才会开阔起来。就这样，司马台四周山势层叠起伏，长城也随之蜿蜒起伏。

登上第六个敌楼，你可以在这里一览司马台长城的雄伟。这座敌楼分为上下两层，上层是瞭望台，下层是戍边将士住房，三面有窗，北边是射箭孔。整个敌楼用大方石块砌成，敦实而坚固，显得气度不凡。

司马台之险峻

司马台长城东段的险峻，你只要登登天梯，走走天桥，就能体会到。

司马台长城的最高处为“仙女楼”，需登“天梯”而上。这座天梯高达100米，坡度为85度，几近垂直，砖石砌成的台阶很窄，仅可容脚，且没有扶手，而天梯两侧则是悬崖峭壁。站在下面往上看，台阶又陡又窄，没有胆量的往往会就此却步。这样一段天梯要想上去，只能手脚并用，心惊胆战地慢慢爬上去。不过，爬上仙女楼后四望，你会发现，自己眼前的景色壮美而秀丽，脚下的悬崖如刀削斧劈一般，山间有云雾缭绕。那一刻，你会觉得，天梯的冒险经历是值得的。

司马台的东十五楼至东十六楼之间，被称为“天桥”。这段城墙宽仅30厘米左右，南侧为悬崖，是司马台最危险的一段。不过出于安全方面的考虑，现在游人最多只能登到东十二楼，只能远望一眼“天桥”了。

走过天梯，再爬过天桥，你就有机会看看司马台最有特色的两个建筑——“仙女楼”和“望京楼”了。高高的仙女楼像一位亭亭玉立的少女，在云雾中若隐或现。这座建筑被称为“仙女楼”，据说是因为莲花仙女曾在此居住过，其汉白玉石拱门上还刻有并蒂莲花的浮雕呢！“望京楼”海拔近千米，据说站在楼上可以望见北京城，也可以将长城内外的风光尽收眼底。

司马台之奇特

司马台长城构思精巧，设计奇特，汇聚了长城的众多特色，是一段“奇妙的长城”。其城墙和敌楼形式之多、变化之大，在中国各地长城中极为罕见。

首先，这段长城的墙体类型多样。这里既有常见的双边墙，也有依山势而建的半边墙；既有缓坡上舒展的马道，也有陡坡上叠进的“天梯”。

其次，敌楼的样式形态不一。有两层的，也有三层的；有扁平的，有圆形的，还有拐角形的；有的是两眼，有的是三眼，还有四眼、六眼、二十四眼的。敌楼上的望亭，有的是一间房，有的是三间房，有的是三间房加前后廊，有的是三间房加周围廊等。

最后，其建筑的屋顶样式多样，既有歇山式，也有悬山式、硬山式，还有卷棚式和重檐悬山式等；有的是平顶的，有的是穹隆顶的，还有的则是八角藻井顶的。

司马台长城是我国唯一一处保留明代原貌的长城，雄伟、险峻而奇特。站在这里，人们往往能感受到更真切的历史感。正因如此，中国古建筑学家，被誉为

“万里长城第一人”的罗哲文说：“长城是中国的建筑之最，而司马台长城是中国的长城之最。”

实践与互动

感受万里长城的雄伟奇峻

“不到长城非好汉”，在很多人心中，长城是一处必须亲眼所见、亲身体验的地方。

北京的长城，各处有各处的特色，各处有各处的魅力。去居庸关，你可以看看雄伟的关城，也可以好好欣赏一下精美的云台浮雕。去八达岭，你可以登上高大壮观的关城，也可以在宽阔的城墙上漫步，还可以留意各处敌楼的形态变化。在慕田峪，你可以参观其独特的关台建筑和大角楼，也可以欣赏其四周层峦叠翠的美景。去司马台，你可以体验攀登长城的惊险刺激，欣赏这里的雄奇险峻，也可以在这里感受历史的苍凉。不知你会选择哪一处呢？如果有时间，或许你会逐个体验吧！

另外，最早游览长城的人都是自己一步步登上去，再一步步走下来，很是辛苦。现在各处长城上都修建了索道，很多人选择坐缆车上去，自然轻松不少。不过，很多人说，一步步走上去，要比坐缆车上去更能体会到长城的魅力。不知你去长城时，会选择哪种方式上去呢？

延伸阅读

京张铁路

在去往居庸关的路上，有一条在中国极具历史价值的铁路——京张铁路。

这是中国第一条由中国人自行设计和建造的铁路。当时，主持设计并修建这条铁路的工程师，名叫詹天佑。

京张铁路，由北京通往张家口，全长只有200多公里，但这条铁路的修建在当时却堪称创举。因为，这条铁路经过的路段坡度很大，火车爬坡而上几乎不可能，而修建穿山隧道则需要大笔资金，当时的清朝政府根本无力承担。因此，当时很多外国工程师都认为在这里修建铁路是不可能完成的任务，甚至有人说："能修这条铁路的中国人还没有出生呢！"

可是，年轻的中国工程师詹天佑毅然决定承担这条铁路的设计及施工任务，并设计出一种"人"字形的铁路。这一设计不仅保证了铁路的质量，解决了火车爬坡的难题，而且节约了大量时间和资金。为表彰詹天佑的贡献，清朝政府决定在青龙桥车站特别为他树立一座铜像。

京张铁路记录的是一段历史，承载的是一份骄傲。

第十一章　明十三陵：

千古帝王安眠地

导语

一个人死去，活着的亲人会将他安葬在一处墓地。墓地是死去的人安眠的地方。在中国古代，普通百姓的墓地或许会普普通通、毫不起眼，而皇家陵园则往往极尽奢华、气势非凡。从某种意义上来说，皇家陵园也是一座皇宫。若是你想一睹中国地下皇宫的风采，不妨去十三陵看看。

十三陵位于北京北部昌平区境内，是一处明代皇家陵墓群。这里安葬着明代迁都北京后的13位皇帝、23个皇后及诸多嫔妃、太子、公主等，是世界上埋葬皇帝最多、保存最为完整的古代皇帝陵墓群。目前，这里向公众开放的陵墓有三处，即长陵、定陵和昭陵。

位置与布局

自古以来，中国人选择墓地位置时，非常讲究风水，皇家陵园更是如此。从风水方面来看，作为皇家陵园，十三陵的地理位置可以说相当好。十三陵位于北京昌平区北部天寿山的南麓，这里山清水秀，风景秀丽。整个陵区位于一个小盆地中，北面以天寿山为天然屏障，左右两侧各有一座山守住门户，一为龙山，一为虎山，又有一条朝宗河环绕，因此可以说，这里是一块理想的“风水宝地”。

明十三陵始建于明永乐七年（1409），陵区面积达40多平方公里，其中扇形分布着十三座明代帝王陵。陵区的正中是明朝第三位皇帝——永乐皇帝朱棣的陵墓，称为长陵。长陵的东侧是景陵、永陵、德陵，西侧是献陵、庆陵、裕陵、茂陵、泰陵、康陵，西南有定陵、昭陵、思陵。

陵区的整体布局由神道和陵园两部分组成。神道是十三陵陵寝建筑的前导部分，这里的十三座陵墓共用一条神道，即长陵神道。明朝时，神道上从南到北依次分布着石牌坊、三空桥、大红门、神功圣德碑亭、石像生、棂星门、南五空桥、七空桥、北五空桥等系列墓仪设施及桥涵建筑。现在，这里的桥涵建筑已残坏，但其他墓仪设施保存较好。十三陵的各座陵墓在面积大小、建筑的繁简方面稍有差别，但布局和规制基本相同。陵墓的平面一般呈长方形，中轴线上的建筑依次为陵门、碑亭、祾恩门、祾恩殿、明楼、宝城等。

神道

十三陵神道（见图 11-1），总长约 7.3 公里，既是长陵的神道，也是各陵共用的神道。这条神道始建于明正统初年（1436），明嘉靖十九年（1540）完成。神道是陵寝建筑的前导部分，1989 年至 1995 年，十三陵神道经历过三次大规模的保护性整修。

图 11-1 神道

十三陵神道的起点是一座石牌坊。这座石牌坊气势宏伟，制作精美，是我国现存最早、建筑等级最高的仿木结构石牌楼，建于明嘉靖十九年（1540），是嘉靖皇帝为旌表祖先的丰功伟绩而建造的功德牌坊。石牌坊高 14 米，宽近 30 米，由汉白玉石和青石组装而成，面阔五间，形制为五门六柱十一楼样式，顶部为庑殿顶。支撑牌坊的是六根石柱，石柱下端的夹柱石上雕刻着麒麟、狮子、龙等图案，神态极为逼真。

经过石牌坊，就能见到大红门了。大红门也叫大宫门，位于龙山和虎山之间，是十三陵陵区的总大门。这座大门墙体为红色，为三券门，顶部为单檐庑殿顶样式，上面覆盖着黄色琉璃瓦。大红门处于高岗之上，中门正对天寿山主峰，左右为龙山和虎山，远远望去，给人感觉气势非凡。

大红门的三个门洞有着严格的进出礼制，体现着“居中而尊”和“尚左”的观念。中间的门洞最为尊贵，用于已故皇帝、皇后的棺椁和神主、神牌、祭品、仪仗通行。左边的门洞（即东门）位居其次，用于皇帝拜谒陵园时通行。右边的门洞（即西门）则是用于谒陵官员通行。

大红门前左右两侧各立着一块高 5 米多的石碑。这两块石碑形制相同，正反两面都刻着八个字“官员人等至此下马”。因此，这两块石碑也被称为下马碑。树立此碑的目的是提醒来十三陵谒陵的人行至此处必须下马，步行进入陵园，以示对先人的崇敬。明清时期，即使是皇帝到这里来谒陵，至此也必须下马。明朝礼制规定，每年大祭三次，小祭四次，皇帝每次谒陵时，就在大宫门前开始步行进入陵区。

进入大红门，首先进入视线的是一个方形碑亭。碑亭之中立着一块石碑，即“大明长陵神功圣德碑”。这座碑亭高 25 米，四面各辟券门，顶部为重檐歇山顶样式，建筑规制较高。碑亭的四壁及台基为明朝原物，券顶是清代乾隆年间改建的，近代曾对顶部残坏构件进行更换和加固。

碑亭中的石碑由汉白玉石雕成，通高近 8 米，为中国古代等级高贵的“龟趺螭首”样式，碑趺为一个昂首的大龟，碑首雕刻着六条浮雕蛟龙。碑首上刻着“大明长陵神功圣德碑”九个大字，碑身正面刻着明仁宗于 1425 年亲自撰写的碑文，内容是陈述长陵主人——明代永乐皇帝的功德业绩。该碑文笔力苍劲，其书写者为当时的著名书法家程南云，因此是一件难得的书法佳作。碑身的其他三面则刻着清代添加的御制诗文，碑身背面是清代乾隆皇帝写的《哀明陵三十韵》，碑身东侧是清政府修明陵的花费记录，西侧是清朝嘉庆皇帝论述明代灭亡的原因。

神功圣德碑亭的四角立有四座对称的华表。这四座华表形制和纹饰相同，高约 11 米，皆为汉白玉石雕成，四周环绕白石栏杆，基座为八边形须弥座。华表柱为八角形，柱身雕刻着云龙图案，上部装饰着云形石板，石板顶部蹲立一只神兽——蹲龙。四座华表使陵园显得庄严而神圣。

神功圣德碑亭以北，在 800 多米的道路两侧，对称排列着 12 对石兽和 6 对石人，称为石像生。在中国，从汉代开始，各地盛行“事死如事生”的丧葬观念，认为人死后还会继续在阴间生活，因此仍需要阳间的一切——衣服、食物、器物、车马等，所以在陵墓修建时，往往会尽力再现死者生前的生活场景。十三陵神道两侧设置的这些石像生都是用整块巨石雕刻而成，展示的是帝王生前的威仪，预示着这些石人和石兽将会继续在阴间为死去的帝王服务。

十三陵石像生的设置基本沿用的是明孝陵①的制度。不过稍有不同的是，明孝陵的石望柱一般在石像生的中间，而这里的石望柱则被移到石像生的最前端，并增加了四功臣像。十三陵石像生的排列顺序依次为：石望柱、狮子、獬豸、骆驼、象、麒麟、马、武将、文臣和功臣。其中，狮子、骆驼、象、马四种动物是现实中的动物，狮子凶猛，骆驼温顺，大象是吉祥的象征，马常伴人左右，獬豸、麒麟则是传说中的神兽。石兽之后为石人，其中有武将、文臣和功臣。这六

① 明孝陵是明代开国皇帝朱元璋的陵墓，建在明朝初年的都城南京。明朝永乐皇帝——朱元璋的儿子朱棣登上皇位后迁都北京，因此北京十三陵中最早的皇陵是长陵，即永乐皇帝的陵墓。

组石人雕刻精美，神态逼真。将军身着铠甲，头戴凤翅盔，威风凛凛；文臣和功臣则身着朝服，头戴七梁冠，手持朝笏，神态肃穆。

石像生之后是三道棂星门，每道门有两块枕石，上面可以安装两扇门，三门之间的短墙上装饰着黄绿琉璃饰件。这三道棂星门也被称为“火焰牌坊”和“龙凤门”，前者是因为其额枋上装饰着宝珠火焰，后者则是由于皇帝和皇后入葬时，必须经过此门。

长陵

明十三陵中最大、年代最久、地面建筑保留最完好的是长陵（见图 11-2）。长陵是十三陵的祖陵，位于昌平天寿山下，始建于明永乐七年（1409），历时四年建成，陵内葬有明代第三位皇帝——永乐皇帝朱棣及其皇后。

图 11-2 长陵

永乐皇帝初为燕王，一直驻扎在北京（当时称北平），夺得皇位后，于 1421 年将都城从南京迁到北京。在中国历史上，永乐皇帝是一个比较有作为的皇帝，在政治、经济、文化和对外交往等方面都曾做出重要贡献。在军事方面，他派将士修筑长城，加强北方的防御体系；在文化方面，他指派专人编著闻名于世的《永乐大典》，为后世留下一部中国古典文献的百科全书；在对外交往方面，他派郑和下西洋，开拓海上丝绸之路，加强与东南亚各国的友好往来。此外，北京城中的紫禁城、天坛等建筑也都始建于永乐年间。

长陵的陵宫建筑由三进院落组成，其平面布局为前圆后方，主要建筑有陵门、祾恩门、祾恩殿、明楼、宝城、宝顶等。

自陵门到祾恩门为第一进院落。长陵的陵门为单檐歇山顶样式，面阔五间，下面开三个红色券门。东南角的碑亭建于明代嘉靖年间。原来碑上无字，现在石碑正面所刻的满汉两种文字，是清代顺治皇帝所写的谒陵感受，碑的背面是清代乾隆皇帝所写的诗文。

第二进院落是从祾恩门到内红门。这个院内矗立着中国最好的楠木大殿——长陵的祾恩殿。据史料记载，十三陵各座陵墓的陵殿皆名“祾恩殿”，殿门皆为祾恩门。其中“祾”的意思是“祭而受福”，“恩”则取“罔极之恩”之意，“祾恩”的意思就是，因为来此祭拜而受到福报，是最高的恩典。

长陵祾恩门为单檐歇山顶形制，面阔五间，进深二间。门下为汉白玉栏杆围绕的须弥座，栏杆的望柱上雕刻着龙凤图案。值得一看的是中路台阶御路石上的浮雕。这些浮雕雕刻工艺十分精美，上面有海水、云朵、高山、奔马、翔龙等图案，景象雄伟而壮阔。

祾恩殿位于院内正北，高大巍峨。在明清两代，这座大殿是供奉皇帝及皇后神牌和举行祭祀活动的地方，而现在大殿内展出的是定陵的出土文物。长陵的祾恩殿是明代帝陵中唯一保存至今的陵殿，是中国古代建筑艺术珍品。其珍贵主要表现在三个方面：

一是规模大、等级高。这座大殿是仿照明代皇宫的金銮殿而修建的，高 25 米，面阔 9 间，进深 5 间，因此，就规模而言较为罕见。就建筑等级而言，大殿的殿顶为重檐庑殿式，上覆黄色琉璃瓦，上檐饰重翘重昂九踩斗拱，下檐饰单翘重昂七踩鎏金斗拱，是皇家建筑中规制最高的。殿内“金砖”铺地，台基前出三层月台，每层皆为三出陛，中间御路上的石雕工艺精美。

二是用材考究。大殿中的梁柱、枋檩、斗拱木构件，都为名贵的楠木材质。支撑殿宇的 60 根粗壮的大柱都是楠木的，其中最为粗壮的是明间中间的 4 根金柱，直径达 1 米多。据文献记载，十三陵各陵所用的楠木大都采自四川、湖广一带的山林之中，当地环境险恶，砍伐运输极为困难，如此多的楠木梁柱，来之不易。

三是历史、文化价值高。在中国，元、明两代没有正式的国家建筑用书，因此，要了解这一时期的建筑法式及建筑特点，只有借助当时遗留下来的古代建筑，长陵祾恩殿这样的皇家建筑，自然尤其珍贵。

第三进院落是自内红门至明楼。明楼前设有棂星门，棂星门后面的石几筵很有特色，非常值得一看。这个石几筵，也称石五供，由石供案和五件雕刻精致的石供器组成。石供案保存基本完好，为须弥座形制，规整大方，上面雕刻着各种花卉图案。石供案上摆放着五件石供器，一个香炉、两座烛台和两个花瓶，雕刻精致，造型优美。

明楼是宝城的城楼，是皇陵的标志性建筑，也是陵园中的最高建筑。长陵明楼的建筑形制较高，为重檐歇山顶，上覆黄色琉璃瓦，上檐饰单翘重昂七踩斗拱，下檐饰重昂五踩斗拱，斗拱后尾均砌于砖体内。明楼四面各显三间，南面一侧上下檐之间的榜额上书写着“长陵”两个金色的大字。进入明楼，室内正中立有“圣号碑”。这块石碑的形制为龙首方趺，碑额为篆书“大明”二字，下刻楷书“成祖文皇帝之陵”七字。其中，“成祖”是朱棣的庙号，“文”是朱棣的谥号。因为这块石碑早期碑身为朱红色，碑文为金色，所以俗称“朱石碑”。

长陵的明楼在明朝初建时，四面皆为对称的红色券门，楼体外檐斗拱和内部梁架结构，都是木质的。不过，因年久毁损严重，乾隆五十年（1785）修缮时，在明楼内砌起石券顶，楼顶变为砖砌的实心顶结构，左右两个红券门亦被封死，只有前后券门可以通行。

明楼额上写“长陵”二字，内设“大明成祖文皇帝之陵”碑。明楼两侧连宝城，宝城中央的高大土丘为宝顶，宝顶下面即是地宫。不过，目前长陵的地宫尚未发掘。

长陵建筑的平面布局为前方后圆，宝城就是“后圆”部分。宝城，又称“宝山城”，与第三进院落相接。宝城看起来像一个圆形城堡，周长约 1 公里，城高 7 米多，外侧垛口林立，内侧为宇墙，中间为马道。宝城之内是埋葬皇帝和皇后的墓室建筑，上面堆满封土，中央部分隆起，像一座小山，因此称为“宝山”。值得一提的是，这种圆形陵冢及外护圆形宝城墙的样式是明朝以后才出现的，始自明朝第一座皇陵——南京孝陵。而此前的古代陵冢都是沿袭秦汉以来的形制，陵冢为覆斗形，陵墙为方形。

定陵

定陵（见图 11-3）位于天寿山的大峪山前，建成于万历十八年（1590），是明朝万历皇帝及其两位皇后的合葬陵。万历皇帝是一位较为昏庸的皇帝，终日沉湎酒色，几乎不理朝政。他 10 岁继承皇位，在位 48 年，是明朝在位时间最长的皇帝。22 岁时，他开始花费大量银两为自己修建陵墓，历时六年，定陵的修建完成，耗银八百多万两。

十三陵中，定陵是最大的三座陵园之一，地面建筑占地 18 万平方米。与长陵一样，定陵前面也是三进院落，后面是高大的宝城。整个陵园由陵门、祾恩门、祾恩殿、明楼、宝城及明楼左右配殿等建筑组成，但到了近五百年后的今天，祾恩门及祾恩殿已毁，仅存基座，而明楼因为石质建筑，不怕火烧，至今保存完好。定陵也是十三陵中唯一被打开地宫的陵墓，1957 年定陵的地下宫殿被打开，出土文物 3 000 余件，当时举世轰动。

图 11-3 定陵

来到祾恩门及祾恩殿遗址，可以看到当年大殿的柱础①。这里当年曾供奉着万历皇帝及皇后的牌位，不过在清兵入关时被焚毁。乾隆年间，皇帝为了笼络汉人，巩固清朝的统治，曾重修毁损的十三陵。现在，这里东西配殿尚存，里面有十三陵出土文物展示。第一陈列室主要展出的是皇帝棺椁中出土的文物——谥宝、谥册、金冠、玉带、金银器皿、丝织品等。第二陈列室主要展出的是两位皇后棺椁中出土的文物，凤冠、头饰、宝石及皇后生前使用过的生活用品等。

当年清军入关时，定陵的主体建筑祾恩殿被焚毁，但明楼却保存完好。其原因就在于，定陵的明楼虽然看起来是木结构的，但实际上油漆彩绘的斗拱、梁枋等构件，完全是石制的，不怕火烧，因而保存完好。

来定陵参观，最主要的还是看看这里的地宫。定陵地宫的发掘工作始于 1956 年 5 月。明楼的两侧连接着宝城，宝城正中的高大土丘为宝顶，宝顶下方就是地宫，也就是皇帝和皇后死后的寝宫。地宫是定陵的主要部分，深 27 米，由前、中、后、左、右 5 个殿组成。五座殿全部是拱券式石结构，没有梁柱支撑，其中前殿和中殿连成 1 个长方形的甬道，后殿则横在顶端，左右配殿在两侧。

左、右配殿是相对称的两个殿，中间各有一个用汉白玉石做成的大石台，称为棺床。定陵地宫采用的是明清时期最高级别的葬礼形制——“金井玉葬”，即在棺床上设“金井”并放置玉石。走近棺床，你会发现其中央有一个长型方孔，当初方孔中填满黄土，这些黄土是选择墓穴时挖掘的第一铲黄土。棺床上这个填着黄土的方孔，就叫作“金井”。据说，古人认为金井可以沟通阴阳，交流生气。“玉葬”② 则是指在棺椁四周和内部放置玉石。在中国，玉石一直被认为是

① 柱础：中国木结构建筑的重要构件，也叫柱础石，是放在柱子下面承受压力的垫基石。

② 玉葬：有的是在死者棺椁四周和内部放置玉石，有的是在死者口中放置玉石。

高贵的象征，“玉葬”既象征死者身份高贵，同时被古人认为也有防潮的功效，能够保持尸体长时间不腐烂。“金井玉葬”这种葬礼，在明清时期只有皇帝和皇后才能享用，其他人是不能享用的。

中殿与两配殿的甬道相通。中殿内部有三个汉白玉石座，当年被打开时，三个石座是呈“品”字形陈列的，现在为方便参观，摆成“三”字形。万历皇帝的宝座雕有云龙图案，两位皇后的宝座刻有翔凤图案。每个宝座前都摆放着琉璃材质的“五供”，即一个香炉、一对烛台及一对花瓶。宝座前还有一个长明灯。长明灯也叫万年灯，是一个云龙大瓷缸，当年里面装满香油，关闭地宫大门前，人们会将香油点燃。在地宫中设置长明灯，是希望整座地宫能一直灯火通明，而明朝的江山也像长明灯一样万世相传。不过，地宫中没有氧气，所以打开地宫时，万年灯已灭，而缸内的油层表面也已经凝固。

后殿是地宫内最大的殿，也是地宫的精华部分。殿内的棺床中央放置着万历皇帝和两位皇后的棺椁，中间最大的棺椁是万历皇帝的，两旁的是两位皇后的。棺椁周围放置着玉料、梅瓶及装满殉葬品的 26 个红漆木箱。当年出土的随葬品包括帝后服饰、册宝、明器、木俑、甲胄、刀、箭、金、银、玉、瓷器皿以及大量丝织品。经过整理，当年共出土 3 000 多件文物，有些是帝后生前用过的物品，如衣服、日用品等；有些是帝后生前喜爱的物品，如宝剑、装饰物等；此外还有大量的金银、珍珠、玉石等贵重物品。当年打开地宫时，由于内部渗水，棺椁及装有随葬品的木箱已腐烂，不过帝后的骨架还在。

地宫的前殿中值得一看的是两扇石门。当年打开这两扇石门可不容易，原因是石门后有一块长条石顶着。这块顶门石也称“自来石”，设计很是独特。殿中地面上设有凹槽，关门之前，自来石的下部就放在地面凹槽内，上部则斜靠在石门上；同时，石门的背后设有凸槽，这个凸槽是根据自来石的高度及倾斜度而设计的。这样，当大门关闭时，自来石就“自己”“来”到既定的位置，即大石门后的凸槽下，因此被称为“自来石”。这样的设计使得大门被牢牢顶住，要想打开极不容易。整座地宫中共有七扇大门，每扇大门后都顶着一块这样的自来石。

昭陵

明昭陵（见图 11-4）位于大峪山东麓，是明朝第十二位皇帝明穆宗及其三位皇后的合葬陵寝，是目前十三陵中第一座大规模复原修葺的陵园。

与之前的陵墓相比，昭陵的最大特点是宝城的“哑巴院”和“月牙城”。昭陵之前的几座陵墓都是从宝城内的环形排水沟内开始封土，夯筑宝山，封土形状为自然隆起。昭陵则不同，宝城内的封土填得特别满，几乎与宝城城墙等高。封

图 11-4　昭陵

土的前部筑有一道弧形的砖墙来拦挡封土，砖墙与两侧的宝城墙的内壁相接，这样就形成一个封闭的月牙形院落，俗称“哑巴院”，而院外月牙形的墙体则被称为“月牙城”。

宝城为前低后高形式，城内的封土则是中高外低。与之相对应，宝城封土的排水系统也十分讲究。宝城的内侧设砖墁凹形水槽，左右两侧稍前处又各设方井两眼，井上覆盖凿有漏水孔的水篦子，井下有暗沟前通哑巴院内的两侧排水孔道。这样，大雨之后，城内的雨水就能顺利从哑巴院两侧的排水暗沟排出，从而保证了玄宫上面封土的干燥。此外，方城后的琉璃影壁随墙而建，只有一半嵌入墙体之内，而此前陵墓的影壁都是依墙而建的。总之，与此前几座陵墓相比，昭陵的宝城显得更加精致壮观。而这种月牙城、哑巴院的方式也为后来的庆陵、德陵所沿用。不过，从整个陵寝建筑的规制看，昭陵是按照此前泰陵、康陵的形制建造的，其“哑巴院”的形成只是偶然因素影响的结果。

明朝灭亡后，昭陵先后遭到两次焚毁，乾隆年间虽经修葺，但原有建筑的规制却被改变。明楼的斗拱原为上檐单翘重昂七踩斗拱，下檐重昂五踩斗拱，修葺后上下檐均变为单翘单昂五踩斗拱，同时明楼内还增加了条石券顶，而且祾恩门和祾恩殿也都缩小了尺寸。据说，乾隆皇帝当年曾偷梁换柱，把原来十三陵的粗大木料运往清西陵和清东陵，而改用小型木料重修十三陵，因此十三陵的规制比以前小了。至今，民间仍流传着“乾隆爷，心不公，拆大改小十三陵”的说法。

200 多年后，昔日壮丽的陵园满目凄凉，只剩残坏的明楼和陵墙建筑。1987—1992 年，昭陵进行了复原修缮工程，从此人们得以见到一座陵制完整的明代陵园。祾恩殿和左右配殿内则分别设有“明昭陵秋季复原陈列”“明昭陵帝后史料陈列”“明代皇族墓葬史料陈列”等展览。

实践与互动

感受中国古代皇家陵寝的气派与奢华

墓地是死去的人安眠的地方，如果不是去祭奠，我们轻易不会去打扰。可对于皇家陵园，人们总是充满好奇，想目睹一下那异乎寻常的奢华与气度。如果你也存有这份好奇，不妨去十三陵看看。

在陵园大门外，你可以在山清水秀的风景中，了解一下中国文化中关于墓地“风水”的奥秘。走进陵园，你可以沿着神道慢慢向前走，在石牌坊前站定，好好欣赏一下它的气势和精美；见到下马碑时，可以像当年来这里的皇帝和官员一样，摆出个下马的姿势；要是你对书法感兴趣，可以欣赏一下碑亭中的石碑，上面的文字可是书法珍品！我猜，你最感兴趣的应该是那些石像生吧。你不妨试试，看看自己能不能马上认出面前是哪种石兽，能不能分辨出面前的石人，哪个是文臣，哪个是武将。

走进长陵，你不妨在这第一座陵园中了解一下明代陵园的布局，看看陵门、祾恩门、祾恩殿、明楼、宝城等主要建筑的规制与样式。走近祾恩门时，别忘了欣赏一下御路石上的浮雕。走到祾恩殿时，要好好看看这座唯一保留的明代陵殿。你不妨试着比较一下，这里跟故宫的金銮殿是否真的相似，也静静欣赏一下大殿中展出的出土文物。

走进定陵，你可以先在残存的祾恩殿东西配殿中，看看皇帝和皇后棺椁中出土的文物。然后就直奔地宫，看看皇帝和皇后的棺椁，看看曾注满香油的长明灯，看看那块顶门用的自来石，想像一下这座地下宫殿墓门紧闭、灯火通明的壮观场景。

走进昭陵，在这座大规模复原修葺的陵园中，你可以看看“哑巴院”与“月牙城”的特殊形制是否名副其实，也可以在祾恩殿及配殿的展陈中，了解一下明代皇陵的历史，以及复原前后这里的巨大变化。

明十三陵是中国皇家丧葬文化的典型代表，也是中国古代“事死如事生”丧葬观念的最佳诠释。来这里，你会感觉不虚此行。

延伸阅读

南京明孝陵

明十三陵中安葬的第一位皇帝是明成祖朱棣，朱棣的陵园长陵因此成为十三陵的祖陵。事实上，明朝的皇家祖陵不在北京，而是在南京。南京的明孝陵（见图 11-5）中安葬着明朝的开国皇帝明太祖朱元璋及其皇后，是明朝的祖陵。明成祖朱棣继位后，迁都北京，之后才有了现在的明十三陵。

图 11-5　南京明孝陵

明朝建立后，最初定都南京（当时称"应天府"），安葬开国皇帝朱元璋的明孝陵，就建在这里。明孝陵始建于明洪武十四年（1381），历时长达 30 余年，在中国帝陵发展史上有着特殊的地位，直接影响明清两代 20 多座帝王陵寝的形制，也是明初建筑和石刻艺术的最高成就。定名为"孝陵"的原因，有两种说法，一是因明太祖一直提倡"以孝治天下"，二是因马皇后的谥号为"孝慈"。明朝时，南京明孝陵一直备受皇家尊崇，每年有固定的三大祭和五小祭，遇到国家大事，也会在此祭告先祖。清朝建立后，明孝陵仍然享有崇高的地位，康熙、乾隆皇帝都曾亲自来此谒陵。

明孝陵四周山清水秀，环境优美。陵园依山而建，规模宏大，建筑雄伟，其总体布局分为两部分：一是神道，二是陵寝主体建筑。沿神道依次有：下马坊、禁约碑、大金门、神功圣德碑碑亭、御桥、石像路、石望柱、棂星门。陵园的主体建筑都位于南北中轴线上，依次为：金水桥、文武方门、孝陵门、孝陵殿、内红门、方城、明楼、宝顶等。虽然经历 600 多年的沧桑后，其中的许多木结构建筑已不存在，但陵寝的格局依然保留，地宫也完好如初。现在，明孝陵的主体建筑方城、明楼、宝城、宝顶等，神道、石像生及碑刻等都是明代遗存。

明孝陵神道与以往神道的不同之处有两点。一是明孝陵神道依山势而建，是弯弯曲曲的，而中国历代帝陵神道一般都是直线形的。二是明孝陵的望柱置于神道中间，而历代帝陵神道上的石望柱，都置于神道最前端。

在陵园布局方面，明孝陵也有首创之功。第一，明孝陵按照皇宫的布局，开创了陵园“前朝后寝”的三进院落样式。第二，在明孝陵建造中，改方坟为圜丘，开创了陵寝建筑“前方后圆”的基本格局。第三，将第一代皇帝陵寝的神道作为后世陵寝共用神道，也始自明孝陵。在此后的几百年中，明清两朝 20 多座帝陵，一直沿用这种规制。

主要参考文献

专著

1. 北京市古代建筑研究所．北京古迹概览：上，中，下［M］．北京：北京出版集团公司，2019.

2. 陈光中．走读京城角落［M］．北京：生活·读书·新知三联书店，2013.

3. 李文儒．故宫院长说故宫［M］．北京：天地出版社，2017.

4. 李永梅．话说北京［M］．天津：天津古籍出版社，2008.

5. 梁启超，胡适，等．北平的味儿［M］．北京：首都经济贸易大学出版社，2016.

6. 牛颂．雍和宫［M］．北京：当代中国出版社，2002.

7. 单士元．从紫禁城到故宫：营建、艺术、史事［M］．北京：北京出版社，2017.

8. 单士元．故宫营造［M］．北京：中华书局，2015.

9. 阴法鲁，许树安．中国古代文化史［M］．北京：北京大学出版社，1991.

10. 周叔迦．佛教基本知识［M］．北京：北京出版社，2017.

11. 朱正伦，李小燕．城脉：图解北京坛庙［M］．北京：北京大学出版社，2013.

主要综合性网站

搜狗百科

中国网

新浪旅游网

央广网

专题网站

八达岭长城官网

慕田峪长城官网

司马台长城官网

十三陵官网

明孝陵官网

颐和园官网
苏州园林博物馆官网
故宫官网
天坛官网
地坛官网
景山公园官网
北海公园官网及微信公众号
恭王府官网及微信公众号

视频资料

电视纪录片《颐和园》
电视纪录片《故宫》
BTV 节目《景山故事：景山的前世今生》

新浪博客

（天坛）积羽沉舟的博客 http：//blog. sina. com. cn/westernculture
（天坛）huahaoyueyuan130 的博客 http：//blog. sina. com. cn/mantuoluo130?
（景山）新浪博客——诗仙芮导的博客 http：//blog. sina. com. cn/ruishouzhong
（白云观）颐和吴老的博客 http：//blog. sina. com. cn/yihewulao1

报刊资料

贾俊英，郑连章. 紫禁城宫殿屋顶式样［J］. 故宫博物院院刊，1980（3）.
吴宁. 景山寿皇殿免费开放［N］. 北京晨报，2018-11-23.
佚名. 景山公园：五组名树五传说［N］. 北京日报，2017-02-09.